Dieses Buch ist unserem verstorbenen Freund, Kollegen und Mentor
Neil S. Jacobson für gewidmet.

Wir sind ihm unendlich dankbar für seine ursprüngliche Version von Behavioral
Activation

Neils Andenken beeinflusst die Art, wie wir forschen, schreiben und therapeutisch handeln

Christopher R. Martell, Sona Dimidjian,
Ruth Herman-Dunn

Verhaltensaktivierung bei Depression

Eine Methode zur Behandlung von Depression

Deutsche Übersetzung und Bearbeitung von
Lotta Winter, Kai G. Kahl, Valerija Sipos
und Ulrich Schweiger

Geleitwort von Peter M. Lewinsohn

Verlag W. Kohlhammer

Dieses Werk einschließlich aller seiner Teile ist urheberrechtlich geschützt. Jede Verwendung außerhalb der engen Grenzen des Urheberrechts ist ohne Zustimmung des Verlags unzulässig und strafbar. Das gilt insbesondere für Vervielfältigungen, Übersetzungen, Mikroverfilmungen und für die Einspeicherung und Verarbeitung in elektronischen Systemen.

Englischsprachige Originalausgabe:
Behavioral Activation for Depression: A Clinician's Guide
Alle Rechte vorbehalten
Copyright © 2010 The Guilford Press
A Division of Guilford Publications, Inc.

1. Auflage 2015

Alle Rechte vorbehalten
© W. Kohlhammer GmbH, Stuttgart
Gesamtherstellung: W. Kohlhammer GmbH, Stuttgart

Print:
ISBN 978-3-17-022936-5

E-Book-Formate:
pdf: ISBN 978-3-17-025116-8
epub: ISBN 978-3-17-025117-5
mobi: ISBN 978-3-17-025118-2

Über die Autoren

Christopher R. Martell, PhD, ABPP, ist Clinical Associate Professor der Abteilung für Psychiatrie und Verhaltenswissenschaften und der Abteilung für Psychologie an der University of Washington in Seattle. Dort hat er auch eine private Praxis. Er ist durch das American Board of Professional Psychology als Klinischer Psychologe und Verhaltenstherapeut anerkannt. Er ist einer der Mitbegründer der Academy of Cognitive Therapy. Dr. Martell ist Koautor von vier Büchern. Sein Schwerpunkt sind die verhaltenstherapeutische Behandlung depressiver Störungen und weitere Anwendungsgebiete der kognitiven Verhaltenstherapie. Besonders beschäfig er sich auch mit der Anwendung von Verhaltenstherapie bei homosexuellen und bisexuellen Frauen und Männern. Er ist international als Seminarleiter und Dozent tätig und hat 2004 den Washington State Psychological Association's Distinguished Psychologist Award erhalten.

Sona Dimidjian, PHD, ist Assistant Professor für Psychologie an der University of Colorado in Boulder. Ihre Forschung befasst sich mit der Behandlung und Prävention von Depressionen. Ein besonderer Schwerpunkt dabei ist die psychische Gesundheit von Frauen während der Schwangerschaft und nach der Geburt. Dr. Dimidjian ist eine der führenden Expertinnen in kognitiven und verhaltenstherapeutischen Ansätzen für die Behandlung und Prävention von Depressionen. Sie gehört zu den führenden Experten für die Depressionsbehandlung mit Behavioral Activation (BA) und hat viel in diesem Gebiet veröffentlicht. Dr. Dimidjian ist weiterhin Expertin für die therapeutische Anwendung kontemplativer Techniken, wie z. B. Achtsamkeitsmediation. Auch ist sie international als Seminarleiterin und Dozentin tätig.

Ruth Herman-Dunn, PhD, ist in privater Praxis in Seattle tätig. Sie supervidiert Studenten in ihrer Funktion als Ausbilderin der Abteilung für Psychologie an der University of Washington. Sie hat als Therapeutin an mehreren großen randomisierten klinischen Studien zu verhaltenstherapeutischen Methoden, insbesondere Behavioral Activation und dialektische behaviorale Therapie mitgearbeitet und hat Seminare zu diesen Behandlungsmethoden in den USA und Kanada gehalten. Dr. Herman-Dunn hat besondere Kenntnisse in der Übertragung von neuen Therapiemethoden in die Praxis. Sie gehört ebenfalls zu den führenden Experten in der Erforschung und Umsetzung von Behavioral Activation.

Danksagung

Wir möchten einer Reihe von Menschen unseren Dank aussprechen, die großzügig Zeit und Aufmerksamkeit in dieses Projekt investiert haben.

Die »University of Washington Treatments for Depression Study« war die Keimzelle unseres Konzeptes von Behavioral Activation (BA). Die Menschen, die an dieser Studie beteiligt waren, haben unser Denken über die letzte Dekade stark beeinflusst. Wir danken allen, die an der Studie mitgearbeitet haben, und allen Patienten für ihren Einsatz und ihre Anstrengungen. Sie haben uns inspiriert und geprägt. Wir danken den Studienleitern, unseren Freunden und Kollegen Robert J. Kohlenberg, PhD, Steven D. Hollon, PhD, Keith S. Dobson, PhD, Karen B. Schmaling, PhD, Michael E. Addis, PhD, and David L. Dunner, MD. Probert Gallop, PhD, ist ein herausragender Experte in Statistik und hat uns damit in unvergleichlicher Weise unterstützt. Marsha M. Linehan, PhD hat uns in vielerlei Weise unterstützt und angeleitet. Mit der Supervision der Behandlung vieler Patienten und bei Gesprächen über Verhaltenstherapie beim Abendessen in ihrem Haus hat sie unseren Blick geschärft und ihren Enthusiasmus für die Weiterentwicklung der Verhaltenstherapie geteilt. Sie hat uns auf freundliche Art stimuliert, genauer nachzudenken.

Viele Gespräche mit Kollegen und Freunden über die Jahre haben unser Verständnis weiter vertieft. Virginia Rutter, PhD, war eine unerschöpfliche Quelle von Unterstützung, Freundschaft und Wissen. Chris Dunn, PhD, David Markley, PhD, Linda Dimeff, PhD, Sarah Landes, PhD, und Sandra Coffman, PhD, haben uns in anregende Diskussionen über Theorie und Techniken verwickelt und uns dabei geholfen, das Buch zu entwickeln. Sie waren sich dabei möglicherweise gar nicht bewusst, was für einen wertvollen Beitrag sie leisteten. Eric Woodcock, BS, hatte als erster die Idee für das Akronym ACTIVATE. Er war eine enorme Unterstützung und hat eine Reihe von Projekten in Zusammenhang mit Behavioral Activation koordiniert.

Tina Pittman-Wagers, PsyD, Samuel Hubley, BA, und Roselinde Kaiser, MA, die sowohl therapeutisch wie wissenschaftlich tätig sind, haben das Manuskript noch einmal überarbeitet und verdienen unseren herzlichen Dank. JoAnne Dahl, PhD, und Anna Suessbrick, PhD, sind hervorragende Hochschullehrerinnen und Therapeutinnen. Sie gaben uns Rückmeldungen, die dazu beitrugen, dass wir unser Projekt mit Zuversicht abschließen konnten.

Wir möchten auch auf die wichtigen Beiträge einiger Personen bei Guildford Press hinweisen: Jim Nageotte, Senior Editor; Jane Keislar, Assistant Editor; Kelly K. Waering, Jr., Copy Editor und Louise Farkas, Senior Production Editor. Unser

Dank gilt auch den anonymen Reviewern, die unseren ursprünglichen Entwurf lasen und kritisch evaluierten.

Christopher R. Martell dankt Mark E. Williams, der ein wunderbar unterstützender und fürsorglicher Partner ist. Mark hat den Text kritisch, kommentiert und brillanten redaktionellen Rat gegeben. Er dankt weiterhin seinen Schwestern, Catherine Borkman and Anita Bourgault, und seinem Bruder, Paul Martell, für die Unterstützung und Geduld während der Entwicklung dieses Buches.

Sona Dimidjian dankt Chuck Langdon. Er ist ein ganz besonderer Partner im Leben, in der Liebe, bei der Arbeit und in der Erziehung der Kinder. Seine Unterstützung, die er auf unzählige Weise jeden Tag zeigte, und sein unerschütterliches Vertrauen in die Wichtigkeit dieser Arbeit waren für sie extrem wichtig. Sie dankt Virginia Rutter für ihre wertvolle Freundschaft und ihre Verbundenheit zu Neils Erbe. Ihre Klugheit hat diese Arbeit in vielfältiger Weise beeinflusst. Sie dankt auch ihrer Tochter, Serena Langdon-Dimidjian, für die Freude und die Erfüllung, die sie in jedem Tag entdeckt. Sie erinnert uns immer an alles, was möglich ist.

Ruth Herman-Dunn dankt ihrem Ehemann, Christopher Dunn, für seinen kompetenten Rat und beständigen, treffsicheren Humor. Sie dankt ihrem Bruder, Edward Herman, für seine liebenswerte Unterstützung und lebendigen abendlichen Diskussionen über Behavioral Activation. Zuletzt dankt sie ihrer Tochter, Ellie. Sie musste sich ganz häufig den Satz »Ich habe so viel zu tun« anhören. Sie erinnert sie ständig daran, wie wichtig jeder einzelne Moment ist.

Geleitwort

Das Ziel des Buches »Verhaltensaktivierung bei Depression: Eine Methode zur Behandlung von Depression« ist es, Psychotherapeuten mit dem Wissen auszustatten, das sie brauchen, um Behavioral Activation (BA) nutzen zu können. Die Autoren haben dieses Ziel erfolgreich erreicht und ein großartiges Buch geschrieben – eines, das viele Verhaltenstechniken beschreibt und auf die Bedürfnisse des Therapeuten und seiner Patienten ausgerichtet ist.

In der Verhaltenstherapie und ihrem Spektrum gehört Behavioral Activation zu den hoch strukturierten therapeutischen Methoden. Trotzdem muss Behavioral Activation auf die individuellen Bedürfnisse jedes Patienten zugeschnitten werden. Dies erfordert eine erhebliche Flexibilität und Experimentierfreude seitens des Therapeuten. Dies ist der Grund dafür, dass viele im Text beschriebenen Techniken so hilfreich sind. Mich beeindruckt, wie sehr die Autoren betonen, dass der Therapeut sich direktiv verhalten muss, gleichzeitig aber eine nicht-bewertende, auf Zusammenarbeit ausgerichtete Haltung einnehmen soll. Der Therapeut darf bei der Anwendung von Behavioral Activation nicht passiv bleiben.

Es gibt Techniken, die spezifisch für Behavioral Activation sind (z. B. das Planen von Aktivitäten), aber auch viele Techniken, die Behavioral Activation mit anderen kognitiv-behavioralen Methoden teilt, wie z. B. Problemlösetechniken, der Ansatz, Grübeln als problematisches Verhalten zu behandeln sowie Vermeidungsverhalten zu fokussieren.

In dieser umfassenden und detaillierten Beschreibung von Behavioral Activation ist jedes der Kapitel klar auf ein spezifisches Thema oder Problem ausgerichtet. Dabei werden die therapeutischen Verhaltensweisen erklärt, die den Prozess erleichtern. Als anerkannte Experten in Behavioral Activation sind die Autoren der Methode zutiefst verpflichtet und haben einen exzellenten Ruf als Forscher und Psychotherapeuten.

Die Autoren erwähnen auch die Möglichkeiten, die Behavioral Activation bei weiteren psychischen Störungen eröffnet, z. B. bei der Versorgung älterer Menschen mit Demenz. Sicherlich wird es große Unterschiede darin geben, wie verschiedene Psychotherapeuten die Interventionen umsetzen und wie die einzelnen Patienten auf die Behandlung ansprechen. Dies sind wichtige Punkte, die in zukünftigen Studien untersucht werden müssen.

Das Buch ist in erster Linie darauf ausgerichtet, Psychotherapeuten in Behavioral Activation zu schulen. Gleichzeitig hilft es Wissenschaftlern bei der Beurteilung der Wirksamkeit verschiedener Formen von Kompetenzentwicklungen bei Therapeuten. Die Autoren haben für diesen wichtigen Beitrag unseren Beifall verdient.

Peter M. Lewinsohn, PhD
University of Oregon
Eugene, Oregon

Einleitung

Psychotherapieforschung und psychotherapeutische Praxis stehen in einem kritischen Verhältnis zueinander. Die Geschichte beider Gebiete war voller Herausforderungen. In der Praxis tätige Psychotherapeuten bemängeln, dass viele wissenschaftliche Studien wenig Alltagsrelevanz haben. Sie haben Bedenken wegen der Ein- und Ausschlusskriterien, mit denen Patienten für Studien ausgewählt werden, so dass sie nur zu einem gewissen Grad Ähnlichkeit mit den tatsächlichen Patienten eines Praktikers haben. Sie fragen sich, welche Relevanz Erkenntnisse aus wissenschaftlichen Studien für ihre sich ständig verändernde berufliche Umwelt haben. Sie stehen gleichzeitig vor der Notwendigkeit, Fertigkeiten in empirisch belegten Behandlungsmethoden zu erwerben und eine wachsende Zahl von Patienten in weniger Zeit und mit geringeren finanziellen Mitteln zu behandeln.

Dennoch müssen Psychotherapieforschung und Praxis eine engere Beziehung entwickeln, um die Herausforderungen der kommenden Jahrzehnte zu bewältigen. Beim Schreiben dieses Buches hatten wir den praktizierenden Psychotherapeuten im Kopf. Wir haben uns seit 10 Jahren in Behavioral Activation (BA) vertieft, haben Forschung betrieben und BA praktisch angewendet. Dieses Buch zeigt unsere Bemühungen, unsere Erfahrungen so aufzubereiten, dass sie für den Psychotherapeuten in der Praxis relevant und hilfreich werden.

Wir stellen die 10 Prinzipien vor, die bei BA das Vorgehen des Therapeuten anleiten und beschreiben die zugehörigen zentralen Therapietechniken. Angefügt sind Arbeitsblätter für Hausaufgaben und Handouts für die Patienten. Die Diskussion der Therapietechniken ist in Fallbeispielen verankert, die sich alle auf tatsächliche Patienten beziehen, aber verfremdet wurden, um die Vertraulichkeit zu schützen. Wir stellen therapeutische Problemsituationen vor, die wir selbst erlebt haben. Keine Technik funktioniert immer und keine Behandlungsmethode ist ein Allheilmittel für alle Probleme. Das zwingt uns regelmäßig zu Bescheidenheit. Wir bringen unsere Erfahrungen in diesem Buch ein. Wir hoffen, dass Therapeuten es praxisnah und anregend finden, wenn Therapien gut verlaufen, aber auch, wenn sich Herausforderungen ergeben. Wir hoffen, dass dieses Buch die Wahrscheinlichkeit erhöht, dass BA nicht nur Gegenstand weiterer Forschung bleibt, sondern auch von vielen Therapeuten modellgetreu umgesetzt wird und den Patienten mit Depression zu einem lebenswerten Leben verhilft.

Inhaltsverzeichnis

Über die Autoren 5

Danksagung 7

Geleitwort 9

Einleitung 11

Inhaltsverzeichnis 13

1 Einleitung: Die Entwicklung von Behavioral Activation 17

2 Die grundlegenden Prinzipien von Behavioral Activation 31

3 Struktur und Stil der Therapie 47

4 Die Bestandteile von antidepressivem Verhalten 67

5 Das Planen und Strukturieren von Aktivitäten 91

6 Probleme lösen und Vermeidungsverhalten entgegenwirken 109

7 Warum Denken ein problematisches Verhalten sein kann 126

8 Umgang mit Problemen beim Aktivitätsaufbau 143

9 Beendigung der Therapie und Rückfallprävention 161

Anhang 179

Literatur 193

Stichwortverzeichnis 199

Behavioral Activation als Therapie für Patienten mit depressiven Störungen

1 Einleitung: Die Entwicklung von Behavioral Activation

The past is never dead. It's not even past.
William Faulkner (1897–1962)

Behavioral Activation (BA) ist eine Psychotherapiemethode, die sich als wirksam für Patienten mit depressiven Störungen erwiesen hat und die Potential für die Behandlung weiterer Störungen hat. Beim Schreiben des Buches haben wir berücksichtigt, dass der Ausbildungshintergrund von Psychotherapeuten heterogen ist. BA ist sowohl eine eigenständige Psychotherapiemethode als auch eine Technik der klassischen kognitiven Verhaltenstherapie bei Depression. Die Prinzipien, die wir vorstellen, sind für Therapeuten hilfreich, die eine Struktur für die Behandlung bestimmter Patienten finden wollen. In den vergangenen vier Jahrzehnten wurden verschiedene Varianten von BA entwickelt. Zurzeit steht BA aufgrund aktueller Studiendaten erneut im Fokus des Interesses. Es gibt jedoch auch eine Story hinter den Forschungsprojekten und ihren wissenschaftlichen Erkenntnissen. Publikationen in Zeitschriften stellen die wichtigsten Daten dar. Aber sie erzählen nur selten die Geschichte, wie sich die Methode entwickelte, wie das Leben der Entwickler verlief und was sie zur Entwicklung beigetragen haben. Bevor wir damit beginnen, die Anwendung von BA in der Praxis zu beschreiben, möchten wir Sie deshalb in die Geschichte der Entwicklung von BA einweihen.

Ausgangspunkt

Die Geschichte könnte von vielen möglichen Ausgangspunkten erzählt werden. Starten wir mit einigen Erinnerungen an unseren Kollegen und Mentor Neil S. Jacobson, der mitten in der Entwicklung von BA 1999 plötzlich starb. Wissenschaft verpflichtet zu Skepsis. Das war ein wichtiges Prinzip für Neil. Wie Dimidjian erinnert, akzeptierte Neil »keine Theorie der Veränderung, kein Störungsmodell, keine Meinung oder Annahme, ohne sie einer gründlichen, empirischen Überprüfung zu unterziehen« (Dimidjian 2000). Er bezog eine kritische Position zu gängigen Meinungen und war vorsichtig mit Loyalitäten zu bestimmten Modellen. Neils Skepsis beruhte nicht auf Lust am Streit, sondern auf Mitgefühl. Er wollte Kurzzeitinterventionen finden, die zu nachhaltigen Effekten führen und sich einfach in der täglichen Praxis vieler Therapeuten implementieren lassen.

Neil kritisierte die üblichen Behandlungsmethoden bei depressiven Störungen, weil sie auf Defizit-Modellen der Störung beruhen. Sie konzeptualisieren die Ursache der Depression als innere Defizite des Individuums. Im Gegensatz dazu strebte er im Rahmen der Behandlung an, den Patienten in seinem Gesamtkontext zu verstehen. Er regte an, in unserem Bemühen, Depression zu verstehen und zu behandeln, auch den Bereich außerhalb des Individuums zu betrachten. Er vermutete, dass das Geheimnis, Depression zu lindern, darin liegt, Bedingungen im Leben der betroffenen Menschen zu verändern. Wir beginnen nun die Darstellung der Geschichte von BA mit Skepsis und Mitgefühl, zwei essentiellen Bestandteilen, um Veränderungsprozesse in der Wissenschaft anzustoßen.

Was sind die wirksamen Elemente einer Therapie bei Depression?

Die Theorie, auf der BA beruht, verdankt ihre Entwicklung wissenschaftlichen Arbeiten, die in den letzten drei Jahrzehnte durchgeführt wurden, mit dem Ziel depressive Störungen besser zu verstehen und zu behandeln. Die Psychotherapieforschung konzentrierte sich dabei auf die kognitive Therapie der Depression (KVT). Die von Aron T. Beck und seinen Mitarbeitern entwickelte KVT gründet auf der Annahme, dass die Art, wie Menschen über Situationen in ihrem Leben denken, ihre Emotionen und ihr Verhalten beeinflusst. Wenn Menschen depressiv sind, zeigen sie problematische Denkweisen, die zu depressiver Stimmung beitragen. Die KVT konzentriert sich darauf, Menschen darin zu unterstützen, depressive Gedanken und Annahmen zu identifizieren und herauszufinden, auf welche Weise diese Gedanken sie beeinflussen, und Veränderungen in Denkmustern zu bewirken. Die Grundhypothese der KVT besagt, dass Menschen sich besser fühlen, wenn sie realistischer denken. Die Strategien, die in der KVT verwendet werden, haben viele Facetten und beinhalten drei Hauptkategorien: verhaltensbezogene Strategien, die darauf ausgerichtet sind, zu verändern, wie sich Menschen in Situationen verhalten, kognitive Strategien, die verändern sollen, wie Menschen über bestimmte Situationen denken und weitere kognitive Strategien, welche die übergreifenden zentralen Grundannahmen von Menschen über sich, die Zukunft und die Welt verändern sollen. Der Ansatz der KVT legt eine besondere Bedeutung auf kognitive Strategien. Auch wenn die Notwendigkeit verhaltensbezogener Strategien in der Behandlung von schwer depressiven Personen betont wird, liegt das Ziel der KVT klar darin, zu kognitiven Veränderungen zu gelangen. Beck und seine Kollegen beschreiben die Verwendung von verhaltensbezogenen Techniken in ihrem grundlegenden Behandlungsmanual für KVT und erklären dabei: »Letztlich ist es das Ziel dieser Techniken der kognitiven Therapie, Veränderungen in den negativen Einstellungen zu bewirken« (Beck et al. 1979, S. 118).

Viele Studien, auch einige neue, besonders gründlich durchgeführte klinische Studien zeigen die Wirksamkeit der KVT (DeRubeis et al. 2005; Hollon et al. 2005). Diese Studien haben aber einige wichtige Fragen ausgespart. Es ist zwar offensichtlich, dass KVT wirksam ist, aber wissen wir wirklich, *wie* sie wirkt? Was sind die wirksamen Elemente der KVT? Werden alle Strategien der KVT benötigt, um positive Ergebnisse zu erzielen? Könnten auch allein die verhaltensbezogenen Strategien der KVT für den Erfolg der Therapie ausschlaggebend sein?

Eine Reihe von Studien hat versucht, diese Fragen zu beantworten. Zeiss et al. (1979) führten eine der frühesten Studien hierzu durch. Das wesentliche Ergebnis war, dass sich der Zustand depressiver Patienten unabhängig von den spezifischen Komponenten der Behandlung besserte. Die Patienten erhielten entweder kognitive Umstrukturierung, Training der interpersonellen Fertigkeiten oder Aufbau angenehmer Aktivitäten. Zettle und Rains (1989) verglichen drei Gruppentherapien mit folgenden Komponenten: vollständige kognitive Therapie, partielle kognitive Therapie und kontextuelle Verhaltenstherapie. Alle Gruppen zeigten einen ähnlichen signifikanten Rückgang der Depression über die 12-wöchige Behandlungsdauer und das 2-Monats-Follow-up. 1989 zeigten Scogin et al. dass kognitiv fokussierte Bibliotherapie und verhaltensbezogene Bibliotherapie ähnlich wirksam und beide gegenüber einer Vergleichsbedingung überlegen waren.

Die Komponentenanalysestudie, die 1996 von Jacobson und Mitarbeitern veröffentlicht wurde (Jacobson et al. 1996), war eine der besonders einflussreichen Studien in der Beschäftigung mit dem Thema der wirksamen Elemente der KVT. Bei diesem Studientypus wurden die verschiedenen Komponenten der Behandlung isoliert angewendet und miteinander verglichen. Das Ziel war es, herauszufinden, welche Bestandteile der Behandlung kausal wirksam sind. Ungefähr 150 depressive Erwachsene wurden in die Studie eingeschlossen und randomisiert einer der drei Behandlungsgruppen zugeordnet: (1) Behavioral Acitvation, (2) Behavioral Activation plus kognitive Umstrukturierung automatischer Gedanken oder (3) das gesamte Paket der KVT bestehend aus Behavioral Activation, kognitiver Umstrukturierung automatischer Gedanken und kognitiver Umstrukturierung von Grundannahmen.

Die erste Bedingung erlaubte es den Therapeuten, verhaltensbezogene Strategien, wie Planung von Aktivitäten, Einstufung dieser Aktivitäten als angenehm und bewältigbar sowie Hausaufgaben mit steigendem Schwierigkeitsgrad zu verwenden – Strategien, die wir in Unterkapiteln sehr viel detaillierter beschreiben werden. In der zweiten Bedingung (BA plus Umstrukturierung automatischer Gedanken) durften die Therapeuten Verhaltensstrategien und kognitive Strategien verwenden, die darauf ausgerichtet waren zu verändern, wie jemand in spezifischen Situationen denkt. In der dritten Bedingung konnten die Therapeuten jede der Techniken der anderen beiden Bedingungen verwenden und sie konnten zusätzlich an der Veränderung von Grundannahmen über das Selbst, die Welt und die Zukunft arbeiten – was dem gesamten Spektrum der KVT-Strategien, wie sie von Beck et al. (1979) und späteren Behandlungsmanualen (z. B. J. S. Beck 1995) dargestellt werden, entspricht.

Alle Behandlungsarme wurden durch dieselbe Gruppe von Therapeuten durchgeführt. Alle Therapeuten äußerten eine klare Präferenz für den kompletten

KVT-Ansatz. Sie stützten sich in allen Behandlungsbedingungen auf kognitive Fallkonzepte und fühlten sich in ihren Handlungsmöglichkeiten behindert, wenn sie die BA-Komponente isoliert anwendeten. Wenn ein Patient randomisiert der BA-Bedingung zugeordnet wurde, fühlten sie sich mutlos. Sie befürchteten wie viele in diesem Arbeitsgebiet, dass Teilnehmer der Bedingung, in der ausschließlich BA zugelassen war, schlechtere Ergebnisse erzielen würden.

Das tatsächliche Ergebnis überraschte viele! Es gab keine signifikanten Unterschiede zwischen den drei Bedingungen, weder in der Akutbehandlung der Depression noch während der Nachbehandlung zur Rückfallprophylaxe während des Zwei-Jahres-Follow-Up (Jacobson et al. 1996; Gortner et al. 1998). Die Behandlungsergebnisse, die unter der BA-Bedingung erzielt wurden, waren vergleichbar mit denen des kompletten Pakets der KVT. Die Ergebnisse lösten ziemliche Aufregung aus und wurden mit großer Skepsis aufgenommen. Einige lehnten die Studie und ihre Ergebnisse ab. Sie vermuteten, die Therapien seien nicht sorgfältig durchgeführt worden und die geringe Qualität der angebotenen KVT würde die Ergebnisse erklären (Jacobson & Gortner 2000). Andere waren von den Ergebnissen fasziniert, waren aber der Meinung, dass es notwendig sei, diese in einer weiteren Studie zu replizieren.

Die Autoren der Komponentenanalysestudie bewerteten die Kritikpunkte als valide und stimmten damit überein, dass es notwendig war eine Replikation anzustreben. Dabei sollte sichergestellt sein, dass die KVT so kompetent wie möglich durchgeführt wird. Die Ergebnisse stimulierten unsere Forschungsgruppe dazu, sich im weiteren Verlauf unserer Arbeit mit einigen zentralen Fragen zu beschäftigen. Wir begannen uns zu fragen, ob Methoden, die ausschließlich verhaltensbezogene Techniken beinhalten, in den letzten Jahrzehnten vernachlässigt wurden. Übersah das gesamte Forschungsfeld etwas Wichtiges, das verhaltensbezogene Techniken möglicherweise zur Behandlung der Depression beitragen konnten?

Zurück zu den behavioralen Wurzeln

Die Fragen, die durch die Komponentenanalysestudie aufgekommen waren, regten uns an, ältere Veröffentlichungen, die sich mit verhaltensbezogenen Ansätzen der Depression beschäftigten, erneut zu lesen. Einige Publikationen waren schon mehrere Jahrzehnte alt. Die Lektüre dieser Publikationen trug zur Weiterentwicklung unsere Gedanken über BA bei. Es entstanden die Grundzüge einer verhaltensbezogenen Behandlungsmethode, die selbstständig war und sich nicht ausschließlich dadurch definierte, dass sie die Durchführung des kognitiven Teils nicht zuließ, wie es in der Komponentenanalysestudie der Fall war (Jacobson et al. 2001; Martell et al. 2001).

Das Interesse an BA wurde erst durch die Komponentenanalysestudie wiederbelebt. Die Entwicklung von BA stützt sich jedoch auf eine lange Tradition verhaltenswissenschaftlicher Forschung, die allerdings, wie wir feststellen mussten, in den letzten Jahrzehnten wenig beachtet worden war. BA baut insbesondere auf den Grundlagen auf, die von vier wichtigen Pionieren der Verhaltenstherapie gelegt wurden: Charles B. Ferster, Peter M. Lewinsohn, Lynn P. Rehm und Aaron T. Beck. Ferster konzentrierte sich auf die theoretischen Grundlagen der Verhaltensanalyse der Depression, Lewinsohn erweiterte die Theorie und entwickelte verhaltensbezogene Behandlungsmethoden für depressive Störungen. Rehm betonte die Wichtigkeit von Verstärkung in der Behandlung der Depression und Beck machte BA einem größeren Publikum von Therapeuten zugänglich, indem er sie in die KVT für depressive Störungen integrierte. Als nächstes werden wir die Beiträge und Einflüsse dieser Pioniere auf BA diskutieren.

Charles B. Ferster

Ferster (1973) postulierte, dass eine Abnahme bestimmter Arten von Verhalten und eine Zunahme anderer Verhaltensweisen depressive Störungen charakterisieren. Ferster betonte insbesondere die Zunahme von Vermeidungsverhalten und vermutete, dass depressive Personen so im Ergebnis durch ihre Aktivitäten weniger Belohnung erfahren. Er nannte auch einige Gründe dafür. Erstens nahm er an, dass Menschen mit depressiven Störungen sich nicht häufig genug mit produktiven Aktivitäten beschäftigen, was zu einer Abnahme der Verstärkung führt, die aus diesen Aktivitäten stammt. Zweitens nahm er an, dass Menschen mit Depression Aktivitäten bevorzugen, die dazu dienen, unangenehmen Emotionen zu entkommen, was ebenfalls zu weniger positiv verstärktem Verhalten fuhrt (Ferster 1973). Demnach könnte das Verhalten depressiver Patienten hauptsächlich von negativer Verstärkung im Gegensatz zu positiver Verstärkung gesteuert sein. Mit anderen Worten dienen ihre Aktivitäten dem Ziel, unangenehme Zustände abzuschwächen, anstatt es zu ermöglichen, sich mit der Umwelt auf eine Art auseinanderzusetzen, die natürlicherweise belohnt und positiv verstärkt wird.

Jedes Verhalten tritt in einem bestimmten Kontext auf und wird durch seine Konsequenzen verstärkt. Dies sind die *Kontingenzen* von Verhalten. Ferster (1973) betont, dass aus einer nur begrenzten Interaktion eines Patienten mit seiner Umwelt eine verringerte Fähigkeit entsteht, aus Kontingenzen zu lernen. Solche Patienten fokussieren auf den eigenen inneren Zustand von Deprivation, anstatt ihre Umwelt zu beobachten. Dies behindert laut Ferster in erheblicher Weise die Möglichkeit den Blick auf die Welt positiv zu verändern. Der depressive Patient ist nicht in der Lage, ausreichend Verhalten zu generieren, das verstärkt werden könnte. Er kann auch nicht herausfinden, wie verschiedene Formen von Verhalten zu unterschiedlichen Reaktionen der Umwelt führen (Ferster 1973).

Das aktuelle Modell von BA baut auf vielen Ideen Fersters auf. Sein Werk liefert eine solide verhaltensanalytische Grundstruktur. Es ermöglicht, die *Funktion* von Verhalten zu betrachten, anstatt nur seine Form zu sehen. BA möchte eine flexible Therapiemethode sein, die auf jeden Patienten individuell zugeschnitten werden kann. BA geht nicht davon aus, dass bestimmte Kategorien von Verhalten, wie z. B. angenehme Aktivitäten, zwangsläufig bei jedem Patienten als Verstärker wirksam sind. Stattdessen nutzt BA die Ergebnisse von Verhaltensanalysen (die später im Buch diskutiert werden), um genau das Verhalten aufzubauen, das das größte Potential für den Patienten in seiner Interaktion mit der Umwelt aufweist. Das Verhalten soll zu Konsequenzen führen, die antidepressives Verhalten positiv verstärken. Die Betonung der Funktion von Verhalten bleibt ein bedeutender Beitrag aus der Arbeit von Ferster für BA.

Peter M. Lewinsohn

Lewinsohns Theorie der Depression war in Übereinstimmung mit vielen der von Ferster vorgeschlagenen Elemente. Lewinsohn hob die Wichtigkeit mangelnder positiver Verstärkung für das Leben depressiver Patienten hervor. Insbesondere konzeptualisierte er die Depression als Ergebnis fehlender oder zu geringer Häufigkeit von »verhaltenskontingenter« positiver Verstärkung (Lewinsohn 1974). Verhaltenskontingent bedeutet, dass die Verstärkung in einer direkten Beziehung zum Handeln des Individuums steht. Wenn beispielsweise eine Frau in einer Beziehung versucht, ein Gespräch zu führen und der Partner diesen Versuch ignoriert (also keine verhaltenskontingente positive Verstärkung bietet) oder ihn als aufdringlich zurückweist (also bestraft), wird die Frau schließlich die Versuche, sich mit dem Partner zu unterhalten, beenden und traurig über ihre Beziehung sein. Folglich wird die Frau mit der Zeit weniger kommunizieren. Verhaltenstheoretisch gesprochen wird das Kommunikationsverhalten gelöscht. Die Hypothese Lewinsohns ist, dass dieser Mangel an positiver Verstärkung die Häufigkeit von Verhalten reduziert, das sonst im Leben typischerweise belohnt wird. So kann schlechte Stimmung entstehen und aufrechterhalten werden.

Lewinsohn (1974) wies darauf hin, dass geringe Häufigkeit verhaltenskontingenter positiver Verstärkung auch in einem Kontext bedeutsam ist, der zunächst überraschend erscheint: zum Beispiel kann berufliche Beförderung zu einem Verlust an sozialer Verstärkung führen. Der Wechsel in eine Führungsposition kann dabei mit dem Verlust der Peer Group erkauft sein. Das Erreichen eines Ziels, für das jemand lange und hart gearbeitet hat, z. B. ein Doktortitel, kann sich als schwacher Verstärker für das Individuum herausstellen. Er erklärt: »Kritisch ist nicht die Gesamtmenge an Aufmerksamkeit oder anderer guter Dinge, die jemand erhält, sondern der Umstand, dass das Verhalten des Individuums durch die Umwelt so belohnt wird, dass das Verhalten aufrechterhalten wird« (Lewinsohn 1974). Lewinsohn war eindeutig der Meinung, dass vor allem die subjektive Perspektive auf Belohnung durch das Umfeld bedeutsam für das zukünftige Verhalten und die Stimmung ist, allgemeine Annahmen über den Wert einzelner Belohnungen haben dagegen sehr viel weniger Erklärungswert.

Lewinsohn und seine Mitarbeiter überarbeiteten schließlich ihr Modell, um erklären zu können, warum negative Lebensereignisse manche Menschen beeinträchtigen und andere nicht. Lewinsohn et al. (1985) schlagen die Hypothese vor, dass negative Lebensereignisse die Wahrscheinlichkeit für adaptive Verhaltensweisen bei vulnerablen Personen reduzieren, denen die Fertigkeiten zur Bewältigung dieser Ereignisse fehlen. Belastungen und die begleitende dysphorische

Stimmung führen dazu, dass die Person übermäßig selbstbezogen und selbstkritisch wird. Die Motivation geht zurück und die vulnerable Person zieht sich aus zwischenmenschlichen Kontakten zurück. Es entsteht eine Abwärtsspirale in eine depressive Störung, da die Person als Reaktion auf die Belastungen ihre Aktivität weiter reduziert.

Lewinsohns Arbeit war ein wesentlicher Beitrag zum Verständnis der Bedeutung der individuellen Kontingenzen im Leben des einzelnen Patienten. Lewinsohn und Libet (1972) beschrieben, dass Menschen mit Depression empfindlicher gegenüber den Höhen und Tiefen des Alltags sind. Sie reagieren zusätzlich stärker auf einen aversiven Stimulus als Nicht-Depressive. Manche Menschen haben eine niedrigere Schmerztoleranz und leiden stark unter einem verstauchten Knöchel, während andere bei einer ähnlichen Verletzung weiter herumlaufen. So reagieren Menschen mit Depression stärker auf den Schmerz des Lebens – emotional und auch körperlich – als diejenigen, die nicht depressiv sind. Lewinsohn (1974) schlug vor, dass eine Desensibilisierung gegenüber aversiven Situationen eine hilfreiche therapeutische Technik sein könnte.

Lewinsohn und Mitarbeiter (Lewinsohn 1974; Lewinsohn et al. 1976) waren die ersten, die die Planung von Aktivitäten in die verhaltenstherapeutische Behandlung von Depression aufnahmen. In ihrem Ansatz untersuchten sie die Frequenz und das Spektrum angenehmer Aktivitäten im Leben des Patienten. Sie entwickelten Arbeitsblätter zur Planung von Aktivitäten. Dabei wurde die Woche in Stunden-Segmente unterteilt. Sie baten die Patienten, angenehme Aktivitäten für die Woche zu planen. Mit der Zeit konnten die Patienten die Häufigkeit von Aktivitäten steigern und Verhalten aufbauen, das sie sich entweder wünschten oder schon durchgeführt hatten, aber mit Beginn der Depression beendet hatten. Lewinsohn und seine Mitarbeiter entwickelten eine Selbstbeurteilungsskala, den Pleasant Event Schedule (PES), mit der die angenehmen Aktivitäten innerhalb des letzten Monats erhoben wurden (Lewinsohn & Graf 1973; Lewinsohn & Libet 1972; Mac Phillamy & Lewinsohn 1982). Der PES listet 320 Aktivitäten auf. Die Patienten werden dazu jeweils gebeten, die Häufigkeit anzugeben und den Grad, zu dem die Aktivität »angenehm, erfreulich oder belohnend« war.

Lewinsohns Arbeit hat BA, so wie es in diesem Buch beschrieben wird, maßgeblich beeinflusst. Seine Forschung sowohl zum behavioralen Modell der Depression als auch zu behavioralen Interventionen begründet das Fundament, auf dem der aktuelle BA-Ansatz aufgebaut ist. Ganz besonders hat Lewinsohn die Wichtigkeit des Verständnisses verstärkender Kontingenzen betont. Wir legen deshalb großen Wert darauf, dass das Erstellen eines Behandlungsplans und die Definition von Behandlungszielen auf Verhaltensbeobachtung und Verhaltensanalyse aufbauen muss. BA will den Patienten dabei unterstützen, in einer Art und Weise aktiv zu werden, die mit hoher Wahrscheinlichkeit dazu führt, dass sein Verhalten positiv verstärkt wird. Lewinsohn betonte auch die Rolle negativer Verstärkung. Wir unterstützen deshalb Patienten, aktiv zu werden und Probleme zu lösen, um ein anregenderes Leben zu führen, auch wenn sie sich gerade inmitten negativer Emotionen befinden. Lewinsohns Verständnis der übermäßigen Ausrichtung depressiver Patienten auf sich selbst liegt unserem Umgang mit Grübelprozessen zugrunde. Nicht zuletzt sind Techniken, die er praktisch verwendet hat, wie Aktivitätsprotokolle und Planung aktueller Aktivitäten, Kernbereiche der Anwendung und Durchführung von BA.

Lynn P. Rehm

Rehms Modell der Depression beinhaltet Komponenten, die als eher kognitiv aufgefasst werden können, wie z. B. selektive Aufmerksamkeit auf negative Ereignisse (Fuchs & Rehm 1977). Dennoch ist es in seinem Schwerpunkt behavioral ausgerichtet. Rehm betonte die Bedeutung von Verstärkung bei Depression und schlug ein Selbststeuerungsmodell der Entstehung und Behandlung von Depression vor. Rehms Modell verwendet Kanfers Definition der Selbststeuerung als die »Prozesse, bei denen eine Person die Wahrscheinlichkeit eines Verhaltens verändert, und zwar auch bei Fehlen einer direkten externen Unterstützung« (Rehm 1977, S. 790). Das Selbststeuerungsmodell geht von einer Feedback-Schleife bestehend aus Selbst-Beobachtung, Selbst-Bewertung und Selbst-Verstärkung aus. Ein Beispiel: Selbst-Beobachtung: Eine Studentin führt Buch über ihre Noten. Selbst-Bewertung: Sie vergleicht den Mittelwert ihrer Leistung mit ihrem inneren Anspruch. Die Studentin stellt beispielsweise fest, dass ihr Notenschnitt bei 3,0 liegt. Sie bewertet dies als Versagen, da ihr Standard bei 2,0 liegt. Normalerweise belohnt sie sich bei einer 2,0, indem sie sich ein Album ihrer Lieblingsband aus dem Internet herunterlädt. Bei 3,0 belohnt sie sich nicht auf gleiche Weise. Vergleiche des eigenen Verhaltens mit Standards basieren auf einer internalen Attribution der Ursache, sprich »Ich habe nicht hart genug gearbeitet.« Um Selbststeuerung auszuüben, ist ein Bewusstsein der Möglichkeit der Steuerung des eigenen Verhaltens erforderlich, sprich »Ich kann das noch besser.« Des Weiteren muss man in der Lage sein, sich selbst für Verhalten zu verstärken, das nicht unmittelbar zu den belohnenden Konsequenzen führt. Die Studentin belohnt sich für ihre Noten kurzfristig mit einem Musikdownload. Dabei liegt die natürliche Belohnung in den langfristigen Konsequenzen von guten Noten nämlich darin, dass sie ihre Chancen auf späteren Erfolg erhöht.

In Rehms Modell wird Depression als Defizit im Bereich der Selbststeuerung betrachtet. Spezifisch meint dies (1) selektive Aufmerksamkeit auf negative Ereignisse, (2) selektives Beobachten von unmittelbaren, im Gegensatz zu verzögerten Verhaltenskonsequenzen, (3) Anwendung strenger Kriterien in der Selbstbewertung, (4) ungenaue Attribution von Verantwortlichkeiten und Steuerungsmöglichkeiten, (5) mangelhafte Selbstbelohnung und (6) übermäßige Selbstbestrafung (Rehm 1977, S. 795). Depressive haben eine selektive Aufmerksamkeit für negatives Feedback. Ihr Verhalten führt zu unmittelbarer (negativer) Verstärkung, zu Lasten wichtiger, aber verzögerter positiver Verstärkung. Wenn Menschen depressiv sind, machen sie externe Kausalattributionen. Sie setzen strenge Standards in der Selbstbewertung. Ein letzter Punkt des Selbststeuerungsmodells der Depression ist, dass eine niedrige Häufigkeit von Selbstverstärkung einer hohen Häufigkeit von Selbstbestrafung gegenübersteht. Der depressive Patient ist besonders empfänglich gegenüber Stimmungsschwankungen, die durch äußere Ereignisse ausgelöst werden. Er hat Schwierigkeiten, selbst sein Verhalten zu verstärken, um Verhalten unabhängig von Ereignissen in der Umwelt stabil zu halten. Defizite in der Selbstverstärkung führen zu vermindertem Durchhaltevermögen und tendentiell zu Verhalten, das unmittelbar negativ verstärkt wird. Dies begünstigt vor allem Vermeidungsverhalten, was in den weiteren Kapiteln ausführlich diskutiert werden wird. Exzessive Selbstbestrafung führt zur Inhibition von Denken, Sprache und Verhalten sowie zu exzessiv negativen Selbstbewertungen. Rehms Arbeiten haben das Verständnis der Rolle von Verstärkung erheblich erweitert. Insbesondere haben sie auf die Notwendigkeit hingewiesen, genau zu beachten, dass depressive Patienten kurzfristige Verstärkung bevorzugen.

Aaron T. Beck

1979 haben Beck und Mitarbeiter das Buch *Kognitive Therapie bei Depressionen* veröffentlicht. Die Rezeption dieses Werkes hat die Versorgungslandschaft für Patienten mit depressiven Störungen tiefgreifend verändert. Kognitive Therapie bzw. kognitiv-behaviorale Therapie bei Depression wurde zu der Therapiemethode, für die die meisten empirischen Evidenzen vorliegen. Kurzgesagt ist KVT der Goldstandard für Kurzzeittherapien bei Depressionen. In seinem Ansatz hat Beck Strategien der BA in einen größeren kognitiven Rahmen integriert. Der kognitiv-behaviorale Ansatz verminderte die Sichtbarkeit der rein behavioralen Ansätze, die ihm vorausgingen. Er war aber sehr hilfreich dabei, die Kernstrategien von BA zu formalisieren und sie weithin verfügbar zu machen. Auf diese Weise hat Beck sehr viel mehr für die Wertschätzung von BA getan als viele reine Behavioristen.

Becks Manual empfiehlt, die Behandlung insbesondere bei schwer depressiven Patienten mit Aktivierung zu beginnen. Erst dann sollten Strategien zur Veränderung bestimmter Gedanken einsetzen. Weiterhin sind verhaltensbezogene Strategien in die gesamte Behandlung integriert. Sie sind eine der entscheidenden Instrumente zur Untersuchung und Bewertung von Kognitionen.

Einer der wesentlichen Beiträge der KVT zur Verwendung verhaltensbezogener Strategien besteht in der Art und Weise, wie KVT die Methode zur Beobachtung und Planung von Aktivitäten in eine feste Form gebracht hat. Bei der KVT zeichnen die Patienten ihre Aktivitäten in einem Aktivitätsprotokoll auf. Sie werden gebeten, zu notieren, ob die Aktivität ihnen ein angenehmes Gefühl vermittelt hat oder das Gefühl, etwas zu können oder geleistet zu haben. Der Therapeut unterstützt den Patienten dabei, eine persönliche Ratingskala für Leistung und Wohlbefinden zu entwickeln. Judith S. Beck (1995) schlägt vor, mit den Patienten eine Rating-Skala von 0–10 zu entwickeln. Sie sollen dabei spezifische Verhaltensweisen identifizieren, die für sie mit extrem hohen oder niedrigen Gefühlen von Wohlbefinden oder Leistung verbunden sind oder die entlang eines Kontinuums anzusiedeln sind. So hat der Patient eine individuelle Skala, die es erlaubt, einzuschätzen, zu wie viel Wohlbefinden oder Gefühl von Kompetenz eine Aktivität geführt hat. Ein Patient kann z. B. für »Zähneputzen« 0 Gefühl von Kompetenz wählen, »das Bett machen« mit 5 bewerten und »den Garten hinter dem Haus mähen« mit 10 auf seiner individuellen Skala der Leistung einstufen. Ähnliche Ankerpunkte können für Wohlbefinden festgelegt werden. Der Patient kann dies als Leitlinie verwenden, beispielsweise wenn er sein Zimmer putzt. Er kann dann das Putzen mit den drei Aufgaben auf der Skala vergleichen und entscheiden, ob es näher am Bettenmachen (also »5«) oder am Mähen im Garten (also »10«) liegt und es entsprechend bewerten.

In der KVT dienen verhaltensbezogene Techniken letzten Endes immer dem Ziel der Veränderung von Gedanken. Veränderung von Überzeugungen wird als essentiell für eine nachhaltige Verbesserung der Verhaltensprobleme oder emotionalen Probleme angesehen. Im deutlichen Unterschied dazu ermutigt BA zu Aktivitäten in der Hoffnung, den Patienten mit positiven Verstärkern in Kontakt zu bringen. Antidepressive Aktivitäten sollen so aufrechterhalten und weiter gesteigert werden. Sowohl KVT als auch BA ermutigen den Patienten, sich auf Verhaltensexperimente einzulassen. Bei BA werden die Patienten aufgefordert, Experimente durchzuführen, um Ergebnisse ihres Verhaltens in der Realität, Auswirkungen auf die Stimmungslage und Ziele zu erkunden. Bei der KVT werden die Patienten gebeten, »Experimente« durchzuführen, um ihre depressiven Annahmen und Erwartungen zu testen. Trotz dieser Unterschiede hat die KVT eine wesentliche Grundlage für die Entwicklung des gegenwärtigen BA Modells geliefert. BA hat auch die für KVT charakteristische Betonung der Strukturierung der Sitzungen übernommen. Dank der Arbeit von Aaron T. Beck und seiner Mitarbeiter verwenden auch mehr Psychotherapeuten, die primär keine behaviorale Ausrichtung haben, Strategien zur Aktivierung. Dies alles ist zum Wohl der depressiven Patienten, für die einfache Aktivierungsmaßnahmen ein notwendiger Teil der Behandlung zur Verringerung ihrer Symptome sind.

Die empirischen Grundlagen der BA

Das gegenwärtige Modell von BA wurde in der Seattle Study an der University of Washington einer strengen Überprüfung im Rahmen einer klinischen Studie unterzogen. Diese Studie war bedeutsam, weil sie einige der wichtigen Limitationen der früheren Komponentenanalysestudie adressierte. Sie verglich BA nicht nur mit KVT, sondern auch mit antidepressiver medikamentöser Behandlung. Frühere Untersuchungen hatten nahegelegt, dass Psychotherapie (insbesondere KVT) bei Patienten mit mittlerer und starker Major Depression unwirksam ist (Elkin et al. 1989). Behandlungsrichtlinien besagten, dass mittel und stark depressive Patienten für eine erfolgreiche Behandlung antidepressive Medikation benötigen, und nur weniger stark depressive Patienten von Psychotherapie profitieren können (American Psychiatric Association Workgroup on Major Depressive Disorder 2000). Also verglich die Studie BA mit der am weitesten verbreiteten Psychotherapie KVT und mit dem damaligen Behandlungsstandard Pharmakotherapie. Experten aus jeder der Behandlungsmodalitäten arbeiteten bei der Studie zusammen, um sicherzustellen, dass hoch angesehene Experten für KVT und Psychopharmakotherapie bei der Planung, Durchführung und Analyse der Untersuchung beteiligt waren. Während der gesamten Studie waren diese Vertreter der jeweiligen Behandlungsmethode für die Überwachung der Qualität verantwortlich, mit der die von ihnen bevorzugte Behandlung implementiert wurde.

Im Einzelnen wurden in einer vierarmigen Studie mit 241 depressiven Erwachsenen BA, KVT, antidepressive medikamentöse Therapie (Paroxetin) und Placebo verglichen. Die Ergebnisse waren äußerst stimulierend. Die Analyse fokussierte darauf, wie die Behandlungen im Vergleich der Gruppen der weniger und der stärker depressiven Patienten abschnitten. Die unmittelbaren Ergebnisse bei Patienten, die BA bekamen, waren vergleichbar zu denen, die eine antidepressive Medikation bekamen, sogar bei den stark depressiven Patienten. Patienten, denen BA zugewiesen wurde, blieben tendenziell länger in Behandlung als diejenigen mit Pharmakotherapie. BA war KVT in der akuten Behandlung von stark depressiven Patienten überlegen. Es gab keine Unterschiede zwischen den Therapiearmen bei den weniger stark depressiven Patienten. Die langfristig erhobenen Daten der Follow-up-Untersuchung zeigten, dass die positiven Wirkungen von BA in Bezug auf Rückfallprophylaxe genauso nachhaltig waren wie bei KVT. Bei Patienten, die auf Pharmakotherapie angesprochen hatten, bestand nach Therapieende eine höhere Rezidivrate als bei Patienten, die zuvor BA oder KVT bekommen hatten (Dimidjian et al. 2006; Dobson et al. 2008).

Wie alle Studien, so hat auch die Seattle Study Limitationen. Rückblickend hätten wir den Algorithmus der antidepressiven Medikation anders gestaltet, um den Patienten einen längeren Verbleib in der Behandlung zu ermöglichen. Eine größere Stichprobe hätte ermöglicht, alle wünschenswerten statistischen Analysen durchzuführen. Und wie bei jeder Studie müssen die Ergebnisse an anderen Orten und durch andere Wissenschaftler repliziert werden. Es gibt weitere wichtige Fragen, die wir durch aktuell laufende Studien klären wollen. Auf diese Weise setzt sich die Geschichte von BA fort. Auch wenn eine einzelne Studie nicht alle wichtigen Forschungsfragen klären kann, haben wir aus der Seattle Study gelernt, dass BA eine vielversprechende Behandlung bei Depression darstellt. Zudem wird unsere Begeisterung über die Ergebnisse durch eine Reihe ähnlicher Ergebnisse gestützt.

Verwandte Behandlungen zur Aktivierung bei Depression

Die Theorie und die Konzeptualisierung von BA werden gestützt durch weitere verwandte, auf Aktivierung basierende Interventionen bei Depression. Viele der zentralen Konzepte von BA wie Aktivierung, Planen von Aktivitäten, Problemlösen anstatt passiv zu grübeln, sind auch bei diesen verwandten Ansätzen entscheidend. Die Befunde, die diese verwandten Ansätze stützen, haben auch unser Denken über BA beeinflusst. Sie liefern eine unabhängige Bestätigung der zentralen Grundsätze des BA-Ansatzes bei Depression.

Brief Behavioral Activation Treatment for Depression (BATD)

Gleichzeitig zur Seattle Study verfolgten Carl Lejuez und Kollegen (Lejuez et al. 2001) mit ihrer Methode BATD eine ähnliche Forschungslinie. Diese Studien waren unabhängig von den in Washington durchgeführten Projekten. In mehreren kleinen Studien kamen auch sie zu dem Ergebnis, dass Aktivierung eine wirkungsvolle Behandlung für stationär behandelte depressive Patienten (Hopko et al. 2003) sowie für depressive Patienten mit Tumorerkrankungen (Hopko et al. 2005) und für Patienten mit komorbider Depression und Angst ist (Hopko et al. 2004). Diese Forschergruppe arbeitete mit Aktivierung in Form einer Kurzzeittherapie. Dabei wurden ausschließlich Aktivitätsprotokolle und das Planen von Aktivitäten verwendet. Die Patienten wurden gebeten, eine Liste von Aktivitätszielen für die Woche zu erstellen und jeden Tag zu notieren, ob sie die Aktivität unternommen haben oder nicht und ob sie ihr Ziel für die Aktivität erreicht haben. Dieser Ansatz ist in hohem Maße vergleichbar mit BA und bestätigt die Bedeutung von Aktivierung für Patienten mit Depression.

Problemlösetherapie

Problemlösen ist eine der wesentlichen Stützen von BA. Es gibt eine Reihe von Evidenz für den Einsatz von Problemlösen in der Behandlung von Depression (Gotlib & Asarnow 1979; Nezu 1987). Die meisten Ansätze definieren das individuelle Problem und setzen Ziele für die Behandlung. Dann implementieren sie empirisch gestützte therapeutische Techniken zur Problemlösung oder zur Behebung der Fertigkeitendefizite (Biglan & Dow 1981). Problemlösetherapie stellt auch in Settings der Primärversorgung eine wirksame Behandlung dar. Sie kann von entsprechend geschulten Psychiatern und Psychotherapeuten, Pflegepersonal oder Allgemeinärzten durchgeführt werden (Mynors-Wallis et al. 1977).

Ähnlichkeiten mit neuen Verhaltenstherapiemethoden

Die Entwicklung von BA fällt in eine Zeit der Transformation der kognitiv-behavioralen Therapien. Das Interesse an mehr verhaltensbezogenen Ansätzen wächst und der Umgang mit Kognitionen unterscheidet sich von der Art, wie sie ursprünglich von Beck und anderen propagiert wurde. Mehrere neue Therapiemethoden haben einen Fokus, der mit BA gut übereinstimmt. Die wachsende Evidenz für diese Ansätze kommt zu dem Gewicht der Daten hinzu, die nahelegen, dass Aktivierung ein Schlüsselbestandteil des therapeutischen Veränderungsprozesses ist und dass BA einen Teil einer größeren Bewegung darstellt, zurück zu den behavioralen Wurzeln, die in den letzten beiden Dekaden vernachlässigt worden waren.

Die Dialektisch-Behaviorale Therapie (DBT) wurde für die Behandlung von ausgeprägt suizidalen Patienten mit Borderline-Persönlichkeitsstörung entwickelt (Linehan 1993). Ein wesentlicher Aspekt der Therapie ist die Vermittlung von

Fertigkeiten, um die Patienten bei der Emotionsregulation zu unterstützen. Eine zentrale Fertigkeit bei DBT ist »entgegengesetztes Handeln«. Um Emotionen zu verändern, lernen die Patienten, auf eine Art und Weise zu handeln, die dem emotionsgetriebenen Verhalten entgegengesetzt ist. Beispielsweise kann eine Frau, die sich über einen langsamen Parkplatzeinweiser ärgert, Lust verspüren zu fluchen. Entgegengesetztes Handeln bedeutet, zu lächeln und in einem warmen und freundlichen Ton zu sagen: »Danke, ich wünsche Ihnen einen angenehmen Tag.« BA ist in vieler Hinsicht »entgegengesetztes Handeln« bei Depression. Ein häufiges emotionsgetriebenes Verhalten bei Depression ist, nichts zu tun und zu vermeiden. Aktivierung ist entgegengesetzt zu diesem Verhalten.

Akzeptanz- und Commitment-Therapie (ACT), die von Hayes und Kollegen entwickelt wurde, ist eine weitere Methode, deren empirische Fundierung kontinuierlich wächst. Sie hat mit BA wesentliche Behandlungsziele gemeinsam (Hayes et al. 2006; Hayes et al. 1999). ACT betont die Notwendigkeit, Verhaltensmuster von Erlebnisvermeidung aufzugeben. Patienten werden zu einer Selbstverpflichtung zu werteorientiertem Verhalten angeregt. Diese Aufmerksamkeit auf Werte wurde durch uns noch zu wenig berücksichtigt, als wir das erste Manual für BA verfassten (Martell et al. 2001). Es handelt sich um eine nützliche Idee für die Behandlung von Patienten. In einer frühen Version von ACT haben Zettle und Rains (1987) die Technik Comprehensive Distancing (CD) mit KVT verglichen. Der Fokus von CD ist, die Bemühungen, negative Gedanken zu verändern, loszulassen und wirksam zu handeln, auch wenn negative Gedanken vorhanden sind.

David H. Barlow, der als einer der einflussreichsten Psychologen des späten 20. Jahrhunderts gilt, weist auf Ähnlichkeiten in den Behandlungstechniken bei einen breiten Spektrum von Störungen hin (Barlow et al. 2004). Barlow und seine Kollegen (2004) betonen, dass eine wichtige Behandlungsstrategie darin besteht, Handlungstendenzen zu modifizieren, die als Reaktion auf emotionale Dysregulationen entstehen. Sie führen aus:

> »Wenn man die Verhaltenstendenzen, die von wesentlichen Emotionen ausgelöst werden, modifizieren will, besteht der erste Schritt darin, die Emotionen soweit wie möglich hervorzurufen. Das Ermutigen des Erlebens von Emotionen, ohne sich dabei auf die zugehörige Handlungstendenz einzulassen (d. h. die Emotion zu akzeptieren), stellt eine in dieser Hinsicht grundlegende Strategie dar. In der Anwendung bei spezifischen Störungen wird die emotionale und verhaltensbezogene Aktivierung im situationsbezogenen Kontext zu einem sehr wirkungsvollen Werkzeug« (S. 223–224).

Barlow und Kollegen betonen den Wert eines gemeinsamen Ansatzes für die Behandlung von Depression und Angst. Möglicherweise ist BA ein Kernbestandteil eines Spektrums wirkungsvoller Behandlungen und könnte als solcher als transdiagnostischer Ansatz von Wert sein. Dies ist jedoch zurzeit rein spekulativ. Erforderlich ist eine weitere genaue wissenschaftliche Untersuchung von BA, um die Möglichkeiten und Grenzen dieser Methode bei verschiedenen Störungen zu untersuchen.

Zusammenfassung

Die Entwicklung von BA ist keine abgeschlossene Geschichte. Die früheren Entwicklungen im Bereich verhaltenstherapeutischer und kognitiv-verhaltenstherapeutischer Behandlungstechniken bei Depression beeinflussen weiterhin Forschung und Entwicklung. Unsere Rückkehr zu den verhaltensbezogenen Grundlagen, um eine gradlinige Behandlung bei Depressionen zu entwickeln, die die problematischen Lebensumstände, mit denen viele depressive Menschen zu tun haben, berücksichtigt, ist Teil einer umfassenderen Wiederbelebung verhaltensbezogener Behandlungen. BA ist konsistent mit anderen neu entwickelten verhaltensbezogenen Interventionen, während sich das Feld der Verhaltenstherapie und der KVT weiter entfaltet. Nach dem Überblick über die Geschichte und Entwicklung von BA, die zugrundeliegende Evidenz und die Art, wie sich BA in das große Feld der derzeitigen Verhaltenstherapie einfügt, werden nun die zentralen Prinzipien und Strategien von BA dargestellt.

2 Die grundlegenden Prinzipien von Behavioral Activation

> Menschen erwerben eine bestimmte gute Eigenschaft, indem sie durchgehend in einer bestimmten Weise handeln. Man wird gerecht, indem man gerecht handelt, maßvoll durch maßvolles Handeln und tapfer durch tapferes Handeln.
>
> Aristoteles (384–322 v.Chr.)

Alice hatte ihren Job als Softwareingenieurin verloren. Seitdem graute es ihr jeden Morgen vor dem Aufstehen. Sie wusste, dass bei dem Unternehmen, in dem sie gearbeitet hatte, Entlassungen häufig waren. Sie gab aber auch sich selbst die Schuld. Sie hatte sich kritisch gegenüber ihrem Chef geäußert und bei Sitzungen unpassende Bemerkungen gemacht. Es ist sehr schwer, mit dem Arbeitslosengeld als einzige Einnahmequelle auszukommen. Aufgrund ihrer Finanznot musste sie ihre Eigentumswohnung verkaufen und eine kleinere Wohnung mieten. Alice hoffte, mehr Energie und Hoffnung zu entwickeln, sobald sie den richtigen Job gefunden hätte. Eine ähnliche Arbeitsstelle war allerdings nicht verfügbar. Acht Monate lang suchte sie nach einer Stelle als Softwareingenieurin, dann nahm sie eine befristete Anstellung bei einer kleinen Firma an. Ihre Aufgabe war das Aktualisieren der Website. Die Stelle war nicht gut bezahlt und die Arbeit war langweilig. Alices Vorgesetzter zeigte wenig Interesse an ihrer Arbeit und ihren Projekten. Es wurde kaum bemerkt, wenn sie bis zu zwei Stunden zu spät zur Arbeit kam. Also blieb sie im Bett.

Der Verdruss mit der Arbeit war nicht das einzige Problem. Sie hatte auch ein hohes Maß an Sorgen und Ängsten. Diese Probleme hatte es schon vor ihrer Entlassung gegeben. Gelegentlich war sie auch schon vorher nach einer schlaflosen Nacht nicht zur Arbeit gegangen. Sie machte sich oft die ganze Nacht Sorgen. Ihre Sorgen fokussierten darauf, wie schlecht sie sich fühlte, ob sie genug Geld zum Leben hätte und ob sie im Leben erfolgreich sein würde. Am häufigsten sorgte sie sich jedoch darum, wie sehr ihre Stimmung ihre Beziehungen beeinträchtigte.

Leser, die selbst depressive Patienten behandeln, werden wahrscheinlich mit vielen Elementen der Geschichte von Alice vertraut sein. Wir werden die Geschichte im gesamten Buch verwenden, um die entscheidenden Aspekte von BA zu veranschaulichen und zu verdeutlichen, wie die Konzeptualisierungen und Interventionen von BA funktionieren. Anhand der Fallgeschichte von Alice können Sie den Verlauf einer Behandlung mit BA verfolgen.

Alice begann, sich von Personen und Aktivitäten zurückzuziehen, die bisher Freude und Anregung in ihr Leben gebracht hatten. Dadurch nahmen die Veränderungen in Alices Leben weiter zu und ihre Stimmung verschlechterte sich noch mehr. Seitdem sie in eine kleinere Wohnung gezogen war, hatte sie aufgehört,

Freunde nach Hause einzuladen. Sie schämte sich wegen der Größe der Wohnung und der billigen Konstruktion des Gebäudes. Ihre Nachbarschaft war sicher. Die Wohnung lag aber in einer unbeliebten Gegend der Stadt, über die sie und ihre Freunde sich früher lustig gemacht und sie als »die Startbahn« bezeichnet hatten, weil sie in der Nähe des Flughafens lag. Sie hatte in diesem Viertel ein Jahr nach dem Ende ihres Studiums gelebt und hatte es sich nicht träumen lassen, noch einmal zu den kleinen, düsteren Behausungen zurückzukehren, die wie umgestaltete Motels aussahen. Also lud sie ihre Freunde nicht mehr ein und besuchte sie selten, weil ihr vor den unausweichlichen Gesprächen über ihre Arbeitssituation graute. Die Freunde wegen ihres besseren Schicksals zu beneiden, fühlte sich auch schlecht an. So war es für sie einfacher, den Kontakt ganz zu vermeiden. Unglücklicherweise fühlten sich auch einige Freunde durch die Distanzierung gekränkt. Nachdem Alice drei oder vier Einladungen abgesagt hatte, riefen sie nicht mehr an. Sie vermisste sie, konnte sich aber auch nicht dazu durchringen, anzurufen und ihr Verhalten zu erklären.

Alice fand die scheinbare Zurückweisung durch ihre Freunde schwer erträglich. Sie hatte eine lange Geschichte familiärer Probleme hinter sich. Ihre Mutter hatte sie zwei Monate nach ihrem 17. Geburtstag aus dem Haus geworfen. Sie hatte bei Freunden gelebt und mehr als drei Jahre lang nicht mit ihrer Mutter gesprochen. Sie beschrieb das als eine sehr traurige und psychisch belastende Zeit in ihrem Leben.

Es gibt viele Wege in die Depression. Trotzdem werden die Leser vermutlich bei ihren eigenen depressiven Patienten ähnliche Umstände und Ereignisse finden wie bei Alice. Sie erfüllte jetzt die Kriterien einer schweren depressiven Episode. Ihr Hausarzt schlug ihr die Einnahme eines Antidepressivums vor, um ihre Depression und Ängste zu behandeln. »Super, jetzt bin ich nicht nur pleite, sondern auch noch verrückt.«, dachte sie. Als sie sich vehement weigerte, »Psychopillen« zu nehmen, schlug ihr der Arzt vor, eine Psychotherapeutin aufzusuchen. Sie hatte dafür keine Krankenversicherung. Die Kosten einer Behandlung erschienen untragbar hoch. Dennoch stimmte Alice zu, für einige Therapiesitzungen eine Therapeutin aufzusuchen. Der Arzt verwies sie an eine Spezialistin für Kurzzeittherapien.

Alice war überrascht, wie die Therapeutin in der ersten Sitzung mit ihr umging. Sie hatte erwartet, dass sie sich zurücklehnen und ihr zunicken würde, während sie ihre Lebensgeschichte ausbreitete. Stattdessen fragte Beth, ihre Therapeutin, sie nach ihrem Schlaf, ihren Essgewohnheiten, ihrer Stimmungslage, Interesse und Freude an Aktivitäten, dem Konsum von Alkohol und Drogen und nach Kontakten mit Freunden. Beth erkundigte sich auch genau nach Alices Leben vor der jetzigen Krise durch den Arbeitsplatzverlust. Welche Pläne hatte Alice für ihr Leben? Wie hatte sie erwartet, dass sich die Dinge für sie entwickeln?

Diese Fragen zu beantworten, war schmerzlich. Alice hatte erwartet, ihre Eigentumswohnung zu verkaufen und ein Einfamilienhaus zu erwerben. Tatsächlich musste sie ihre Wohnung veräußern und eine lausig kleine Wohnung mieten. Alice hatte sich eine feste Beziehung gewünscht und nicht nur die kleine Zahl von Freunden, die fest zu ihr hielten. Als Beth darauf hinwies, wie sehr Belohnung in Alices Leben fehlte, stimmte sie voll und ganz zu. Beth erklärte ihr auch, dass Gefühle von Traurigkeit, Müdigkeit und Hoffnungslosigkeit ganz natürlich sind und oft erlebt werden, wenn das Leben wenig Belohnung bereithält. Sie erklärte, dass diese Gefühle oft nach einer Periode von Angst und Sorgen entstehen und nach dem Verlust eines guten Arbeitsplatzes völlig normal sind. Beth sagte auch, dass es logisch sei, im Bett zu bleiben, wenn man diese Gefühle erlebt. Alice war neugierig. Sie hatte sich oft gesagt, dass ihr Verhalten überhaupt keinen Sinn ergibt. Dies hatten auch ihre Familienmitglieder bestätigt. Die Zeiten waren schwierig. Da fragte sie sich, warum sie es nicht schaffte, sich noch stärker anzustrengen, anstatt den ganzen Morgen im Bett zu bleiben. Eine neue Arbeit zu finden, kann doch nicht so schwierig sein, sagte sie zu sich selbst unzählige Male am Tag.

Beth schlug BA als Methode zur Behandlung vor. »Ihre Lebenssituation hat sich geändert. Das Ziel besteht dennoch darin, dass Sie wieder die Aktivitäten aufnehmen, die Ihnen einst Freude und Zufriedenheit gebracht haben.«, erklärte sie. »Dies könnte auch dabei helfen, Lösungen für die Probleme zu finden, die bei Ihnen zu schlaflosen Nächten führen.« Alice dachte: »Ich kann mir nicht vorstellen, Freude und Zufriedenheit bei irgendetwas zu empfinden. Auch kann ich mir überhaupt nicht vorstellen, mir keine Sorgen über das Ganze zu machen.« Beth fragte Alice, ob sie bereit sei, sechs Therapiesitzungen zu nehmen, um herauszufinden, ob sich dieser Ansatz für sie als hilfreich erweist. Danach könnte man über die weitere Therapie entscheiden. Alice kam zu dem Schluss, dass es den Versuch wert sei.

Einführung

Beth gab Alice in dieser Therapiesitzung eine Einführung in die grundlegenden Konzepte der Verhaltenstherapie bei Depression. Die Interventionen der BA sind seit Jahrzehnten zentrale Bestandteile der Verhaltenstherapie und der Kognitiven Verhaltenstherapie bei Depression. In den letzten Jahren hat BA zunehmend Aufmerksamkeit als eigenständige Behandlungsmethode bei Depression erfahren. Womit ist das zunehmende Interesse an BA zu begründen? Wie in Kapitel 1 erörtert wurde, gibt es dafür zwei naheliegende Erklärungen. Erstens sind die der BA zugrundeliegenden Prinzipien einfach und die Vorgehensweisen unkompliziert. Zweitens zeigen die empirischen Studien, dass BA wirksam ist.

Das Buch möchte Ihnen die Informationen vermitteln, die Sie brauchen, um BA bei depressiven Patienten anzuwenden. Andere Manuale stellen den theoretischen Hintergrund und die Konzeption von BA dar (Martell et al. 2001). Dieses Buch konzentriert sich auf die grundlegenden Prinzipien und ihre Umsetzung in die Praxis. Zuerst wird besprochen, wie der Therapeut bei BA die Therapie strukturiert und wie sein allgemeiner Stil aussieht. Die nächsten Themen sind die Anwendung von Verhaltensdiagnostik zur Identifizierung der primären Ziele der Behandlung und die Entwicklung eines individuellen Fallkonzepts. Dann geht es um die wesentlichen Behandlungstechniken zum Aktivitätsaufbau, zum Abbau von Vermeidungsverhalten und zum Umgang mit Grübelprozessen. Unser Ziel ist ein umfassender Leitfaden zur Anwendung der Vielfalt von Techniken, die Patienten helfen, aktiv zu werden und sich am Leben zu beteiligen.

Wir werden die Techniken sowohl im Kontext unserer Arbeit mit den Teilnehmern wissenschaftlicher Untersuchungen als auch im Kontext der täglichen Praxis diskutieren. Wir geben Ihnen einen Überblick über die Evidenzbasierung von BA. Dabei beziehen wir uns auf die Geschichte der Verhaltenstherapie, die Ergebnisse klinischer Studien und Daten aus anderen Bereichen der Psychologie. Solide Kenntnisse über die zugrundeliegende Evidenz helfen dem Wissenschaftler und Praktiker, den Patienten die Behandlungsmethode zu erklären. Wir hoffen, dass dieses Buch dabei hilft, Fallkonzepte und Behandlungspläne zu entwickeln und die Behandlungstechniken in möglichst effektiver Art und Weise zu implementieren.

Was ist Behavioral Activation bei Depression?

BA ist eine strukturierte Kurzzeittherapie mit dem Ziel, Patienten in spezifischer Weise so zu aktivieren, dass belohnende Erfahrungen in ihrem Leben häufiger vorkommen. Alle Techniken der BA dienen dem Ziel, die Aktivierung und Teilnahme der Betroffenen an ihrer Lebenswelt zu vergrößern. Vor dem Hintergrund dieses Ziels beschäftigt sich BA auch mit Prozessen, die Aktivierung hemmen wie beispielsweise Vermeidungsverhalten. BA basiert auf folgender Prämisse: Probleme im Leben von vulnerablen Personen reduzieren deren Fähigkeit, positive Verstärkung aus ihrem Umfeld zu erleben. Dies führt zu den Symptomen und Verhaltensweisen, die als Depression klassifiziert werden. BA macht folgende Annahmen zur Behandlung von Depression: Patienten müssen dabei unterstützt werden, Verhaltensweisen aufzunehmen, die sie letztendlich als angenehm oder produktiv erleben oder die ihre Lebenssituation so verbessern, dass mehr Belohnung daraus entsteht. Therapiesitzungen bei BA sind handlungsorientiert und auf Problemlösen fokussiert. Tatsächlich geschieht der Hauptteil der therapeutischen Arbeit außerhalb des Behandlungsraums. Jede Woche beschäftigen sich Patient und Therapeut damit, einen Aktivitätsplan zu entwickeln, der zwischen den Sitzungen umgesetzt wird, und wie Barrieren, die bei der Aktivierung auftreten, überwunden werden können.

Innerhalb dieses strukturierten Rahmens ist BA sehr stark individualisiert. Patient und Therapeut arbeiten in der ersten Phase der Therapie daran, Verhaltensmuster zu identifizieren, die mit der Depression in Zusammenhang stehen. Diese Muster können sich von Patient zu Patient erheblich unterscheiden. Dieses Buch vermittelt, wie diese Muster identifiziert und hieraus effektive Aktivierungspläne entwickelt werden können. Manche Patienten verbringen viel Zeit mit passiven Verhaltensweisen wie exzessivem Schlafen, Fernsehen oder Alkoholkonsum, was ihnen hilft, negative Emotionen zu dämpfen. Andere Patienten sind sehr aktiv und haben keine Schwierigkeiten, ihre täglichen Aufgaben zu erledigen. Sie sind jedoch in endlosen Grübelschleifen gefangen und erleben wenig Freude bei ihren Aktivitäten. Auf der Grundlage der Analyse der spezifischen Verhaltensmuster wird eine ausgewählte Zahl von Behandlungszielen identifiziert. Die folgenden

Sitzungen fokussieren dann auf den aktuellen Prozess der Verhaltensänderung in diesen Bereichen.

BA wird an die individuellen Bedürfnisse jedes Patienten angepasst. So kann ein großer Bereich von Zielen angegangen werden. Eine erfolgreiche Behandlungssequenz bei einem Patienten zielte beispielsweise darauf, die Zeit und die Intensität der Beschäftigung mit seinen Kindern zu steigern. Der Fokus lag darauf, seine Aktivitäten um seine Aufgaben als Vater herum zu strukturieren. Er sollte lernen, seine Aufmerksamkeit auf seine Erfahrungen als Vater zu konzentrieren und sich von Grübelprozessen abzulenken. Eine Patientin wurde dabei unterstützt, negative Gefühle zuzulassen und insbesondere um eine wichtige verlorene Beziehung zu trauern. Bei ihr bestand die Aktivierung also darin, zu lernen, wie sie sich ihrer Traurigkeit annähern und Schritte unternehmen konnte, um alte Beziehungen wiederzubeleben und neue Beziehungen in ihrem Leben aufzubauen. Eine weitere Patientin unternahm erste Schritte, um einen neuen Arbeitsplatz zu finden. Sie brachte ihre Bewerbungsunterlagen auf den neuesten Stand, rief bei ehemaligen Kollegen an und fragte nach Möglichkeiten für eine Beschäftigung. Weiterhin übte sie Bewerbungsgespräche. Während dieser Zeit startete sie auch mit einem Sportprogramm und stand jeden Tag zu einer festen Zeit auf.

Die 10 zentralen Prinzipien von Behavioral Activation

Es gibt viele Möglichkeiten, wie Patienten von BA profitieren können. All diesen verschiedenen Möglichkeiten ist jedoch ein konsistenter Fokus auf Aktivität und Engagement im eigenen Leben gemeinsam. Die Therapie konzentriert sich darauf, herauszufinden, welche Muster die Depression aufrechterhalten und Veränderungen in welchen Bereichen wahrscheinlich die Stimmungslage des Patienten verbessern können. Dann geht es darum, immer weitere Veränderungen in diesen Bereichen vorzunehmen. Innerhalb dieser grundlegenden Struktur wird der BA-Therapeut von einem Set einfacher Prinzipien geleitet (▶ Tab. 2.1).

Prinzip 1: Der Schlüssel zur Veränderung der Emotion ist die Veränderung des Verhaltens.

Typischerweise warten Menschen mit dem Handeln, bis sie einen inneren Zwang oder wenigstens eine Neigung verspüren, etwas Spezifisches zu tun. Wenn man an einem Wochenende die freie Wahl hat, geht der eine ins Kino, weil ihm danach ist, der andere sieht fern, weil ihm nichts Besseres einfällt, ein Dritter macht eine Bergwanderung, weil er Lust auf Abenteuer hat. Wir bezeichnen dies als »Handeln von innen nach außen«, weil die Motivation, sich auf eine Aktivität einzulassen, ihren Ursprung innen im Menschen hat. Viele unserer alltäglichen Routineabläufe beinhalten jedoch Aktivitäten, bei denen wir nur wenig Wahlmöglichkeiten haben:

Wir gehen jeden Morgen zur Arbeit oder nehmen unsere Verantwortung für die Familie und den Haushalt wahr. Menschen, die nicht depressiv sind, führen diese Tätigkeiten aus, egal ob ihnen danach ist oder nicht. An einem kalten, düsteren Morgen hat man vielleicht wenig Motivation sich anzuziehen und zur Arbeit zu gehen, aber man tut dennoch die notwendigen Dinge und geht zur Arbeit. Wenn man dann einmal da ist, nimmt man doch Interesse wahr und das Gefühl, etwas geleistet zu haben, stellt sich ein. Wir bezeichnen das als »Handeln von außen nach innen«. Lassen Sie sich auf eine Aktivität ein, die veränderten Emotionen kommen dann später (Martell et al. 2001)! Als diese Idee unlängst bei einem Workshop dargelegt wurde, verwies einer der Teilnehmer auf den Kevin Kostner Film »Feld der Träume«, in dem ein ähnlicher Veränderungsansatz beschrieben wird: Wenn man ein reichhaltiges Leben gestaltet, stellen sich auch die positiven Emotionen ein.

Tab. 2.1: Die 10 Kernprinzipien der Verhaltensaktivierung (BA)

Prinzip 1: Der Schlüssel zur Veränderung der Emotion ist die Veränderung des Verhaltens.
Prinzip 2: Veränderungen im Leben können zu Depression führen. Kurzfristig wirksame Bewältigungsstrategien (Vermeidungsverhalten) können dazu führen, dass man in der Depression gefangen bleibt.
Prinzip 3: Um herauszuarbeiten, welches Verhalten für einen bestimmten Patienten antidepressiv wirkt, ist es entscheidend, was wichtigen Verhaltensweisen vorausgeht und was auf sie folgt.
Prinzip 4: Planen Sie Aktivitäten entlang einer zeitlichen Struktur und nicht nach Stimmung!
Prinzip 5: Veränderung ist einfacher, wenn man klein anfängt.
Prinzip 6: Aktivitäten betonen, die mit natürlichen Verstärkern verbunden sind!
Prinzip 7: Die Rolle eines Trainers einnehmen!
Prinzip 8: Einen empirischen Problemlöseansatz betonen und würdigen, dass alle Ergebnisse von Verhaltensexperimenten nützlich sind.
Prinzip 9: Nicht nur reden, sondern machen!
Prinzip 10: Hindernisse zur Aktivierung beheben.

Prinzip 2: Veränderungen im Leben können zu Depression führen. Kurzfristige Bewältigungsstrategien können dazu führen, dass man in der Depression gefangen bleibt.

BA basiert auf bestimmten Annahmen darüber, was Menschen in einer Depression gefangen hält und was Menschen helfen kann, sich in Richtung eines befriedigenden und lohnenden Lebens zu bewegen. Bei BA besteht ein spezifischer Fokus darauf, wie Lebensereignisse zur Abnahme positiver Verstärkung und zur Zunahme von Bestrafung (Vermeidung) führen. Die Spannbreite der Belastungen reicht dabei von den ständigen täglichen Widrigkeiten bis zu den wirklich großen Veränderungen im Leben. Das Ergebnis sind allgemeine schlechte Stimmung und Rückzug von normalen Aktivitäten. Bestimmte Probleme können als primäre Probleme im Leben des Patienten betrachtet werden: Ungünstige Lebensbedingungen, unglückliche Beziehungen, belastende Arbeitsbedingungen und wiederholte Enttäuschungen sind Beispiele für die Arten von Problemen, die zu einem geringen Niveau von positiver Verstärkung oder einem hohen Niveau von Bestrafung (Vermeidung) führen können. Häufig reagieren Menschen auf diese primären Probleme so, dass sie in eine Falle geraten. Wenn jemand mit angenehmen Aktivitäten aufhört, Vermeidungsverhalten zeigt oder nur noch Verhalten generiert, das trotz zukünftig aversiver Konsequenzen unmittelbare Erleichterung bringt, wird dieses Verhalten selbst zu einem sekundären Problem (Jacobsen et al. 2001; Martell et al. 2001). Es ist leicht, in einen Teufelskreis der Niedergeschlagenheit zu geraten, wenn man sich von seiner Welt zurückzieht, immer weniger tut und sich als Konsequenz noch stärker depressiv fühlt. Die Depression wird aufrechterhalten, wenn Menschen potentielle Quellen antidepressiver Verstärkung in ihrem Leben vermeiden, weil es ihnen zu schwierig oder bedrohlich erscheint. Diese Art von Vermeidungsverhalten bringt kurzfristig Erleichterung, erhält aber die Depression langfristig aufrecht, weil keine Belohnung erlebt wird und die Stressbelastung im Leben im Laufe der Zeit zunimmt.

Der Therapeut stellt bei der Anwendung von BA dem Patienten früh in der Therapie ein Störungsmodell der Depression mit Prinzip 2 vor. Einige Patienten werden hier Fragen stellen, die sich auf Erklärungen und Informationen stützen, die sie an anderer Stelle erhalten haben. Der Therapeut sollte sich darüber im Klaren sein, dass die Prinzipien von BA nicht dazu gedacht sind, andere kognitive, interpersonelle oder biologische Erklärungsmodelle der Depression zu ersetzen. Es gibt fundierte klinische Studien, die Evidenz für Behandlungsmethoden liefern, die auf diesen Modellen beruhen (z. B. Hollon et al. 2002). Es ist klug, wenn der Therapeut über die Ansätze informiert ist und er darüber mit seinen Patienten sprechen kann. Das Störungsmodell der BA ist möglicherweise nicht für jeden Patienten geeignet. Manche Patienten möchten auch andere Behandlungsmethoden erproben.

Manche Patienten sind neugierig, was die Anwendung einer medikamentösen Behandlung betrifft. Das Störungsmodell der BA erkennt an, dass biochemische Faktoren oder familiäre Vorbelastung die Vulnerabilität für Depressionen erhöhen können und dass biologische Veränderungen essentielle Komponenten der Phänomenologie von Depression sind. Gleichzeitig gibt es aus der Sicht von BA viele Wege, Depression abzuschwächen und das Risiko einer zukünftigen depressiven Episode zu vermindern. Das Störungsmodell der BA ist in der Hauptsache ein praktisches Werkzeug, gründet sich aber solide in einem verhaltenstheoretischen Modell. Wir sagen den Patienten häufig, dass es das Ziel von BA ist, die genauen Zutaten für »antidepressives Verhalten« zu finden. Anders gesagt, Strategien zu finden, die die Stimmungslage genauso wirkungsvoll beeinflussen wie ein »antidepressives Medikament«. Wir erklären den Patienten, auf welche wissenschaftlichen Erkenntnisse sich BA stützt. Dabei weisen wir auf die in Kapitel 1 erläuterte Seattle Study hin, die gezeigt hat, dass BA genauso gut funktionieren kann wie eine medikamentöse Behandlung und dabei die Nebenwirkungen einer antidepressiven medikamentösen Behandlung vermeidet. Im Unterschied zu einer Pharmakotherapie vermittelt BA auch Fertigkeiten, die einen nachhaltigen Schutz gegen Depression bieten.

Andere Patienten interessieren sich für die Gemeinsamkeiten und Unterschiede zwischen BA und KVT. Wir erklären ihnen üblicherweise, dass die beiden Ansätze eine ähnliche Struktur haben, dass sie aber zur Veränderung der Depression unterschiedliche Techniken in den Vordergrund stellen. Als Sona Dimidjian einem Patienten eine detaillierte Erläuterung dieser Unterschiede gab, antwortete dieser sofort: »Sie sagen also, dass KVT davon ausgeht, dass der Kopf die Hände belehrt, wohingegen BA annimmt, dass die Hände den Kopf belehren.« Dies ist eine perfekte Zusammenfassung der grundlegenden Unterschiede zwischen den beiden Ansätzen. Wir verwenden die Metapher häufig oft bei anderen Patienten, die Fragen zur KVT haben.

Prinzip 3: Um herauszuarbeiten, welches Verhalten für einen bestimmten Patienten antidepressiv wirkt, ist es entscheidend, was wichtigen Verhaltensweisen vorausgeht und was auf sie folgt.

Zu Beginn der Behandlung ist der Patient oft demoralisiert. Er hat wenig Hoffnung, Erleichterung von seiner Depression zu bekommen. Die Aufgabe des Therapeuten bei der Anwendung von BA besteht darin, den Patient zu einer sorgfältigen und detaillierten Untersuchung seines Verhaltens zu bringen: Welche Verhaltensweisen stehen mit der Depression in Beziehung und was geschieht vor und nach dem Auftreten dieser Verhaltensweisen? Mit dieser Untersuchung kann der Weg aus der Depression gefunden werden. Das Dilemma von Alice ist ein gutes Beispiel dafür. Nachdem sie ihre Arbeit, die sie sehr gerne gemacht hatte, verloren hatte, erlebte sie auch Enttäuschung in anderen Bereichen ihres Lebens. Alice hatte einen kleinen Hund, der zuhause seit langem der Mittelpunkt ihrer Aufmerksamkeit war. Sie hatte die Gewohnheit, mit ihrem Hund frühmorgens vor der Arbeit und später am Nachmittag einen Spaziergang zu machen. Während ihrer Arbeitslosigkeit ging sie mit dem Hund erst später am Vormittag in den Park und sah überwiegend Mütter, die mit ihren Babys im Park spazieren gingen. Sie fühlte sich einsam und fehl am Platz. Da es ihr in der Zeit schwer fiel, am Morgen aufzustehen, stellte sie die Spaziergänge mit ihrem Hund ganz ein, anstatt wieder früh am Morgen mit ihm spazieren zu gehen. An einem Morgen schaffte sie es, schon früh am Morgen zu gehen. Sie hatte eine Panikattacke, als sie die Leute beim Joggen sah. Sie stellte sich vor, dass alle eine attraktive Arbeit haben und vor der Arbeit noch eine Runde laufen. Sie fühlte sich erschöpft und schlecht gelaunt, weil sie nicht gut geschlafen hatte. Sie reagierte gereizt auf den Hund, als der wiederholt an der Leine zog, und kürzte den Spaziergang ab. Sie beschloss, nicht mehr so früh am Morgen spazieren zu gehen. So beendete sie ein Verhalten, das zuvor für sie belohnend war.

Alice nahm acht Kilogramm zu und fühlte sich schlecht in Form. Sie dachte daran, mit dem Hund spazieren zu gehen und überredete sich dann, doch nicht zu gehen. Sie verbrachte viel Zeit damit, sich mit Computerspielen oder Lesen abzulenken, obwohl sie wusste, dass sie eine neue Arbeit brauchte. Als sie die schlecht bezahlte Aushilfstätigkeit angenommen hatte und in eine kleinere Wohnung umgezogen war, fühlte sie sich schuldig, weil sie ihrem Hund seinen Bewegungsraum weggenommen hatte. Diese Schuldgefühle trugen dazu bei, ihre Freunde zu meiden. Sie befürchtete Kritik, weil sie so schlecht für ihren Hund sorgte. Diese Vermutung machte es ihr noch schwerer, ihre Freunde anzurufen. Sie hatte früher häufig darüber geredet, dass Leute ihren Hunden genug Auslauf geben sollten. Nun tat sie genau das, wofür sie andere so harsch kritisiert hatte. Ihre Depression und ihre Vermeidung führten dazu, dass sie immer isolierter und nervöser wurde und sich die meiste Zeit überfordert fühlte. Es fing an, dass sie in den frühen Morgenstunden intensive Angst erlebte. Sie lag mindestens eine Stunde wach und erlebte Wellen von Übelkeit. Sie lag im Bett und dachte, dass die beste Zeit ihres Lebens vorbei sei und sie nie wieder Erfolg erleben würde.

Die Lebensereignisse Arbeitsverlust und Umzug hatten eine negative Wirkung auf Alice, da ihr Leben dadurch weniger belohnend geworden war. In den Verhaltensmustern, die diesen Lebensereignissen folgten, gab es eine Reihe von wichtigen Hinweisen auf möglicherweise antidepressiv oder depressiv wirkende Verhaltensweisen. Nicht mit dem Hund spazieren zu gehen, ging dem Grübeln und den Schuldgefühlen voraus. Nachfolgend ging Alice ihren Freunden aus dem Weg. Die Isolation ging der Nervosität, dem Gefühl der Überforderung und den Sorgen voraus, die sie in der Nacht wach hielten. Anschließend blieb sie länger im Bett liegen und lenkte sich mit Computerspielen ab. Wenn sie müde mit dem Hund spazieren ging, war sie ihm gegenüber gereizt und das wiederum führte dazu, dass sie sich schuldig fühlte. In der Folge ging sie noch weniger mit ihm aus dem Haus und rief weniger oft Freunde an. Dieser Kreislauf legte nahe, dass es eine Reihe von wichtigen Verhaltensweisen gab, die eine potentiell antidepressive Wirkung haben und die im Rahmen eines Verhaltensveränderungsprogramms bearbeitet werden sollten: das Vermeidungsverhalten gegenüber den Freunden, das passive Spielen am Computer anstatt die Situationen anzugehen, die ihr Angst bereiteten, oder mit dem Hund spazieren zu gehen. Therapeuten nutzen bei der Anwendung von BA Aktivitätsprotokolle, um das Verhalten der Patienten und die Beziehung zwischen Verhalten und der Stimmung zu verstehen.

Prinzip 4: Planen Sie Aktivitäten entlang einer zeitlichen Struktur und nicht nach Stimmung!

Von innen nach außen zu handeln, funktioniert in vielen Situationen gut, ist aber keine effektive Strategie, wenn man depressiv ist. Viele depressive Menschen wollen zunächst überhaupt nichts tun. Ein Patient, der nach seinen Interessen in der letzten Zeit gefragt wurde, antwortete eindeutig: »Das einzige, was ich tun möchte, wenn ich depressiv bin, ist *nichts zu tun*!« Ein Problem bei Depression ist, wenn man wenig tut, möchte man noch weniger tun. Daraus entsteht leicht ein Teufelskreis. Mit der Zeit nehmen Motivation und Energie ab und die Anforderungen des Lebens werden immer belastender.

Bei der Anwendung von BA ermutigen Therapeuten ihre Patienten, von »außen nach innen« zu handeln. Wir schlagen den Patienten vor, damit zu experimentieren, nach einem Ziel zu handeln, im Gegensatz zum Handeln nach Stimmung. Engagement bei Aktivitäten, die früher Freude bereitet haben, die ein Gefühl von Kompetenz vermittelt oder Probleme gelöst haben, kann die Stimmung verbessern und langfristig das Ausmaß von Belastung im Leben vermindern. Ein zentrales Prinzip von BA besteht darin, mit dem Handeln zu beginnen, auch wenn die Stimmung schlecht und die Motivation gering ist. Dies ist wesentlich günstiger als darauf zu warten, dass sich die Stimmung verbessert, bevor man aktiv wird.

Während der gesamten Behandlung mit BA wird Strukturierung und Planung von Aktivitäten in irgendeiner Form verwendet, um das Handeln von außen nach innen zu unterstützen. Die Umsetzung dieser Strategien erfordert, dass man detaillierte Pläne der Aufgaben erstellt, die in Komponenten herunter gebrochen sind und für bestimmte Zeiten und Orte vereinbart werden. Hilfreich für die Umsetzung ist die Beschränkung auf eine oder zwei Aktivitäten und eine feste Vereinbarung mit dem Patienten, diese zu einer definierten Zeit während der Woche auszuführen. Strukturierung und Planung von Aktivitäten ist das Rückgrat von BA. Alle anderen Strategien stehen auf dieser Grundlage.

Prinzip 5: Veränderung ist einfacher, wenn man klein anfängt.

Sowohl der Therapeut als auch der Patient erwarten möglicherweise zu viel in zu kurzer Zeit. Veränderungen fallen Menschen schwer, auch mit der besten Stimmung und zur besten Zeit. Wenn man depressiv ist und besonders, wenn dabei Gefühle der Hoffnungslosigkeit bestehen, kann Verhaltensänderung eine enorme Anstrengung sein. Viele Patienten erleben die Erwartung von Veränderung als überfordernd. Andere erleben Frustration, wenn die Veränderung nicht zu 100 % gelingt. So wie Therapeuten ein »Alles-oder-nichts«-Denken identifizieren, kann man bei BA »Alles-oder-nichts«-Handeln erleben. Manchmal sprechen die Patienten vom »Nike«-Ansatz zur Verhaltensveränderung und kritisieren sich dann für ihr Versagen beim »Just do it!«. Die Behandlung bei BA besteht wesentlich darin, den Patienten mit einem schrittweisen Ansatz zur Veränderung zu unterstützen. Die Aufgabe eines wirkungsvollen Therapeuten besteht darin, jedes Verhalten auf seine kleinstmögliche Komponente herunterzubrechen. Dementsprechend geht der Therapeut möglicherweise in eine Falle, wenn er nicht bemerkt, dass sein Patient sich zu früh zu viel vornimmt, was der Ausgangspunkt für zusätzliche Entmutigung und Verzweiflung sein kann.

Ein Teil der Kunst bei BA liegt in der Tat darin, den richtigen Ansatzpunkt für Ermutigung und den richtigen Zeitpunkt für Zurückhaltung zu finden. Ein Beispiel ist ein Patient, der Marathon lief, bevor er depressiv wurde. Er sprach in der Therapie über seine Absicht, wieder zu trainieren. Er hatte die Erwartung, dass dies seine Stimmung verbessern könnte. Der Therapeut unterstützte diesen Plan voll. Als der Patient dann darüber sprach, dass er das Training mit mehreren 45-Minuten-Läufen pro Woche beginnen wollte, mahnte der Therapeut jedoch zur Vorsicht. Gemeinsam arbeiteten der Therapeut und der Patient daran, dieses ambitionierte Ziel in seine Bestandteile zu zerlegen. Sie konzentrierten sich darauf, was für den Patienten ein wirkungsvoller Start sein könnte, ohne unbeabsichtigt das

Risiko nachfolgender Hoffnungslosigkeit und Entmutigung zu erhöhen. Sie einigten sich erst einmal darauf, dass er bis zur nächsten Sitzung ein Paar Laufschuhe und eine geeignete Sporthose kauft. Auf diese Weise müssen Aufgaben in ihre Komponenten zerlegt werden und jeder Teil muss erfolgreich bewältigt sein, bevor man zum nächsten übergeht.

Prinzip 6: Aktivitäten betonen, die mit natürlichen Verstärkern verbunden sind!

Das grundlegende Ziel der Verhaltensmodifikation bei BA besteht darin, den Patienten zu unterstützen, sich so am Leben zu beteiligen, dass das antidepressive Verhalten eine natürliche Verstärkung in der Umwelt findet. Verhaltenswissenschaftler diskutieren den Unterschied zwischen natürlicher und arbiträr ausgewählter Verstärkung. BA legt den Schwerpunkt auf die Maximierung von Gelegenheiten für natürliche Verstärkung von nichtdepressiven Verhaltensweisen. Arbiträr ausgewählte Verstärker können aber auch gelegentlich verwendet werden. Ein Beispiel ist ein Patient, der zwischenmenschliche Kontakte während der Depression vermied. Er beginnt nun, sich wieder darin zu üben, Gespräche mit Kollegen zu führen. Wenn ein Kollege lächelt und Interesse bei dem Gespräch zum Ausdruck bringt, setzt der Patient das Gespräch fort. Auf diese Weise erhält das Verhalten des Patienten natürliche Verstärkung durch seine Umwelt. Das Verhalten des Kollegen ist insofern ein natürlicher Verstärker, als es eine natürliche Folge des Verhaltens des Patienten ist. Im Gegensatz dazu handelt es sich um einen arbiträr ausgewählten Verstärker, wenn man sich für eine Stunde Hausarbeit ein Karamellbonbon genehmigt. Diese Verstärkung hat keine natürliche Verbindung mit der unmittelbaren Belohnung der Umwelt. In diesem Fall wären ein sauberes Haus oder das Gefühl, etwas geleistet zu haben, mögliche natürliche Belohnungen.

Gelegentlich ist es bei der Anwendung von BA auch wichtig, dass Patienten lernen, sich selbst für Verhalten zu verstärken, wenn sie kurzfristige Ziele erreicht haben. Man muss davon ausgehen, dass nicht jedes Verhalten sofort verstärkt wird und nicht jede Umwelt wohlwollend ist. Oft ist es sogar so, dass das Umfeld den Patienten bestraft, wenn er beginnt, aktiv zu werden. So können die ersten Versuche des Patienten, mit den Kollegen in Kontakt zu kommen, vor den Hintergrund des bisherigen zurückgezogenen Stils auf Zurückweisung stoßen. In diesem Fall ist es erforderlich, dass der Patient sich selbst verstärkt, trotz der sofortigen aversiven Konsequenzen für die Handlung. Das Einhalten einer gesunden Ernährung ist ein Verhalten, das anfangs auf bestrafende Konsequenzen treffen kann. Manchmal erfährt man nur minimale Veränderungen nach einer Woche sorgfältiger Ernährung. Jemand, der in dieser Situation ist, muss auf etwas anderes als auf die Zahlen auf der Waage achten. Er kann beispielsweise für jede erfolgreiche Woche gesunder Ernährung 20 € für den Kauf eines besonderen Kleidungsstückes in eine Sparbüchse werfen. Die neue Ernährung wird sich möglicherweise durch Gewichtsabnahme auszahlen, aber die Person muss auf dem Weg dorthin arbiträr ausgewählte Verstärkung einsetzen. In ähnlicher Weise kann ein Patient, der seit mehreren Monaten arbeitslos ist, heftig leiden, wenn er damit beginnt, online nach Stellenangeboten zu suchen und Bewerbungsunterlagen zu verschicken. Dieser Patient kann davon profitieren, dass er sich die gleiche Zeit für seine Lieblingssendung im Fernsehen gönnt, die er für die Arbeit mit der Jobsuche aufgewendet hat.

Vorgehensweisen mit arbiträr ausgewählter Selbstverstärkung sind wichtiger Bestandteil einiger Behandlungsmethoden (Rehm 1977) und werden auch bei BA verwendet. Das Hauptaugenmerk des Therapeuten bei der Anwendung von BA richtet sich jedoch darauf, Patienten zu helfen, mit natürlichen Verstärkern in ihrer Umgebung in Kontakt zu kommen. Der Vorteil natürlicher Verstärker gegenüber arbiträr ausgewählten liegt darin, dass natürliche Verstärker dem Verhalten automatisch folgen und nicht erst ausgedacht werden müssen. Somit ist es wahrscheinlicher, dass das Verhalten während der alltäglichen Routinen der Person fortgesetzt wird (Sulzer-Azaroff & Mayer 1991)

Prinzip 7: Die Rolle eines Trainers einnehmen.

Die Metapher des Trainers hilft dem Therapeuten bei der Anwendung von BA als Richtlinie. Gute Trainer helfen den Teammitgliedern, Strategien zu planen, machen Vorschläge, geben Anweisungen und halten die Moral aufrecht – aber sie gehen nicht aufs Feld und spielen das Spiel für das Team. Die Aufgabe des Therapeuten ist es, wirkungsvoll bei der Problemlösung zu helfen und den Patienten zum Handeln zu ermutigen, um ihn mit Belohnungen in Kontakt zu bringen. Wenn jemand depressiv ist, hat er es schwer mit Veränderungsprozessen. Der Therapeut ist Experte für die Prinzipien der Verhaltensänderung. Passivität ist ein wesentlicher Aspekt der Depression. Sie kann für chronisch Depressive zum Hauptcharakteristikum ihrer Lebensweise werden. Die Rolle des Trainers bedeutet auch Ermutigung. Manche Menschen mit Depression unterschätzen ihre Fähigkeit, Lebensprobleme zu bewältigen oder sie denken, dass sie keine Einflussmöglichkeiten auf ihre Probleme haben (Brown & Siegel 1998). Die Rolle des Trainers beinhaltet auch, sich auf die Begleitung des Prozesses der Veränderung zu beschränken und, wenn nötig, Vorschläge zu machen. Mitfühlende Therapeuten haben unter Umständen den Wunsch, das Problem für den Patienten zu lösen, aber ein guter Therapeut behält bei der Anwendung von BA die Haltung des Begleiters bei und ermöglicht es dem Patienten, immer zufriedener mit seinem eigenen Verhalten zu werden.

Der Therapeut ist ein effektiver Stratege und Unterstützer für den Patienten. Weiterhin ist es Teil der Rolle des Therapeuten, die Therapiesitzungen so zu strukturieren, dass die Behandlung auf Kurs bleibt. Die Sitzungen werden so aufgebaut, dass der größtmögliche Nutzen aus den vorhandenen 45–50 Minuten erwächst. In jeder Sitzung wird in den ersten 5–10 Minuten eine Agenda festgelegt. Während der ersten Sitzungen muss der Therapeut möglicherweise in höherem Ausmaß als der Patient die Tagesordnung bestimmen, da es notwendig ist, die Probleme des Patienten herauszuarbeiten, eine Verhaltensanalyse durchzuführen (z. B. Yoman 2008), dem Patienten ein Störungsmodell und einen Behandlungsplan vorzustellen. Als wirkungsvoller Trainer wird der Therapeut jede Gelegenheit nutzen, den Patienten auch schon früh in der Therapie aktiv zu beteiligen. Er bittet ihn, alle wichtigen Punkte auf die Tagesordnung zu setzen. In den späteren Sitzungen werden die aktuellen Erlebnisse und Erfahrungen des Patienten die Tagesordnung bestimmen. Jede Sitzung sollte eine Besprechung der Hausaufgaben aus der letzten Sitzung und eine Vereinbarung für Hausaufgaben bis zur nächsten Sitzung einschließen.

Prinzip 8: Einen empirischen Problemlöseansatz betonen und würdigen, dass alle Ergebnisse von Verhaltensexperimenten nützlich sind.

Die Patienten würden von sich aus aktiv werden und sich engagieren, wenn es einfach wäre. Der Therapeut kann zu seinem Patienten nicht einfach sagen: »Gehen Sie ins Kino und Sie werden sich besser fühlen.« Ähnliche Aufforderungen haben depressive Patienten schon oft gehört und zu sich selbst gesagt! BA geht davon aus, dass eine effektive Therapie ein fortlaufender Prozess der Entwicklung, Bewertung und des Ausprobierens möglicher Lösungen darstellt. Als solcher bedarf es eines fortlaufenden empirischen Problemlöseansatzes auf Seiten des Therapeuten. Wir schlagen einen experimentellen Ansatz vor. Er konzentriert sich darauf, Verhalten auszuprobieren und das Ergebnis zu beobachten. Die Grundlage der Experimente bei BA sind Verhaltensanalysen des bisherigen Verhaltens und Hypothesen dazu, welche Aktivitäten bei dem Patienten potentiell verstärkende Wirkung haben.

Ein Beispiel ist ein Patient, der schon vor der depressiven Erkrankung soziale Ängste hatte, aber gerne Autos reparierte. Der Therapeut wird in dieser Situation eher vermuten, dass der Patient es als belohnend empfindet, wenn er zu einer Oldtimerausstellung geht oder einen Rasenmäher repariert, als wenn er zu einer Party geht. Diese Annahme muss aber getestet werden. Es ist nicht möglich, im Voraus zu wissen, was ein bestimmtes Verhalten verstärken wird, oder ob das Umfeld angemessene Verstärkung für eine bestimmte Art des Verhaltens bereithält. Und natürlich ist es zu empfehlen, Verhalten mehr als nur einmal auszuprobieren. Ähnlich wie bei Laborexperimenten, die durchgeführt und dann repliziert werden müssen, ist es auch bei der Therapie. Therapeuten und Patienten erarbeiten Aktivitätspläne für ein breites Spektrum von Gelegenheiten, erproben verschiedene Aktivitäten und bewerten dann die Wirkung auf die Stimmung des Patienten, seine Produktivität oder Lebenszufriedenheit, bevor sie entscheiden, ob ein Verhalten beibehalten werden soll oder nicht.

Bei Patienten besteht die Möglichkeit, dass sie bei der Anwendung von BA mutlos werden, wenn sie Aktivitäten planen, ausprobieren und sich immer noch nicht besser fühlen. Dagegen ist es wichtig, dass der Therapeut positiv und hoffnungsvoll bleibt. Man kann aus Erfolgen und Fehlschlägen etwas lernen. Wenn ein Patient klagt, dass es nicht geholfen hat, das vereinbarte Verhalten umzusetzen, dann nimmt der Therapeut auf der Grundlage des Problemlöseansatzes eine andere Haltung ein. Er kann beispielsweise sagen: »Wir haben etwas dazu gelernt. Wir wissen jetzt, dass wir keine Garantie dafür haben, dass die Veränderung einer bestimmten Aktivität hilft. Wir können nun davon ausgehen, dass diese Aktivität, die Sie ausprobiert haben, nicht erfolgreich war. Lassen Sie uns deshalb einige Alternativen für die nächste Woche besprechen.« Der Therapeut würde dann genau erörtern, was tatsächlich passiert ist. In einigen Fällen kann es sein, dass der

Patient über einen nur halbherzigen Versuch, sich zu engagieren, berichtet. In anderen Fällen war die Aktivität ursprünglich als möglicherweise nützlich beurteilt worden, letztlich aber doch nicht zur Veränderung der Stimmung wirksam. Eine weitere Möglichkeit besteht darin, dass die Bedingungen in der Umwelt, in der das Verhalten ausgeführt wurde, nicht so waren, dass eine angemessene Verstärkung erfolgte. Ein Beispiel hierfür ist eine Patientin, die plante, eine Freundin anzurufen und mit ihr 20 Minuten zu sprechen. Als sie anrief, hatte die Freundin eine Erkältung und war sehr unkonzentriert. Es gibt aus jedem Verhalten des Patienten etwas zu lernen. Der Therapeuten bleibt bei einer neugierigen Haltung auf alles, was aus diesen Erfahrungen gelernt werden kann. Angemessenes Problemlösen, aber nicht die einseitige Fokussierung auf sofortigen Erfolg sind der Schlüssel dazu, dass die Therapie vorangeht. Das hilft dem Patienten, die Hoffnung auf das Erreichen von Veränderungen in ihrem Leben zu bewahren.

Prinzip 9: Nicht nur reden, sondern machen!

Aktivität stellt das Herzstück des Ansatzes von BA dar. Hausaufgaben sind in jeder einzelnen Sitzung erforderlich. Sie sind der springende Punkt der Behandlungsstrategie; leider können Sie auch der Fluch des Therapeuten und des Patienten sein. Zunächst einmal wird das Wort Hausaufgabe häufig mit etwas Unangenehmen assoziiert. Es kann sinnvoll sein, ihnen eine anderen Namen zu geben, beispielsweise »Vereinbarung für die nächste Sitzung« (Martell et al. 2001). Die meisten Erwachsenen können aber nicht durch eine schlichte Namensänderung getäuscht werden. Hausaufgaben erfordern, dass Patienten sich zwischen den Sitzungen mit einer Aktivität auseinandersetzen. Für depressive Patienten ist das oft nicht einfach umzusetzen. Das Wichtigste ist, dass die Hausaufgaben *in Zusammenarbeit* mit dem Patienten entwickelt werden. Es gibt dazu Richtlinien, die helfen können, den Erfolg zu maximieren.

Die Aufgaben müssen realistisch bleiben. Man sollte sich auch nicht darauf verlassen, dass sich die Patienten auf ihre Willenskraft verlassen können, um eine getroffene Vereinbarung, umzusetzen. Der Therapeut sollte sich die Zeit nehmen, um mit dem Patienten einen genauen Plan zur Umsetzung zu besprechen. Je spezifischer und detaillierter der Plan ist, desto besser! Was braucht der Patient, um die Aufgaben mit Wahrscheinlichkeit zu bewältigen? Alice in unserem Beispiel sollte selbst eine Entscheidung darüber treffen, zu welcher Tageszeit und wie lange sie mit ihrem Hund spazieren gehen will. Die Zeit und die Länge sollten vor dem Hintergrund ihrer momentanen Abläufe vernünftig sein. Sie sollte den geplanten Spaziergang auf ihrem Aktivitätsplan oder in ihrem persönlichen Kalender notieren. Sie sollte auch sicherstellen, dass sie bequeme Schuhe für den Spaziergang zur Verfügung hat und dass die Hundeleine bereit liegt, wenn sie losgehen will. Sie braucht bequeme saubere Kleidung, geeignet für unterschiedliche Wetterlagen. Wenn sie eine Verpflichtung gegenüber einer anderen Person eingeht, kann das ebenfalls die Wahrscheinlichkeit erhöhen, dass die Vereinbarung umgesetzt wird. Alice kann beispielsweise einer Freundin mittteilen, dass sie an einem bestimmten Morgen einen Spaziergang plant und vereinbaren, dass sie danach anruft. Sie kann sich auch mit der Freundin zu dem Spaziergang verabreden, was ebenfalls die Verpflichtung und letzten Endes das Potential für die tatsächliche Umsetzung der Aufgabe erhöht.

Therapeuten begehen einen grundsätzlichen Fehler, wenn sie es versäumen, die Vereinbarung in der folgenden Sitzung zu überprüfen. Die Bereitschaft zu Hausaufgaben kann gelöscht werden, wenn sie nicht belohnt wird. Wenn Hausaufgaben vereinbart werden, müssen sie überprüft werden. Wenn ein Patient berichtet, dass er an der Umsetzung der Vereinbarung gescheitert ist, müssen der Therapeut und der Patient eine Analyse der Probleme durchführen, die dazu geführt haben, dass die Aufgabe nicht ausgeführt wurde. Wenn der Patient berichtet, dass er erfolgreich war, dann stellt das eine gute Gelegenheit dar, darüber zu sprechen, die Häufigkeit oder die Intensität der Aktivität in der nächsten Woche zu erhöhen.

Prinzip 10: Hindernisse zur Aktivierung beheben.

Es wäre wundervoll, wenn wir sagen könnten, dass wir einen Weg gefunden haben, alle Patienten zu motivieren, zu garantieren, dass sie die Hausaufgaben ausführen und sich voll und ganz auf die Behandlung einlassen. Leider haben wir eine solche magische Formel nicht gefunden. Wie alle anderen Therapiemethoden auch, erfordert BA Beharrlichkeit und Kreativität auf Seiten des Therapeuten und des Patienten. Es ist ein grundlegendes Prinzip von BA, dass Probleme auftauchen werden und dass die Vorwegnahme möglicher Barrieren und die Überwindung tatsächlicher Hindernissen essentiell sind. Therapeuten bringen die Aktivierung voran, indem sie Hindernisse, auf die der Patient bei der Umsetzung stoßen kann, antizipieren. Sie helfen bei der Problemlösung, wenn eine Schwierigkeit entstanden ist, um die Wahrscheinlichkeit zu verringern, dass das gleiche Problem in Zukunft wieder auftreten wird.

Zusammenfassung

Die zehn in Tabelle 2.1 aufgelisteten Prinzipien beschreiben die grundlegenden Leitlinien der Therapie mit BA. Der Therapeut folgt bei BA dem Prinzip, dass die Veränderung dessen, was der Patient tut, eine günstige Wirkung auf seine Emotionen hat (Prinzip 1). Der Therapeut erarbeitet mit dem Patienten ein erstes Störungsmodell. Er holt sein Einverständnis für die Therapie ein. Der Bezugsrahmen ist, dass Veränderungen im Leben zu depressiven Zuständen führen können. Ferner, dass natürliche Reaktionen auf Veränderungen im Leben zu Bewältigungsstrategien führen können, die in einer Sackgasse enden (Prinzip 2). Der Therapeut beobachtet genau das Verhalten des Patienten und dessen Verbindung zu emotionalen Zuständen. Er versucht den Schlüssel zur Verhaltensänderung zu finden, indem er feststellt, was bedeutsamem Verhalten vorausgeht und was darauf folgt (Prinzip 3). Er strukturiert und plant relevante Aktivitäten (Prinzip 4). Er nimmt kleine Veränderungen vor und baut darauf auf (Prinzip 5). Er bevorzugt Verhaltensweisen, die in der Umwelt des Patienten wahrscheinlich natürliche Verstärkung finden (Prinzip 6). Therapeuten verhalten sich bei der Anwendung von BA wie ein Trainer, der dabei hilft, die Schritte zu planen, für deren Umsetzung aber letzten Endes der Patient verantwortlich ist. Das übergreifende Ziel dabei ist, dass der Patient sein eigener Trainer wird (Prinzip 7). BA folgt einem Problemlöseansatz. Therapeut und Patient erarbeiten gemeinsam Verhaltensexperimente und werten sie aus (Prinzip 8). BA ist eine aktive Therapie. Was zwischen den Sitzungen passiert, ist in vieler Hinsicht wichtiger als die eigentliche Therapiesitzung selbst. BA beschränkt sich nicht darauf, über Probleme zu sprechen. Es geht darum, Aktivitäten auszuführen, die zu einer Verbesserung von Lebenssituation oder Stimmung führen (Prinzip 9). Schließlich arbeiten Therapeut und Patient kontinuierlich daran, mögliche Barrieren zur Aktivierung vorwegzunehmen oder tatsächliche Probleme aus dem Weg zu räumen (Prinzip 10).

Die Umsetzung der Prinzipien in die Praxis

Dieses Buch ist so gedacht, dass Sie es auf dem Schreibtisch schnell zur Hand haben und gelegentlich vor Sitzungen nachlesen können, um Interventionen zu planen. Die folgenden Kapitel sollen helfen, Behandlungsziele zu identifizieren und Verhaltensanalysen als Teil des Assessments und der Behandlung durchzuführen. So können die Prinzipien 1–3 konkret angewendet werden. Während des ganzen Buches werden Beispiele aus der Geschichte von Alice verwendet und auch andere kurze Beispiele. Die Geschichte von Alice stellt kein vollständiges Sitzungsprotokoll dar. Die Beispiele werden eher verwendet, um verschiedene Interventionen zu illustrieren als die Therapie von Anfang bis Ende zu beschreiben. Beispiele für vollständige Therapien können an anderer Stelle gefunden werden (Martell et al. 2001; Dimidjan et al. 2008). Den Aktivierungsstrategien wie den Aktivitätsprotokollen und dem Planen von Aktivitäten wird besondere Aufmerksamkeit geschenkt. Sie stehen im Mittelpunkt der Prinzipien 3, 4, 5, 6 und 9. Wir zeigen, wie man den Problemlöseansatz verwenden kann, wenn die Behandlung nicht wie geplant läuft. Dies entspricht den übergreifenden Prinzipien 7, 8 und 10. Vermeidungsverhalten bei Depression ist sehr weit verbreitet. Das Aufbrechen von Mustern von Vermeidungsverhalten ist für BA deshalb essentiell und wir betrachten wiederholt Strategien zur Modifikation von Vermeidung. Die Entwicklung von BA erfolgte im Rahmen einer klinischen Studie, bei der die behavioralen Aspekte der KVT mit dem vollen Programm der KVT verglichen wurden. Wenn sich in dieser Studie Therapeuten mit Patienten auseinandersetzen mussten, die in negativem Denken festgefahren waren, musste dies aus einer behavioralen statt aus einer kognitiven Perspektive erfolgen. Bei BA werden bestimmte Denkprozesse als ein problematisches Verhalten angesehen. Der Ansatzpunkt einiger Interventionen ist deshalb das Verhalten »Grübeln über das eigene Elend«. Diesem bedeutsamen Thema wird ein ganzes Kapitel gewidmet (Kapitel 7). Schließlich diskutieren wir über mögliche zukünftige Entwicklungen von BA als Behandlungsmethode sowie Techniken der Rückfallprophylaxe.

3   Struktur und Stil der Therapie

> Ich glaube, dass sich Gefühle in Worten verlieren. Sie sollten sich in Handlungen kondensieren, und zwar in Handlungen, die Ergebnisse bringen.
> Florence Nightingale (1820–1919)

Mit einem Gefühl der Besorgnis wegen der anstehenden zweiten Sitzung betrat Alice das Gebäude, in dem Beths Büro war. Sie hatte das kleine Buch durchgelesen, das Beth ihr am Ende ihrer ersten Sitzung überreicht hatte. Sie spürte eine Mischung aus Neugier und Mutlosigkeit. Sie war daran interessiert, mehr über den Zugang zur Depression zu erfahren, der darin beschrieben wurde. Zugleich fühlte sie sich demoralisiert. Sie war sich einfach nicht sicher, ob der Ansatz zu ihr passte. »Es ergibt alles Sinn«, dachte sie, »aber ich kann mir einfach nicht vorstellen, wie dieser Ansatz für mich einen Unterschied ausmachen soll.« Als sie diesen Gedanken hatte, fühlte sie sich schlecht und dachte: »Das ist so typisch für mich. Ich bin noch nicht durch die Tür und schon gebe ich auf. Das ist so erbärmlich.«

Beth war offensichtlich froh, Alice zu sehen, als sie in ihr Büro eintrat. Sie begrüßte sie warmherzig. Sie bat Alice, den gleichen Fragebogen über Depression, den sie vor der ersten Sitzung bearbeitet hatte, noch einmal auszufüllen. Sie setzten sich hin. Beth erklärte Alice, dass sie sie bei jedem Termin darum bitten würde, den Fragebogen auszufüllen. Auf diese Weise könnte sie Informationen sammeln, wie es Alice geht und sich ein Bild darüber machen, ob die Therapie erfolgreich ist. Beth sagte: »Aus Ihren Antworten in dieser Woche entnehme ich, dass Sie sich ähnlich fühlen wie letzte Woche. Es sieht aber so aus, als könnten sie etwas schlechter schlafen. Ist das so annähernd richtig?« Alice war erstaunt, dass Beth wirklich im Detail daran interessiert war, wie es ihr ging. Sie dachte über die letzten beiden Wochen nach: »Ja, das ist richtig. Es läuft durchgehend schlecht. Ich verbringe viel Zeit im Bett. Aber ich glaube nicht, dass ich jemals erholsam schlafe. Ich fühle mich elend und mache mir die ganze Zeit Sorgen, darüber dass ich pleite bin und niemanden mehr in meinem Leben habe.«

Beth machte sich einige Notizen zu dem Fragebogen. Alice merkte, dass sie unsicher war, was sie von der Therapie erwarten konnte und was sie in der Therapie sagen oder tun sollte. Sie fühlte sich wie befreit, als Beth anfing zu erklären: »Alice, ich schlage vor, dass wir damit anfangen, darüber zu sprechen, wie diese Therapie funktioniert.« »Das hört sich gut an«, sagte Alice und fuhr mit einem gewissen Zögern fort, »Es ist nicht persönlich gemeint, aber ich wollte eigentlich nie einer Therapeutin begegnen. Ich habe keinerlei Vorstellung, wie Therapie funktioniert.« Beth schien in keiner Weise irritiert; im Gegenteil, ihre Stimme klang sanft. Sie antwortete: »Das ist logisch, Alice! Es ist wirklich schwer, wenn man zum ersten Mal eine Therapie beginnt. Sie haben möglicherweise tausend Fragen und wissen nicht, womit sie anfangen sollen.« Genau so geht es mir, dachte Alice und nickte.

»Das Buch gibt darüber ein wenig Auskunft. Das Wichtigste ist zu Beginn, dass diese Therapie eine klare Struktur hat und auf Zusammenarbeit beruht. Das bedeutet, dass wir jede Therapiesitzung damit beginnen, gemeinsam eine Tagesordnung zu erstellen. Ich nenne das unsere Agenda für die Sitzung. Das hilft uns dabei, auf Kurs zu bleiben und die Themen anzugehen, die für Sie am wichtigsten sind. Ist das für Sie in Ordnung?« Alice hielt das für sinnvoll. »Aus meiner Sicht sollten wir heute zwei Bereiche ansprechen.«, sagte Beth, »Zum einen möchte ich mit Ihnen allgemein über das Vorgehen bei BA sprechen und mit Ihnen überlegen, ob dieser Ansatz zu Ihnen passt. Zum anderen sollten wir darüber reden, wie wir beide am besten zusammenarbeiten.«

Als Beth damit fertig war, ihre Ziele für die Sitzung zu erläutern, fügte sie hinzu: »Gibt es noch irgendetwas anderes, über das Sie heute sprechen möchten?« Alice war erneut überrascht; Beth schien es wirklich am Herzen zu liegen, sie zu beteiligen. »Ich habe darüber nachgedacht, dass wir darüber sprechen könnten, was in dem Buch darüber stand, dass Aktivität einen weniger müde macht. Das ergibt für mich keinen Sinn. Es ist doch nicht wirklich realistisch, aktiv zu sein, wenn man dermaßen erschöpft ist, oder?« »Ja gerne!«, sagte Beth. »Ich schreibe es gleich zu unserer Tagesordnung und wir sorgen dafür, dass wir noch heute darüber sprechen. Das ist wirklich ein guter Punkt als Ergänzung.«

Einführung

Wie bei Alice sind die Patienten oft verunsichert und wissen nicht, was sie erwartet, wenn sie zur Therapie kommen. Vielen ist BA unbekannt und nur wenige beginnen die Therapie mit dem Wunsch, ihre Aktivität zu steigern. Es gehört zur Natur der Depression, sich zurückzuziehen und die Aktivität zu verringern. Wie Alice es ausgedrückt hat: Es ist schwer, sich vorzustellen, wie man aktiv werden soll, wenn man sich dauernd erschöpft fühlt. Viele Patienten kommen zur Therapie mit der Annahme, dass es ihnen erst besser gehen muss, bevor sie wieder aktiv werden und ihr Leben verändern können. Wie kann diese Therapie funktionieren, wenn man aktiv werden muss, bevor man sich motiviert fühlt? Wie uns Alices Therapeutin gezeigt hat, ist es wichtig, zu Beginn der Therapie diese Art Fragen direkt zu beantworten und auf Bedenken einzugehen.

BA ist eine strukturierte Behandlung. Während der ersten Sitzungen ist es wichtig, die Schlüsselelemente der Struktur zu erklären. In diesem Kapitel werden wir uns diese wesentlichen Elemente genau ansehen. Besonders wichtig ist das Störungsmodell der Depression bei der Anwendung des BA-Modells und der spezifische Veränderungsprozess, der den Kontext für den gesamten Behandlungsverlauf darstellt. Wir werden uns damit beschäftigen, wie man die Rollen von

Therapeut und Patient erklärt und die Bedeutung der Hausaufgaben deutlich macht. Schließlich werden wir die wichtigen Elemente der Struktur der Therapiesitzung bei BA diskutieren: der Fortschritt seit dem letzten Kontakt, das Erstellen der Tagesordnung, die Vorbereitung neuer Therapieinterventionen, die zur Anwendung kommen, und das Beibehalten eines Fokus auf Aktivierung während der ganzen Sitzung. Gegen Ende der Therapie gehören Konsolidierung der erreichten Fortschritte und Rückfallprophylaxe zur Struktur der Sitzungen. Nach einem Durchgang von BA sind der Therapeut und der Patient in der Lage, Auslöser für Verhalten zu antizipieren, die das depressive Symptom verstärken, und einen Plan für hilfreiches alternatives Verhalten zu entwickeln.

BA hat eine Reihe von zentralen strukturellen und stilistischen Strategien. Beispielsweise zeigte Beth in der zweiten Sitzung Wärme und Interesse für das Erleben von Alice. Als Alice Bedenken gegen eine Therapie vorbrachte, reagierte Beth sachlich und nichtbewertend. Sie verstärkte Alice für die offene Mitteilung ihrer Fragen und Bedenken und lud sie dazu ein, aktiv an der Therapie mitzuwirken. In diesem Kapitel gehen wir die stilistischen Strategien durch, die wesentliche Elemente der Umsetzung von BA sind.

Die Struktur von BA: Aktivierung ist die Leitlinie

Grundlegend bei BA ist der Fokus auf Aktivierung. Das erste und das zweite Prinzip der BA definieren diesen Fokus. Das erste Prinzip der BA fasst das Veränderungsmodell: »Der Schlüssel zur Veränderung der Emotion ist die Veränderung des Verhaltens.« Dieses Prinzip kommuniziert die Prämisse, dass die Patienten in einem endlosen Teufelskreis verharren, wenn sie darauf warten, sich motiviert zu fühlen. Vor dem Hintergrund dieses Dilemmas bitten wir die Patienten, »von außen nach innen« statt »von innen nach außen« zu arbeiten (Martell et al. 2001). Mit anderen Worten: Die Struktur von BA fokussiert auf eine Selbstverpflichtung zur Aktivität, ungeachtet dessen wie sich der Patient fühlt. BA geht davon aus, dass sich die Motivation aus der Aktivität ergibt und nicht anders herum. Die Technik des Arbeitens »von außen nach innen« ist sehr anspruchsvoll. Therapeuten nehmen dabei die Rolle des Trainers ein. Wir helfen dabei herauszufinden, welche Aktivitäten eine hohe Wahrscheinlichkeit haben, dass der Patient sie ausführt, selbst wenn seine Motivation extrem gering ist. Wir helfen dem Patienten dabei, Alltagsstrukturen zu entwickeln, die es wahrscheinlicher machen, dass er in Übereinstimmung mit seinen Zielen handelt.

Das zweite Prinzip der BA fasst das Störungsmodell der Depression zusammen, aus dem sich dann der Fokus auf Aktivierung ergibt: »Veränderungen im Leben können zu Depression führen. Kurzfristige Bewältigungsstrategien (Vermeidungsverhalten) können dazu führen, dass man in der Depression gefangen bleibt.« Aus diesem Prinzip ergibt sich, worauf man bei der Diagnostik achten muss und wie man Therapieziele entwickelt. Es gibt viele Theorien zur Entstehung und Aufrechterhaltung der Depression. Alle sprechen vermutlich relevante Aspekte dieser heterogenen Störung an. Das Modell der Depression, das bei BA verwendet wird, ist in Übereinstimmung mit behavioralen Modellen, die bereits vor mehreren Jahrzehnten formuliert wurden (z. B. Lewinsohn 1974).

Diese ersten Störungsmodelle machten deutlich, dass Depression wahrscheinlicher wird, wenn das Leben eines Menschen durch geringe positive Verstärkung oder ein hohes Ausmaß an Bestrafung gekennzeichnet ist. Wie kommt das? Unter solchen Umständen lernen Menschen, dass ihr Verhalten zu keinen erwünschten Konsequenzen führt. Sie lernen stattdessen, sich auf die Vermeidung von Bestrafung zu konzentrieren. Im Ergebnis lernen die Menschen, sich aus dem Leben zurückzuziehen und sich nicht zu engagieren. Der Rückzug vom Leben ist unter diesen Umständen natürlich und nachvollziehbar. Er kann den Patienten aber in einer Depression gefangen halten. Je weniger man tut, umso weniger hat man Lust etwas zu tun und umso wahrscheinlicher wird es, dass sich Probleme im Leben auftürmen. Wenn sich der Zugang zu positiver Verstärkung verringert und mehr Bestrafung erlebt wird, kann sich ein Teufelskreis der Depression entwickeln. Wenn der Betroffene versucht, die Auswirkungen dieser Störungen zu verringern, aber dazu nicht in der Lage ist, entsteht eine erhöhte Selbstaufmerksamkeit. Selbstunsicherheit und Dysphorie führen zu den kognitiven, verhaltensbezogenen und emotionalen Veränderungen, die mit einer Depression einhergehen, und verringern die Fähigkeit des Patienten, in Zukunft potentielle Auslöser von Depression zu bewältigen. Die Bestandteile diese Abwärtsspirale wurden von Lewinsohn und Mitarbeitern (Lewinsohn 1974; Lewinsohn & Graf 1973) sowie von weiteren Wissenschaftlern (z. B. Beck et al. 1979) beschrieben.

Es ist durchaus sinnvoll, dass Betroffene versuchen, die Auswirkungen emotionaler Störungen zu verringern. Allerdings kann das eingesetzte Verhalten, Grübeln über die Ursachen der Belastung, Versuche, aversive Erlebnisse zu vermeiden oder Versuche, emotionalen Schmerz zu vermeiden, dazu führen, dass der Kontakt zu potentiellen Verstärkern in der Umwelt verringert wird. Der Rückzug hält den depressiven Patienten in einem Muster gefangen, das zu immer mehr negativen Emotionen führt. Zuletzt kommt das emotionale Leben ganz zum Erliegen. Der Patient fühlt sich immer schlechter, zunehmend deprimierter und hoffnungsloser bezüglich der Aussicht auf Veränderung. Die Hauptaufgabe des Therapeuten und seines Patienten besteht darin, Kontingenzen zu identifizieren (das heißt, Situationen, in denen das Verhalten auftritt und die Konsequenzen, die auf das Verhalten folgen), die Aktivierung wahrscheinlicher machen, und Behandlungsziele zu definieren, die dem Patienten helfen, ein besseres Leben aufzubauen und dadurch die depressiven Symptome zu verringern.

Eine Visualisierung des Störungsmodells der Depression ist für die Umsetzung von BA oft hilfreich. Solche Diagramme unterstützen den Therapeuten bei der Entwicklung eines umfassenden Fallkonzepts. Sie sind hilfreich, um Patienten das grundlegende Modell zu erklären. Es ist dabei wichtig, stets im Auge zu behalten, dass jeder Mensch eine einzigartige Lebensgeschichte hat. Auch wenn die Prinzipien der BA allgemein anwendbar sind, so braucht doch jeder Patient ein individuelles Fallkonzept. Der Patient fühlt sich ernst genommen, wenn er versteht, wie seine persönlichen Lebensereignisse das individuelle Erleben und die Auswirkungen der Depression beeinflussen. Dies ist ein Schlüsselelement am Beginn der Behandlung mit BA.

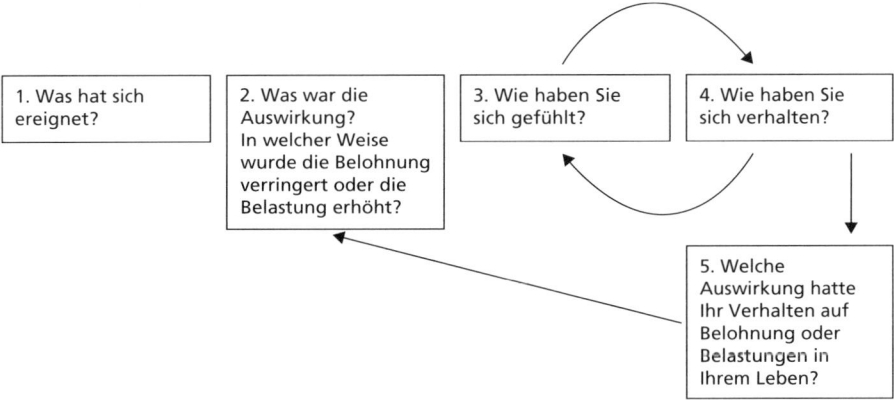

Abb. 3.1: Das BA-Modell der Depression

Abbildung 3.1 zeigt ein Diagramm, das für die Entwicklung eines Fallkonzepts und zur Erklärung des Störungsmodells bei BA benutzt werden kann. Die erste Frage, die wir stellen, lautet: »Was ereignete sich im Umfeld des Patienten, das die depressive Störung auslöste oder wahrscheinlich machte?« Das dritte Prinzip »Um herauszuarbeiten, welches Verhalten für einen bestimmten Patienten antidepressiv wirkt, ist es entscheidend, was wichtigen Verhaltensweisen vorausgeht und was auf sie folgt.« ist der Schlüssel zum Verständnis davon, welches Verhalten in der Vergangenheit verstärkt wurde und welches nicht verstärkt bzw. bestraft wurde. Patienten berichten oft von Lebensereignissen wie Trennungen, Arbeitsplatzverlust, wirtschaftlichen Belastungen, über Veränderungen wie die Geburt eines Kindes, Pflege eines älteren Angehörigen oder eine hohe Belastung mit Alltagsstress. Gelegentlich stellen Patienten biologische Faktoren heraus und wir erklären dann, dass sowohl biologische als auch umweltbezogene Faktoren ins Spiel kommen, wenn man Lebensereignisse verstehen will. Der Begriff »Lebensereignis« kann bei BA auf innere und äußere Erfahrungen ausgedehnt werden, obwohl dies nicht die übliche Art ist, diesen Begriff zu verwenden. Wir untersuchen dann die Auswirkungen der Ereignisse. Wir fokussieren dabei besonders darauf, wie der Zugang zu Belohnung eingeschränkt wird oder im Laufe der Zeit die Belastung zunimmt. Dann wenden wir uns den emotionalen Auswirkungen des Lebens in einem solchen Kontext zu. Depressive Patienten sagen oft: »Ich fühle mich elend. Ich bin traurig, einsam, entmutigt und hoffnungslos.« Ein Schlüsselelement bei der Erklärung des Störungsmodells ist, deutlich zu machen, dass Depression kein Fehler des betroffenen Patienten ist. In dem gegebenen persönlichen Kontext kann es Sinn haben, sich depressiv zu fühlen.

Tab. 3.1: Häufige Fragen und Antworten

- *Werden Depressionen nicht durch ein chemisches Ungleichgewicht im Gehirn ausgelöst?*
  Antwort: Es gibt einen klaren Zusammenhang zwischen Biologie und Depression. Wir wissen auch, dass Verhaltensveränderung Auswirkungen auf die chemische Zusammensetzung des Körpers hat. Depression ist eine komplexe Erkrankung, die vielfältige Ursachen haben kann. Glücklicherweise kann Depression sehr gut behandelt werden. Dabei sind Behandlungen mit sehr unterschiedlichen Ansatzpunkten erfolgreich.

- *Wie steht es mit medikamentöser Behandlung?*
  Antwort: Medikamente sind bei vielen Menschen gegen Depression wirksam. Behavioral Activation, die Therapie, die ich Ihnen anbiete, ist ebenfalls eine Therapie mit nachgewiesener Wirksamkeit bei Depression. Wissenschaftliche Studien zeigen auch, dass die Wirkung von BA nachhaltig ist. Der Nutzen dessen, was Menschen bei BA lernen können, liegt unter anderem darin, dass sie etwas zur Vorbeugung gegen zukünftige Depression tun können.

- *Ist der Ansatz von BA nicht zu einfach?*
  Antwort: Die Grundgedanken von BA sind einfach und unkompliziert. Die Umsetzung in die Praxis kann aber schwierig sein. Deshalb besteht meine Rolle darin, Sie bei dem Prozess der Veränderung anzuleiten. Ich werde Sie dabei unterstützen, wieder aktiv zu werden, Probleme in Ihrem Leben zu lösen und sich besser zu fühlen. BA ist sehr wirksam, aber wenn das Ganze einfach wäre, hätten Sie es bereits umgesetzt.

- *Aktivierung erscheint mir unmöglich. Ich komme ja so schon kaum aus dem Bett. Kann mir das wirklich helfen?*
  Antwort: Wenn man depressiv ist, ist es naheliegend zu denken, dass Aktivierung unmöglich ist und nichts helfen kann. Viele Patienten stellen genau diese Frage. Sie machen dann die Erfahrung, dass das, was ihnen zunächst unmöglich erschien, einfacher wird, sobald sie erst einmal wieder in Gang gekommen sind. Dies ist ein sehr praktischer Ansatz. Meine Aufgabe ist es, mit Ihnen zu erarbeiten, wie wir es praktisch umsetzen. Wir brauchen Orte und Möglichkeiten, um mit der Aktivierung so zu beginnen, dass es für Sie im gegenwärtigen Zustand machbar ist. Es hilft auch, sich klar zu machen, dass dieser Ansatz schon bei vielen Menschen geholfen hat. Einen garantierten Erfolgt gibt es allerdings nicht. Meine Aufgabe ist es, mit Ihnen die Therapie durchzuführen. Wir bauen auf das auf, was jetzt vorhanden ist. Ich nehme an, dass Ihnen das Ganze sehr viel eher machbar erscheint, wenn wir einmal begonnen haben. Wenn Sie einverstanden sind, beginnen wir mit kleinen Schritten, betrachten das Ergebnis und nehmen das als Ausgangspunkt.

- *Wenn ich mich so verhalte, als sei ich nicht depressiv, kommt mir das unecht vor.*
  Antwort: Diese Frage wird oft gestellt. Möglicherweise fühlen sich dabei unbehaglich. Es ist aber nicht unecht oder unaufrichtig, die Entscheidung zu treffen, sich trotz einer Depression am Leben zu beteiligen. Wenn Sie sich entgegengesetzt zur Depression verhalten, können Sie genau das Verhalten intensivieren, das Ihnen hilft, sich besser zu fühlen. Sie können sich eine Art zu leben aufbauen, die zu Wohlbefinden führt.

- *Ich habe schon so viel zu tun und das hat dazu geführt, dass ich so depressiv geworden bin. Warum soll ich noch mehr Aktivitäten entwickeln?*
  Antwort: Es kann durchaus sein, dass Sie zu viel machen. Wir sollten uns genau ansehen, welche Aktivitäten für Sie nützlich sind. Ich möchte Sie dabei unterstützen, Probleme zu lösen und Dinge erledigt zu bekommen. Sie sollen sich engagieren können, ohne sich dabei überfordert zu fühlen.

Tab. 3.1: Häufige Fragen und Antworten – Fortsetzung

- *Kann BA erfolgreich sein, wenn andere Behandlungen unwirksam waren?*
  Antwort: BA ist kein Allheilmittel. Ich weiß aus den wissenschaftlichen Studien, dass dieser Ansatz bei Patienten mit Depression wirksam ist. Ich sage meinen Patienten manchmal: Wir können die Therapie als ein Experiment betrachten. Wir können diesen Ansatz eine Zeitlang verfolgen und dann überprüfen, ob er bei Ihnen funktioniert. Ich kann Ihnen natürlich keine Erfolgsgarantie geben. Wir können aber einen Zeitpunkt vereinbaren, an dem wir Bilanz ziehen, wie es läuft, z. B. nach fünf Sitzungen? Wir können dann überprüfen, was bei Ihnen funktioniert und was nicht. Was meinen Sie?

Anmerkung: Diese Tabelle liefert Beispiele für Fragen, die Therapeuten bei der Anwendung von BA häufig gestellt werden. Es handelt sich nicht um erschöpfende Antworten, sondern um typische Reaktion von Therapeuten, die mit BA vertraut sind.

Abbildung 3.1 stellt den Teufelskreis der Depression dar: Der Patient wendet im Umgang mit seiner depressiven Stimmung Bewältigungsstrategien an, die unglücklicherweise dazu führen, dass sich die negativen Emotionen noch verstärken. Im Laufe der Zeit erhöht sich zudem das Gewicht der Faktoren, die eine Depression wahrscheinlich machen. Alice fühlte sich nach dem Verlust ihres Arbeitsplatzes depressiv. Sie hörte auf, sich für andere Aktivitäten zu engagieren. Sie nahm Gewicht zu. Sie hatte den Eindruck, ihren Hund zu vernachlässigen. Sie verbrachte noch mehr Zeit zuhause und hatte bei ihren Freunden das Gefühl, nicht dazuzugehören. Deshalb fühlte sie sich noch depressiver und begann, sich noch mehr zu isolieren.

Eine Kopiervorlage der Abbildung 3.1 mit Platz für eigene Eintragungen befindet sich in Anhang 1a. Patienten haben manchmal Fragen zu BA. Tabelle 3.1 beinhaltet eine Liste häufig gestellter Fragen und liefert Beispiele für Antworten dazu. Manchmal haben Patienten auch Vorbehalte gegenüber Merkmalen des Störungsmodells der BA, beispielsweise dass BA die Rolle der Biologie bei Depressionen vernachlässigt. Tatsächlich sind aber biologische oder familiäre Prädispositionen für Depressionen in unsere Betrachtung genauso Bestandteil unseres Modells wie alle anderen identifizierbaren Lebensereignisse. Ein häufiger Vorbehalt gegen das Störungsmodell der BA nimmt die Form folgender Frage an: »Ich dachte immer, Depressionen werden durch ein gestörtes chemische Gleichgewicht im Gehirn hervorgerufen – benötige ich nicht eine medikamentöse Behandlung, um aus der Depression heraus zu kommen?« Die Antwort auf diese Frage hat viele Facetten. Medikamentöse Behandlung ist für viele eine gangbare Option. Die Annahme, dass eine antidepressive Medikation an biologischen und BA demgegenüber an Verhaltensfaktoren ansetzt, ist jedoch eine arbiträre Unterscheidung. Tatsache ist, dass alles menschliche Verhalten biologische Komponenten hat (Linehan 2006). Eine Veränderung unseres Verhaltens verändert unsere Biologie, genauso wie eine Veränderung des biochemischen Zustandes durch Medikation unsere Emotionen und unser Verhalten verändern kann.

Ein weiterer Einwand, der hier eine kurze Berücksichtigung verdient, besteht darin, dass das Störungsmodell zu sehr vereinfacht. Wir räumen dann ein, dass das Störungsmodell tatsächlich einfach und leicht verständlich ist. Gleichzeitig beinhaltet es ein differenziertes Verständnis dafür, warum es oft so schwierig ist Depression zu überwinden. Wir betonen, dass es den Patienten manchmal vorkommt, wie wenn sie aufgefordert wären, das beinahe Unmögliche zu tun. Wir stellen heraus, dass Veränderung in der Regel schwer ist. Eine entscheidende Aufgabe des Therapeuten bei der Umsetzung besteht darin, den Veränderungsprozess zu unterstützen.

Der Therapeut kann, wenn er es geschickt anstellt, beim Erklären des Störungsmodells die Grundlage für eine gute therapeutische Beziehung legen. Er kann das Modell durch Verwendung von Details aus der Anamnese und dem diagnostischen Interview mit Leben füllen. Ein klares Fallkonzept bestätigt, dass der Therapeut »es verstanden hat«. Das Fallkonzept wird dabei immer als Hypothese dargestellt. Ein Therapeut wäre töricht, wenn er behaupten würde, genau zu wissen, was die Ursache der Depression bei einem Patienten ist. Stattdessen müssen wir Hypothesen aufstellen und überprüfen. Wir verwenden ein Modell, das ein Gerüst für die verschiedenen Strategien der BA liefert. Es gibt allgemeine Behandlungsziele, die zu Beginn der Therapie formuliert werden. Die Patienten brauchen verschiedene Ziele für jede Woche, die sie entwickeln. Verhaltensanalysen werden über die gesamte Therapie hinweg durchgeführt, d. h. Patient und Therapeuten untersuchen genau die Situation, in der ein Verhalten auftritt, und welche Konsequenzen es hat. Besonders wenn es um Hypothesen dazu geht, welches Verhalten die Depression aufrechterhält, betrachtet der Therapeut die Funktion des Verhaltens und wozu es für den Patienten nützlich ist. Das Tragen einer alten Trainingshose für den Weg zum Einkaufen kann die Funktion haben, dem Patienten Bequemlichkeit zu bieten und einen Einkauf schnell zu erledigen. Es kann aber auch als Vermeidungsverhalten dienen, beispielsweise um Selbstaufmerksamkeit zu vermeiden, die unausweichlich wäre, wenn sich der Patient gepflegter kleiden würde.

Die Struktur der Therapiesitzung

Bei BA liegt jeder Sitzung eine allgemeine Struktur zugrunde. Die wichtigsten strukturierenden Elemente sind: Überblick über Fortschritte seit der letzten Therapiesitzung, Erstellen einer Tagesordnung, Informationsvermittlung und Einholen von Feedback hierzu, Verwendung von Hausaufgaben. Der Therapeut strukturiert die Sitzung auch, indem er den Fokus auf Aktivierung beibehält. Die einzelnen Elemente können in ihrer Dauer von Sitzung zu Sitzung, von Patient zu Patient und von Therapeut zu Therapeut variieren. Auch kann es Unterschiede darin geben, wie detailliert jedes Element in einer bestimmten Sitzung behandelt wird. Die Anwendung strukturierender Strategien stellt sicher, dass trotz dieser Flexibilität Therapeut und Patient den Kurs halten. Es geht darum, den Patienten dabei zu unterstützen, aktiv zu werden und sich mit seinem Leben auseinanderzusetzen.

Eine der ersten Dinge, um die Beth Alice zu Beginn der zweiten und der weiteren Sitzungen bat, war das Ausfüllen des Beck-Depressionsinventar (BDI-II; Beck & Steer 1987). Dies ergab sich daraus, dass Depression der primäre Fokus der Behandlung war. Damit folgte sie einer der strukturierenden Strategien bei BA, nämlich »Überblick über Fortschritte seit der letzten Therapiesitzung«. Viele Therapeuten, die mit depressiven Patienten arbeiten, benutzen ein Selbstbeurteilungsinstrument wie das Beck-Depressionsinventar, um den Verlauf der Behandlung zu überwachen. Andere bitten den Patienten bei Beginn der Sitzung, ihre Stimmung oder andere wichtige Symptome auf einer Skala von 1–10 einzuschätzen. Dieses Vorgehen ermöglicht dem Therapeuten, den Fortschritt der Therapie oder das Fehlen eines Fortschritts zu quantifizieren. Therapeuten benutzen gelegentlich auch weitere Instrumente, um das Ausmaß komorbider Störungen zu erheben, beispielsweise das Beck-Angstinventar (Beck et al. 1988). Dies stellt eine Möglichkeit dar, weitere Zielsymptome gleichzeitig mit der Überprüfung von Stimmung und Depression des Patienten zu überwachen. Bei der Auswahl geeigneter quantitativer Messinstrumente für depressive Störungen kann folgendes Buch helfen: Nezu et al. (2000), für Angststörungen Antony et al. (2011). Mehrfache Erhebungen können zu einem besseren Verständnis der Verbesserungen beim Patienten führen. Therapeuten müssen ihr Bedürfnis nach mehr Informationen gegen die Belastung abwägen, die sie dem Patienten damit auferlegen. Im Laufe der Zeit sind die Daten aus Selbstbewertungsskalen für den Therapeuten und den Patienten nützlich. Eine grafische Darstellung der Ergebnisse über die Zeit kann deutlich machen, in welchem Kontext Schwankungen in der Stimmung auftreten. Sie schafft beim Therapeuten ein Bewusstsein dafür, ob die Behandlung funktioniert oder nicht. Wenn es dem Patienten kontinuierlich besser geht, visualisiert die grafische Darstellung den Erfolg und verstärkt so die Hoffnung auf weitere Veränderung. Und wenn beim Patienten keine Besserung eintritt, verdeutlicht das die Notwendigkeit der Überprüfung der Diagnostik, des Fallkonzepts oder des Aktivierungsplans.

Die Benutzung standardisierter Fragebögen enthebt den Therapeut nicht von der Pflicht, zu überprüfen, ob es in weiteren Lebensbereichen Fortschritte gegeben hat. Der Therapeut kann den Patienten bitten, seine Stimmung während der letzten Woche im Ganzen einzuschätzen. Er kann ihn zu Einzelheiten bezüglich seiner Aktivitäten befragen. Einige dieser Informationen ergeben sich automatisch, wenn man mit dem Patient die Hausaufgaben durchgeht. Aber eine konkrete erste Frage hierzu ist zu Beginn jeder Sitzung aus einer Reihe von Gründen sinnvoll. Sie zeigt dem Patienten, dass sich der Therapeut auch für sein Leben außerhalb der Therapiesitzung interessiert. Sie hilft beim Erstellen der Tagesordnung für die Sitzung, je nachdem, ob es deutliche Verbesserungen oder Rückschritte gegeben hat.

Das Erstellen der Tagesordnung ist der nächste Schritt. Es muss nicht lange dauern, aber es ist am besten, wenn die Tagesordnung detailliert ist, wenn Prioritäten gesetzt werden und festgelegt wird, wie lange jeder Punkt behandelt werden soll. Besonders wichtig bei der Erstellung der Tagesordnung ist, dass der Patient ermutigt wird, die Punkte vorzuschlagen, die für ihn von Bedeutung sind. Der Therapeut soll die Themen im Blick behalten, die helfen den Fokus auf Aktivierung zu legen. So kann der Patient dabei unterstützt werden, seine Ziele zu erreichen. Das Vorgehen ist also ähnlich wie bei den meisten kognitiv-behavioralen Therapien: Das Erstellen der Tagesordnung ist ein Prozess, der Zusammenarbeit (Kooperation) erfordert. Er beinhaltet die Ermutigung des Patienten, Punkte für die Agenda beizusteuern, das Setzen von Prioritäten und das Aushandeln von Veränderungen, die sich im Verlauf der Sitzung ergeben. Wenn die Sitzung von der vereinbarten Tagesordnung abweicht, sollte der Therapeut mit dem Patienten überprüfen, ob ein veränderter Verlauf der Sitzung akzeptabel ist. Therapeut und Patient sollten darin übereinstimmen, dass die Abweichung den Zielen des Patienten dient.

Weitere Schlüsselelemente in der Art und Weise, wie der Therapeut jede Sitzung strukturiert, beinhaltet die Anwendung von Informationsvermittlung und das Einholen von Feedback. Informationsvermittlung hilft, »das Geheimnis aus der Therapie herauszunehmen«, wie es unsere Freundin und Kollegin Marsha Linehan einmal ausgedrückt hat. Informationsvermittlung liefert dem Patienten vernünftige Begründungen für die angewendeten Therapietechniken. Das Einholen von Feedback stellt sicher, dass der Patient die Therapietechnik versteht. Wir haben bereits über die Informationsvermittlung zum Störungsmodell der BA gesprochen, die typischerweise während der ersten und zweiten Sitzung der Therapie erfolgt. Der Therapeut wird im Verlauf der Therapie häufig auf das Modell zurückgreifen. Auch während jeder einzelnen Sitzung gibt der Therapeut dem Patienten orientierende Informationen über die angewendeten Techniken. Beispielsweise bitten wir den Patienten, ein Aktivitätsprotokoll zu führen. Dieses Vorgehen hilft dem Patienten und dem Therapeuten, Informationen über Verhaltensmuster und die Verbindung zwischen Aktivitäten und emotionalen Zuständen zu sammeln. Es ist wichtig, dem Patienten diese Begründungen zu geben, bevor man ihm ein Formular für das Aktivitätsprotokoll aushändigt. Es ist auch bedeutsam, Feedback einzuholen, um herauszufinden, ob der Patient die Begründung versteht und sie nachvollziehen kann.

Ein wesentliches Strukturelement der Sitzung ergibt sich aus der intensiven Verwendung von Hausaufgaben. Der Therapeut geht in jeder Sitzung die Hausaufgaben durch, die in der letzten Sitzung vereinbart wurden. Er stellt neue Aufgaben, mit denen sich der Patient bis zur nächsten Sitzung beschäftigen soll. Eine Grundregel jeder kognitiv-behavioralen Therapie besteht darin, dass gestellte Hausaufgaben in der nächsten Sitzung durchgegangen werden müssen. Hausaufgaben helfen dem Patienten, sich wieder in seinem Leben zu engagieren. Sie intensivieren die Erfahrung mit BA als eine handlungsorientierte Therapie. Hausaufgaben können verschiedene Formen haben und Folgendes beinhalten:

- *Selbstbeobachtung von Aktivitäten und Stimmungen.* Dies wird detailliert in Kapitel 4 erörtert. Selbstbeobachtungsaufgaben sind Standardaufgaben bei den ersten Sitzungen und werden bei späteren Sitzungen in modifizierter Form angewendet.
- *Planung von Aktivitäten.* Diese Art von Hausaufgaben wird detailliert in Kapitel 5 besprochen. Sie stellen den größten Teil der Arbeit bei der Anwendung von BA dar.
- *Strukturieren der Aktivitäten und Abstufen der Aufgaben.* Oft ist es hilfreich, große Lebensaufgaben in handhabbare Teile zu zerlegen. Das gilt in besonderem Maße für Patienten mit Depression. Während depressiver Episoden können bereits einfache Aufgaben extrem schwierig erscheinen. Der Therapeut legt deshalb besondere Sorgfalt darauf, scheinbar kleine Aufgaben in noch kleinere

Einheiten aufzuteilen. Wir erörtern die Abstufung und Zerlegung von Aufgaben im Einzelnen in Kapitel 5.
- *Achtsamkeitsübungen.* Übungen zur Ausrichtung ihrer Aufmerksamkeit auf die unmittelbare gegenwärtige Erfahrung werden den Patienten aufgegeben, die einen großen Teil ihrer Zeit mit Grübeln verbringen. Grübeln ist ein verdecktes Verhalten, das oft mit der Hinwendung zu Aktivitäten interferiert. Wir erläutern die genauen Übungen in Kapitel 7.
- *Fokus auf Aktivierung.* Der Therapeut behält bei der Anwendung von BA während der gesamten Sitzung den Fokus auf Aktivierung. Das bedeutet, dass alle Diskussionen auf die Frage zurückführen, was der Patient tun kann, um seine Lebenssituation und sein Befinden zu verbessern. Dementsprechend wird der Therapeut das Gespräch auf das Hier und Jetzt zurückbringen. Dabei steht im Vordergrund seiner Gedanken die Frage: Was kann der Patient tun?

Der Fokus auf Aktivierung sollte nicht so umgesetzt werden, dass der Eindruck entsteht, der Therapeut interessiere sich nicht für das Innenleben oder die problematische Vergangenheit des Patienten. Wie wir in Kapitel 4 detailliert darlegen werden, ist es durchaus möglich, den Fokus auf Aktivierung zu halten, und gleichzeitig wichtige Erfahrungen aus der Vergangenheit des Patienten zu erheben und zu diskutieren. Wenn ein Therapeut mit dem Patienten über seine Vergangenheit spricht, dann tut er dies im Kontext des Fallkonzepts. Biographische Informationen tragen zu Hypothesen über die Kontingenzen von Verstärkung und Bestrafung im Leben des Patienten bei. Sie können als Leitlinie für das dienen, was Patienten im Hier und Jetzt tun können. Sie zeigen mögliche Aktivitäten auf, in denen sie sich wieder engagieren können. Alice in unserem Fallbeispiel hatte sich sehr verletzt gefühlt, als ihre Mutter sie aus dem Haus warf. Obwohl sie irgendwann wieder eine herzliche Beziehung zu ihrer Mutter herstellte, blieb die Beziehung zu den beiden jüngeren Geschwistern distanziert. In der Therapie sprach sie darüber, wie traurig sie wegen des Vorfalls war und über den heftigen Schmerz, den sie deswegen immer noch empfand. Sogar mit Beth fiel es ihr schwer, darüber zu sprechen. Das Gespräch drehte sich um die Gefühle der Traurigkeit, der Wut, der Schuld und des Schams über diese Situation. Beth strukturierte den Dialog so, dass Alice einen Zugang zu ihren Gefühlen herstellen konnte anstatt sie zu vermeiden und Aktivität in Richtung bedeutsamer Ziele entwickeln konnte. Sie konnte über belastende Gefühle sprechen und sie in der Therapie erleben. Alice hatte auch die Gelegenheit, über Möglichkeiten nachzudenken, wie sie die Beziehung zu ihren jüngeren Geschwistern wieder aufbauen konnte. Dies wünschte sie sich ebenso stark wie sie Angst davor hatte.

ALICE: *Ich kann nicht aufhören, über das letzte Jahr nachzudenken, als die Beziehung zu meiner Mutter auf dem Tiefpunkt war. Sie sagte so viele schreckliche Dinge über mich im Beisein meiner Schwester und meines Bruders. Manchmal denke ich, sie hatte Recht und dann fühle ich mich so schlecht. Ich glaube, dass meine Schwester und mein Bruder auch meinen, dass das, was meine Mutter sagt, der Wahrheit entspricht. Ich habe es nie geschafft, mit ihnen darüber zu sprechen, wie schwierig meine Mutter war, als ich klein war. Sie hat damals viel getrunken*

und ich habe rebelliert. Als sie alt genug waren, um das zu bemerken, hatte meine Mutter aufgehört zu trinken, aber ihre Beziehung zu mir war schrecklich. Ich denke, meine Geschwister machen mich dafür verantwortlich.
BETH: Sie fühlen sich anscheinend ziemlich in der Klemme, wenn sie sich Kontakte mit Ihrer Schwester und Ihrem Bruder wünschen. Sie fühlen sich richtig schlecht, wenn Sie daran denken Kontakt aufzunehmen. Haben Sie in der letzten Woche sehr viel Zeit damit verbracht, darüber nachzudenken?
ALICE: Das war besonders am Sonntag so. Ich dachte, ich könnte ja mal meine Schwester anrufen und einfach mal »Hallo« sagen. Es war eben Sonntag und da ist es immer am schlimmsten. Wir haben nämlich an viele Sonntagen so getan, als wären wir eine glückliche Familie, während meine Mutter gerade dabei war, sich zu betrinken. Ich könnte verrückt werden und in die Luft gehen wegen dieser ganzen Scheiße. Meine Schwester erinnert sich an einige meiner Ausbrüche. Es ist, als hätte ich ihr die Sonntage verdorben. Aber sie hat keine Ahnung, wie furchtbar es für mich war.
BETH: Sie haben also am Sonntag darüber nachgedacht und sich dann dazu entschlossen, nicht anzurufen?
ALICE: Ja, ich denke in der Tat viel darüber nach, besonders über die Auseinandersetzungen zwischen meiner Mutter und mir vor den Augen meiner Geschwister. Sie gab mir die Schuld an allem. Ich wüsste gerne, ob meine Schwester und mein Bruder mich auch dafür verantwortlich machen.
BETH: Also wollten Sie nicht, dass das hochkommt, wenn Sie sie anrufen? Gibt es irgendetwas, auf das Sie sich freuen würden, wenn Sie Ihre Schwester anrufen.
ALICE: Ich weiß, dass sie eine neue Katze hat und ich würde gerne etwas darüber hören. Sie hat möglicherweise auch einige hilfreiche Anregungen zu meiner Arbeitssituation. Sie ist wirklich klug und hilfsbereit, wenn ich sie anrufe. Ich rufe sie einfach nicht oft an. Ich glaube, sie wäre schockiert, wenn sie von meiner Situation wüsste. Ich hätte das Gefühl, mich entschuldigen zu müssen, dass ich sie nicht schon früher angerufen habe.
BETH: Sie haben vermieden, sich schlecht zu fühlen und die Erinnerung an die verdorbenen Sonntage zu erleben. Aber Sie haben auch den Nutzen verpasst, den Sie bekommen, wenn Sie sie anrufen.
ALICE: Ich hatte sogar an einen Anruf über Skype nachgedacht, damit sie mir ihre Katze zeigen kann. Ich glaube, sie ist noch sehr klein. Es wäre lustig zu sehen, ob mein Hund die Katze erkennt und verrückt werden würde. Aber ich wollte einfach nicht daran erinnert werden, wie viel besser meine Mutter zu ihr war als zu mir und dass sie mich für all den blöden Kram verantwortlich gemacht hat, den wir erlebt haben. Dann würde ich mich noch einsamer fühlen. Ich würde denken, dass ich der Idiot bin, der das Leben aller ruiniert hat.
BETH: Alice, es ist absolut logisch, dass Sie sich nicht so fühlen möchten und keine derartigen Gedanken haben wollen. Was Sie mir aber auch mitteilen, ist Ihr Wunsch, die angenehmen Seiten eines Gesprächs mit ihrer Schwester zu erleben. Gibt es eventuell andere Tage, die sich für einen Anruf besser eignen als der Sonntag?
ALICE: Ja.
BETH: Gibt es Tage, an denen es erfreulicher wäre, sie anzurufen?

ALICE: *Ich glaube, es wäre einfacher, sie an einem Freitagabend anzurufen. Sie hätte ihre Arbeitswoche hinter sich und es fühlt sich nicht so schrecklich an wie sonntags.*
BETH: *Es wäre also leichter, sie an einem anderen Tag anzurufen?*
ALICE: *Vermutlich ja.*
BETH: *Möchten Sie nächste Woche darüber sprechen, wie Sie das planen können?*

Der Fokus der Arbeit von Beth mit Alice liegt auf den konkreten Schritten, mit denen sie im Hier und Jetzt ein für sie wichtiges Ziel anstreben kann, nämlich die Beziehung zu ihrer jüngeren Schwester zu verbessern. In diesem Prozess haben Beth und Alice relevante Aspekte aus Alice Lebensgeschichte untersucht. Der Fokus des Gesprächs kehrte aber immer wieder zu der Frage zurück, was Alice anders machen könnte, um in Richtung dieses wichtigen Lebensziels aktiv zu werden.

Zusammenfassend lässt sich sagen, dass die Struktur der Sitzungen bei BA konsistent mit anderen kognitiv-behavioralen Therapien ist. Die Behandlung ist zielorientiert. Jede Sitzung folgt einer Tagesordnung, die gemeinsam vom Patienten und Therapeuten festgelegt wird. Es gibt keine feste sitzungsübergreifende Struktur. Die Behandlung kann von Patient zu Patient sehr verschieden aussehen. Die Struktur ergibt sich aus den zugrundeliegenden Prinzipien. Der Therapeut passt seinen Stil an den konkreten Patienten an. Er unterstützt ihn dabei, dass er mit höherer Wahrscheinlichkeit mit positiven Verstärkern in Kontakt kommt und sich zunehmend in antidepressivem Verhalten engagiert.

Tab. 3.2: Stil und Haltung eines Therapeuten bei der Anwendung von Behavioral Activation

- Die Struktur der Sitzungen beachten.
- Handlungsorientiert bleiben.
- Die Erlebnisse des Patienten validieren.
- In enger Abstimmung mit dem Patienten arbeiten.
- Nicht bewerten oder beurteilen.
- Warmherzig und aufrichtig sein.
- Berichte oder Beispiele für adaptives Verhalten verstärken

Der Stil des Therapeuten

BA ist eine handlungsorientierte Behandlungsmethode. Der Stil, mit dem der Therapeut die Behandlung strukturiert und Aktivität fördert, ist dabei von entscheidender Bedeutung. In diesem Abschnitt besprechen wir einige der wesentlichen Aspekte des therapeutischen Stils (zusammengefasst in Tabelle 3.2): Validierung, Arbeit in enger Abstimmung, nicht bewertende Haltung, Warmherzigkeit, Aufrichtigkeit, Verstärkung von Berichten von adaptivem Verhalten oder von adaptivem Verhalten während der Sitzung. Viele dieser stilistischen Strategien sind konsistent mit anderen Methoden der Psychotherapie und stellen somit keine Besonderheit der BA dar. Diese Überschneidung macht sie aber nicht weniger bedeutsam. Die Art und Weise der Interaktion von Therapeut und Patient im Prozess der Veränderung spielt bei BA eine entscheidende Rolle.

Validierung

Validierung bedeutet, Verständnis für die Erlebnisse und Erfahrungen des Patienten zu zeigen. Über Validierung ist in der verhaltenstherapeutischen Literatur ausführlich geschrieben worden (z. B. Linehan 1993). Validierung spielt bei BA eine wesentliche Rolle. Sie erfordert alle grundlegenden Zuhörerfertigkeiten, die in vielen Veröffentlichungen zur psychotherapeutischen Praxis eingehend erörtert werden. Die Fertigkeit, Patienten zu verstehen, ist ein zentraler Bestandteil von BA. Therapeuten verwenden bei BA unter anderem die Validierungsstrategie des achtsamen Widergebens und Reformulierens. Eine angemessene Reaktion auf subtile oder nonverbale Kommunikation des Patienten ist ein entscheidender Teil der Validierung. Alice in unserem Beispiel sah während eines Gesprächs über ihre aktuellen zwischenmenschlichen Aktivitäten immer wieder zu Boden. Nach einigen Minuten fragte Beth: »Ich bemerke gerade, dass Sie Blickkontakt mit mir vermeiden, während wir über Ihr Abendessen mit Meg sprechen. Was ist anders?« Alice fing an zu weinen und sagte: »Ja, ich hatte wirklich eine schreckliche Zeit mit Meg, obwohl das Essen mit ihr auch ein Erfolgserlebnis war. Ich war so neidisch auf einige der guten Sachen, die sie erlebt hatte. Ich kam mir wie ein Idiot vor.« Wäre Beth nicht auf die subtile Veränderung im Verhalten der Patientin aufmerksam geworden, hätte sie womöglich nur den Erfolgsaspekt der Aktivität besprochen, nicht aber die Gefühle von Neid und Schuld.

Zu einer wirkungsvollen Validierung gehört auch, ein Verständnis des Verhaltens des Patienten auf der Grundlage seiner Lebensgeschichte oder des aktuellen Kontext zu kommunizieren. Während der anfänglichen Interviews hört der Therapeut ganz genau auf die Schilderung lebensgeschichtlicher Ereignisse des Patienten, die Auswirkungen auf sein Leben hatten. Der Therapeut kommt auf die biographischen Erfahrungen des Patienten, die zu seiner Depression beigetragen haben können, zurück, wenn er das Störungsmodell vorstellt. Das ist eine gute Gelegenheit für den Therapeuten, zu überprüfen, ob er die Geschichte des Patienten vollständig verstanden hat. Der Therapeut verwendet dabei die Worte des Patienten, wenn er über die Symptome der Depression spricht. Der Therapeut listet auf, welche Reaktionen auf die Symptome vor dem Hintergrund der Lebensgeschichte nachvollziehbar sind. Er weist aber auch darauf hin, dass sie die Depression verschlimmern können, da sie den Zugang zu positiver Verstärkung vermindern oder das Leben des Patienten weiter komplizieren. Solche Reaktionen auf depressive Symptome können als sekundäre Probleme angesehen werden (Johnson et al. 2001; Martell et al. 2001). Die meisten Patienten nehmen den Prozess der Erörterung des Störungsmodells als validierend und vor dem Hintergrund ihrer Erlebnisse zutreffend wahr. Wenn der Patient nicht einverstanden ist, muss der Therapeut für die Wahrnehmung des Patienten offen sein und entsprechende Modifikationen im Störungsmodell vornehmen. Ein Mangel an Validierung bedeutet, in der Interaktion mit seinen Patienten den entscheidenden Punkt zu verpassen. Der Therapeut arbeitet daran, solchen Pannen vorzubeugen.

Eine angemessene Validierung findet beispielsweise in folgender Interaktion zwischen einer Therapeutin und ihrem 78 Jahre alten, depressiven Patienten statt.

PATIENT: *Ich habe es diese Woche nicht geschafft, zur Post zu gehen. Ich brauche Briefmarken, um den Brief abzuschicken, der Teil meiner Hausaufgabe diese Woche war.*
THERAPEUTIN: *Was hat diese Schwierigkeit hervorgerufen?*
PATIENT: *Ich hatte Schmerzen in meinen Knien und in meiner Hüfte. Ich habe einfach abgewartet, bis es besser wird, um die 500 m bis zur Post zu gehen. Hinzu kommt, dass ich die Treppen zu meiner Wohnung rauf und runter gehen muss. Ich musste keine Lebensmittel einkaufen und so bin ich einfach zuhause geblieben.*
THERAPEUTIN: *Das ist gut nachvollziehbar. Es tut mir leid, dass Sie so viel Schmerzen haben. Es sieht so aus, als wären die körperlichen Schmerzen ein echtes Hindernis, um den Plan umzusetzen, über den wir letzte Woche gesprochen haben.*
PATIENT: *So ist es.*
THERAPEUTIN: *Letzte Woche haben wir darüber gesprochen, wie wichtig es für Sie ist, Kontakt mit ihren Kindern zu haben. Da schien es ein guter Plan zu sein, ihnen regelmäßig Briefe zu schicken. Mir ist klar, dass die Schmerzen in der letzten Woche ein echtes Hindernis für Sie waren. Nun frage ich mich, ob Sie immer noch glauben, dass wir den Plan weiter verfolgen sollten.*
PATIENT: *Auf jeden Fall. Ich weiß nur nicht, ob ich es wirklich schaffen werde.*
THERAPEUTIN: *Genau das ist die große Frage. Vielleicht gibt es eine andere Möglichkeit für Sie, an die Briefmarken zu kommen, die Sie brauchen. Sollten wir darüber heute ein bisschen genauer sprechen?*
PATIENT: *Ich denke schon. Soweit ich weiß, kann man heutzutage Briefmarken auch online bestellen, aber das habe ich noch nie gemacht.*
THERAPEUTIN: *Haben Sie einen Internetzugang?*
PATIENT: *Ja, ich kann es, aber ich benutze den Computer nicht oft.*
THERAPEUTIN: *Gut, also sprechen wir doch darüber, welche Möglichkeiten Sie haben, an Briefmarken zu kommen, ohne dass Sie Treppen steigen oder herumlaufen müssen, wenn Sie Schmerzen haben.*

In dieser Interaktion hat die Therapeutin die Schwierigkeiten des Patienten im Kontext seiner gegenwärtigen Erfahrungen validiert. Dies zeigt, dass die Therapeutin verstanden hat, was ihr der Patient mitgeteilt hat. Sie kommuniziert auch, dass sie die Erfahrungen für nachvollziehbar und valide hält. Gleichzeitig ermutigt die Therapeutin den Patienten, sich weiter mit dem Aktivierungsplan zu befassen, den sie zuvor besprochen haben. Auf diese Weise validiert die Therapeutin die Sichtweise des Patienten und hilft ihm dabei, eine alternative Problemlösung zu finden. Er kann so über Briefe Kontakt zu seinen Kindern herstellen, was er sich sehr wünschte.

Eng abgestimmte Zusammenarbeit

Die Bedeutung enger Zusammenarbeit durchzieht die gesamte Behandlung. Alles, was der Therapeut tut, die Vorstellung des Störungsmodells, die Verhaltensprotokolle und die Entwicklung von Aktivierungsstrategien erfolgen in enger Abstimmung mit dem Patienten. Der Therapeut ermutigt den Patienten, während der Therapiesitzung eine aktive Rolle zu übernehmen. Er teilt die Verantwortung so, dass sie zusammen ein Team bilden. Der Therapeut beginnt beispielsweise jede Sitzung damit, den Beitrag des Patienten zur Tagesordnung aufzunehmen und beendet die Sitzung mit einer gemeinsam erarbeiteten Abmachung zu den Hausaufgaben.

Das Gegenteil der bei BA angestrebten Zusammenarbeit wäre gegeben, wenn der Therapeut die Sitzung dadurch monopolisiert, dass er allein die Tagesordnung festlegt oder sich im anderen Extrem ganz passiv gegenüber dem Patienten verhält. Der Therapeut ist der Experte für die Behandlung durch Aktivierung, während der Patient der Experte für seine eigenen Erlebnisse und Erfahrungen ist. Ein nicht kollaborativer Therapeut lässt eine solche Haltung nicht zu. Therapeuten, die nicht in der Lage sind, eine kollaborative Haltung einzunehmen, werden auch darin scheitern, offen für den Einfluss des Patienten an kritischen Punkten der Sitzung zu sein. Demgegenüber reagieren kollaborative Therapeuten auf das Verhalten des Patienten und passen Tagesordnung und Interventionen auf angemessene Art und Weise an.

Nicht bewertende Haltung

Mit depressiven Patienten zu arbeiten, ist eine große Herausforderung, besonders dann, wenn der Patient das verabredete Verhalten nicht durchführt oder nur wenig Veränderung in seiner Stimmung angibt. Ein Beispiel ist ein Patient, der sich in der sechsten Woche der Behandlung befindet. Er hatte der Vereinbarung zugestimmt, jeden Tag zu duschen. Therapeut und Patienten hatten sich während der vorausgehenden Sitzung sehr bemüht, diesen Plan sorgfältig und spezifisch auszuarbeiten. Sie hatten die Sitzung in dem ermutigenden Gefühl beendet, einen funktionierenden Handlungsplan entwickelt zu haben. In der heutigen Sitzung teilt der Patient dem Therapeuten jedoch mit, dass er eine harte Woche hatte und deshalb seit der letzten Sitzung weder geduscht noch das Haus verlassen hat. In dieser Situation kommt der Therapeut in Versuchung, dem Patienten Vorwürfe zu machen, weil er keine ausreichenden Fortschritte macht. Bei der Anwendung von BA wird in einer solchen Situation vom Therapeuten erwartet, dass er in einer nicht bewertenden und sachlichen Weise reagiert. Er soll weder überreagieren noch das Verhalten des Patienten bagatellisieren. Eine nicht bewertende Haltung verringert die Wahrscheinlichkeit, vom Patienten als feindselig, herabsetzend oder kritisch wahrgenommen zu werden. Stattdessen behält der Therapeut den ursprünglichen Fokus bei. Er versucht, die Hindernisse für Veränderungen zu verstehen und in enger Abstimmung mit dem Patienten effektivere Handlungspläne zu erarbeiten. In Kapitel 8 werden wir ein besonderes Augenmerk darauf richten, wie der Therapeut

Problemlösestrategien nutzen kann, um auf nichtbewertende Art auf Probleme beim Aktivitätsaufbau zu reagieren.

Wärme und Aufrichtigkeit

Bei BA ist es von entscheidender Bedeutung, seinen Patienten warmherzig und aufrichtig zu behandeln. Den meisten Therapeuten fällt es leicht, ein Gefühl von Wärme und aufrichtiger Fürsorge für ihre Patienten zu entwickeln. Aufrichtigkeit bedeutet, dass der Therapeut seine Gefühle auf eine Art kommunizieren kann, die konsistent mit seinem allgemeinen Stil ist. Er kann ganz einfach er selbst sein. Therapeuten, die keine empathische Beziehung zu ihren Patienten herstellen, wirken kalt und gefühllos. Als Beispiel zur Erläuterung dient eine Interaktion mit einem Patienten, der dem Therapeuten von einem schweren Verlust berichtet. Im ersten Beispiel zeigt sich der Therapeut nicht empathisch, im zweiten Beispiel verwendet der Therapeut eine aufgesetzte und künstliche Empathie und im dritten Beispiel ist er warmherzig und aufrichtig.

Beispiel 1

PATIENTIN: *Vor etwa fünf Monaten starb meine allerbeste Freundin bei einem Autounfall auf ihrem Weg zur Arbeit. Ich habe es mitbekommen, da ich ihr Auto in der Nachrichtensendung erkannt habe. Ich war an dem Tag krankgeschrieben und zuhause.*
THERAPEUTIN: *Das war wirklich Zufall, dass Sie das im Fernsehen gesehen haben.*
PATIENTIN: *Mag sein. Ich war völlig fertig. Ich rief meine Freundin auf dem Handy an. Ein Polizist war dran und teilte mir mit, dass ein Unfall passiert sei. Er fragte, wie man ihre Familie kontaktieren könnte.*
THERAPEUTIN: *Oh je.*
PATIENTIN: *Ich muss immer an ihre letzten Minuten denken. Sie muss so viel Angst gehabt haben.*
THERAPEUTIN: *Es sieht so aus, als würden Sie sich mit diesen sich immer wiederholenden Gedanken quälen. Bei BA werden wir versuchen, Alternativen zum Grübeln zu finden, das bei Ihnen nur zu schlechten Gefühlen führt.*

Beispiel 2

PATIENTIN: *Vor etwa fünf Monaten starb meine allerbeste Freundin bei einem Autounfall auf ihrem Weg zur Arbeit. Ich habe es mitbekommen, da ich ihr Auto in der Nachrichtensendung erkannt habe. Ich war an dem Tag krankgeschrieben und zuhause.*
THERAPEUTIN: *Oh je. Ich spüre die Trauer in Ihrer Stimme. Das muss für Sie ganz schlimm gewesen sein.*

PATIENTIN: Das war schlimm und ist es immer noch. Ich muss die ganze Zeit an sie denken. Ich muss immer an ihre letzten Minuten denken.
THERAPEUTIN: Ich kann mir vorstellen, dass es schwer ist, damit fertig zu werden.

Beispiel 3

PATIENTIN: Vor etwa fünf Monaten starb meine allerbeste Freundin bei einem Autounfall auf ihrem Weg zur Arbeit. Ich habe es mitbekommen, da ich ihr Auto in der Nachrichtensendung erkannt habe. Ich war an dem Tag krankgeschrieben und zuhause.
THERAPEUTIN: Es ist schrecklich, wenn eine Freundin so plötzlich stirbt und diese Art, davon zu erfahren, ist besonders schlimm.
PATIENTIN: Ja, es war fast so, als hätte ich es selbst gesehen. Ich habe sie sofort auf ihrem Handy angerufen, aber ein Polizist war dran und hat mir erzählt, was passiert ist.
THERAPEUTIN: Wie sind Sie damit umgegangen?
PATIENTIN: Nun, ich war völlig neben der Spur. Der Polizist fragte mich, wie man mit ihrer Familie Kontakt aufnehmen könnte. Ich konnte mich in dem Moment nicht an den Namen ihrer Mutter erinnern, obwohl ich ihn eigentlich kenne. Ich sagte, dass er vermutlich im Handy gespeichert ist.
THERAPEUTIN: Waren Sie in der Situation allein?
PATIENTIN: Ja, ich war allein. Ich habe nicht daran gedacht, jemanden anzurufen. Die Polizei war mit dem Unfall beschäftigt. Sie hatten noch keine Zeit gehabt, ihr Handy durchzusehen. Anstatt dass ich ihre Mutter angerufen hätte, hat es dann die Polizei gemacht.
THERAPEUTIN: Ich kann mir vorstellen, dass unter so einem Schock extrem schwer ist, schnell an solche Details zu denken.
PATIENTIN: Ich muss ständig an ihre letzten Minuten denken, wie verzweifelt sie gewesen sein muss.
THERAPEUTIN: Ich denke, das ist eine ganz normale Reaktion auf diese Situation.

Diese Beispiele dienen natürlich nur der Illustration. Man kann aber gelegentlich ähnliches Therapeutenverhalten beobachten. Das letzte Beispiel zeigt absichtlich, dass die Patientin mehr Einzelheiten berichtet. Wenn sich der Therapeut warmherzig verhält, ist es wahrscheinlicher, dass der Patient sich öffnet. Es ist einfacher, jemandem zu vertrauen, der aufrichtig besorgt ist, als jemandem, der kalt und distanziert erscheint oder sich gekünstelt anhört. Auch für den besten Therapeuten ist es manchmal eine Herausforderung, dem Patienten ein Gefühl der Wärme zu vermitteln. In diesem Fall schlagen wir vor, zum grundlegenden Behandlungsmodell und zum individuellen Fallkonzept zurückzugehen und sich zu fragen, ob wichtige Teile des Lebenskontext oder der Lebensgeschichte des Patienten fehlen. Es kann auch hilfreich sein, sich auf eine nicht bewertende Haltung und konkrete Problemlösungen zu besinnen. Wenn man einen Patienten für unangenehm, feindselig oder auf andere Weise schwierig hält, sollte sich der Therapeut die Lebensumstände in Erinnerung rufen, die das Verhalten des Patienten geformt haben. Schwierige Patienten haben es selbst im Leben sehr schwer. Sich daran zu erinnern, kann die Empathie des Therapeuten vergrößern. Wenn die Schwierigkeit darin besteht, dass der Patient seine Aufgaben nicht vollständig durchführt oder sich nicht voll für die Therapie engagiert, kann der Therapeut eine Haltung der Neugier einnehmen. Er kann so die Kontingenzen des Verhaltens herausfinden und zu Problemlösungen kommen. Schließlich ist eine durchgehende Unterstützung durch Intervision und Supervison von unschätzbarem Wert. So gelingt es, Warmherzigkeit und Aufrichtigkeit gegenüber den Patienten zu bewahren, selbst wenn der Fortschritt langsam ist.

Berichte oder Beispiele für adaptives Verhalten verstärken

Patienten können in der Sitzung adaptives Verhalten auf sehr unterschiedliche Weise zum Ausdruck bringen. Manche Patienten kommen gut vorbereitet zur Sitzung, um über die Schritte zu berichten, die sie seit der letzten Sitzung unternommen haben. Sie zeigen Aufzeichnungen über erledigte Hausaufgaben, sprechen über soziales Engagement, sportliche Aktivitäten, Arbeit oder die Erledigung häuslicher Aufgaben. Andere Patienten zeigen adaptives Verhalten während der Sitzung selbst. Sie verhalten sich in der Sitzung so, dass der Anstieg an Aktivität und die bessere Verankerung in der Gegenwart sichtbar wird. Beispiel ist ein Patient, der zunächst während der Therapiesitzungen auf den Boden starrte, sich jetzt aber aufrecht hinsetzt und Blickkontakt hält.

Es gibt kein Patentrezept, wie man Berichte oder Beispiele für adaptives Verhalten verstärken kann. Verstärkung ist eine verzwickte Angelegenheit. Wir wissen erst, dass eine Konsequenz oder eine Belohnung wirklich verstärkend wirkt, wenn wir sehen, dass das gewünschte Verhalten danach häufiger auftritt. Deshalb muss sich der Therapeut auf Vermutungen auf der Grundlage klinischer Erfahrung und der Kenntnis des individuellen Patienten verlassen, wenn er herausfinden möchte, was positive Veränderung verstärkt. Für die meisten Patienten sind Lob, ehrliche Begeisterung oder fokussierte Aufmerksamkeit des Therapeuten sinnvolle Verstärker. Beispiele sind das genaue Durchsehen des Aktivitätsprotokolls des Patienten, Äußerungen wie »Oh ja, das ist großartig!« oder warmherzige Zuwendung zum Patienten. Ein Beispiel: Ein Patient, der sich bisher sehr inaktiv verhielt, ging auf den Markt und kaufte dort frische Lebensmittel. Der Therapeut reagierte darauf mit großem Interesse und Neugier. Er sagte: »Das ist ja wirklich eine Veränderung. War es schwer für Sie, zu einem Laden nach draußen zu gehen? Wie haben Sie das geschafft?« Mit einer solchen Reaktion macht der Therapeut deutlich, dass er die Veränderung wahrnimmt. Er zeigt seine Anerkennung für die Anstrengung des Patienten und kommuniziert die Bedeutung des Schrittes durch eine offene Fragestellung.

Der entscheidende Punkt besteht darin, dass der Therapeut durchgehend aufmerksam bleibt für Berichte oder den Ausdruck von adaptivem Verhalten. Er soll durchgängig in einer Art und Weise reagieren, die die Wahrscheinlichkeit erhöht, dass der Patient weiter positive Veränderungen macht. Ein geschickter Therapeut lässt gute Gelegenheiten nicht verstreichen. Jeder Bericht oder Ausdruck von adaptivem Verhalten ist eine Gelegenheit für den Therapeuten, das Verhalten gezielt zu verstärken.

Zusammenfassung

BA ist eine strukturierte handlungsorientierte Therapiemethode. Der Verlauf der Behandlung wird individuell an den Patienten angepasst. Die Struktur der Behandlung und der generelle Ansatz des Therapeuten sind aber konsistente Charakteristika. Tabelle 3.2 liefert eine kurze Synopse des therapeutischen Stils bei BA. Der Therapeut strukturiert die Behandlung, indem er für jede Sitzung in enger Abstimmung mit dem Patienten eine Tagesordnung aufstellt. Er beachtet durchgehend, dass der Aufbau von Aktivität das entscheidende Ziel der Therapie ist. Der Therapeut versucht zu Beginn der Therapie, ein allgemeines Verständnis der Depression des Patienten und der Umstände zu gewinnen, unter denen sie entstanden ist. Dieses Verständnis liefert eine Basis für die Entwicklung von Behandlungszielen und die Entscheidung dazu, welches Verhalten gesteigert und welches abgeschwächt werden soll. Der Therapeut verhält sich bei seiner Arbeit mit dem Patienten validierend und nicht bewertend. Er stellt sicher, dass der Patient die Logik und Anforderungen der Behandlung versteht. Der Therapeut arbeitet daran, Berichte oder aktuelle Beispiele für adaptives Verhalten während der Therapiesitzung zu verstärken. Diese Elemente der Behandlung sind notwendig, um die diagnostischen und therapeutischen Strategien von BA, die wir in den folgenden Kapiteln erörtern werden, wirkungsvoll umzusetzen.

4   Die Bestandteile von antidepressivem Verhalten

> Das Leben besteht darin, ins Ungewisse vorzudringen und dann sein Verhalten in Übereinstimmung mit dem neu erworbenen Wissen zu gestalten.
> Leo Tolstoi (1828–1910)

Alice fühlte sich jeden Tag depressiv. Es fiel ihr schwer, sich an eine Zeit zu erinnern, in der sie sich nicht jeden Tag so niedergeschlagen gefühlt hatte. Sie hatte sich schon immer für ängstlich gehalten. Die Ängstlichkeit war für sie lästig und störend, beunruhigte sie aber nicht so sehr wie die tiefe Depression, in der sie sich befand. Beth, ihre Therapeutin, sagte ihr, dass sie zusammen daran arbeiten würden, das Verhalten und die Situationen, die mit ihrer Depression verbunden waren, besser zu verstehen. Auch ihre Angst und die Schwierigkeiten in ihren Beziehungen zu anderen Menschen seien ein wichtiges Thema. Dies erschien Alice seltsam. Sie dachte: »Ich fühle mich ständig schrecklich – was soll das also, spezifische Verhaltensweisen und Situationen zu identifizieren? Es gibt einfach keine Momente, in denen ich nicht depressiv bin oder Sorgen habe.« Beth sagte, dass es möglicherweise Fluktuationen in der Stimmungslage gibt. Wenn sie ihre Aufmerksamkeit gezielt auf ihre täglichen Erlebnisse und Erfahrungen lenkt, könnte sie diese möglicherweise identifizieren. Sie fingen damit an, detailliert über den vorausgegangenen Morgen zu sprechen, bevor Alice zur Therapie gekommen war. Beth fragte nach Alice Stimmung und nach Emotionen, die mit verschiedenen Verhaltensweisen verbunden waren.

Alice berichtete, dass sie zum Lebensmittelladen gegangen war und sich dabei ihre Stimmung ein wenig verbessert hatte, jedenfalls wenn sie jetzt darüber nachdachte. Es war so kurz, dass sie dachte: »Das hat nichts zu bedeuten!« Ein paar Augenblicke später auf dem Heimweg fühlte sie sich schon wieder traurig und als sie in ihrer Wohnung ankam, war es als ob ihre ganze Energie aus ihr entwichen wäre.

Als Beth das hörte, fragte sie Alice, ob sie sich in ihrer Wohnung oft schlechter fühle. Sie fragte, ob die Wohnung mit all den schmerzhaften Dingen assoziiert ist, die vor kurzem passiert waren. Als sie sich weiter unterhielten, wies Beth Alice auf die Arten der Aktivitäten hin, die sie in ihrer Wohnung durchführte: auf dem Bett liegen, dabei in den Schlaf dämmern und wieder wach werden oder Zeitschriften lesen, die sie als »Zeitverschwendung« bezeichnete. Alice bestätigte, dass sie sich in ihrer Wohnung einsam fühlte und ihr nichts Sinnvolles einfiel, was sie in ihrer Wohnung machen könnte.

Sie berichtete eine häufige Situation, die schmerzlich war. Sie stellte sie in Beziehung zur Distanzierung ihrer Freunde. Alice hatte Angst vor dem Klingeln des Telefons entwickelt. Ihr Anrufbeantworter sagte immer die Nummer des Anrufers oder seinen Namen an. Alice war so isoliert, dass sie sofort in einen Zustand der

Anspannung kam, wenn das Telefon klingelte. Sie befürchtete, dass einer ihrer Freunde anruft, um sich einfach zu melden oder zu fragen, ob sie sich treffen können. Über Werbeanruf ärgerte sie sich etwas, fühlte sich aber auch erleichtert. Aber wenn ein Freund anrief, hörte sie der Ansage nur einen Augenblick zu und drehte dann die Lautstärke herunter. Wenn sie den Namen nicht verstehen konnte, war sie erleichtert. Sie war dann erst vollständig erleichtert war, wenn alle Nachrichten gelöscht waren. Sie schenkte dem, was gesagt wurde, kaum Beachtung. Sie dachte: »Ich werde zurückrufen, wenn es mir wieder besser geht.« Dann nickte sie ein und wenn sie wieder aufwachte, fühlte sie sich noch einsamer und alleine.

Einführung

BA ist eine sehr ideographische Behandlungsmethode. Die Interventionen werden auf jede einzelne Person maßgeschneidert. Der Behandlungsablauf bei Alice sieht womöglich ganz anders aus als bei einem anderen Patienten, der ebenfalls wegen einer Depression zur Behandlung kommt. Wenn BA eine so flexible Behandlung ist, woher weiß der Therapeut dann, was er genau machen soll? Wie geht der Therapeut vor, wenn er zu Beginn der Therapie überlegt, worauf er den Fokus der Intervention legen soll? Wie soll er den Veränderungsprozess gestalten, um Alice dabei zu unterstützen, ihre Depression zu überwinden und sich langfristig besser zu fühlen? Das Fundament der BA ist die Verhaltensdiagnostik. Hierdurch identifiziert der Therapeut die Elemente, die es ihm ermöglichen, die Behandlung zu individualisieren. Er arbeitet heraus, was die Probleme, die den Patienten belasten, aufrechterhält und was möglicherweise zu einer Verbesserung führt. Er identifiziert, welche Behandlungsziele mit Wahrscheinlichkeit dem Patienten dabei helfen, seine Depression zu lindern und sich in Richtung bedeutsamer Lebensziele zu bewegen. Dieses Kapitel erklärt, wie dies angegangen werden kann. Als erstes beschreiben wir, wie das Verständnis der individuellen Ziele des Patienten die Verhaltensdiagnostik anleitet. Als Zweites beschreiben wir, wie dieser Prozess bei BA umgesetzt wird. Wie in vielen verhaltensbezogenen Therapien erfolgt Verhaltensdiagnostik kontinuierlich und begleitet den Therapeuten durch den gesamten Verlauf der Therapie.

Identifikation von Zielen

Die Verhaltensdiagnostik beginnt mit der Exploration der Ziele des Patienten. BA ist eine handlungsorientierte Kurzzeittherapie. Dies macht es erforderlich, Behandlungsziele frühzeitig zu identifizieren. BA will den Patienten dabei unterstützen, in Kontakt mit den Quellen von Belohnung in seinem Leben zu kommen und Lebensprobleme zu lösen. Die spezifischen Ziele sind deshalb in höchstem Maße individuell.

Die Identifikation der Ziele erfordert eine enge Zusammenarbeit zwischen Patient und Therapeut. Aktivierung ist das Markenzeichen von BA. Der Therapeut kann aber nicht einfach dem Patienten sagen, er soll aktiv werden. Tatsächlich haben Menschen mit Depression diesen Rat schon tausend Mal gehört. Sie haben sich selbst gesagt: »Mach es doch einfach!« Wir müssen aber von Folgendem ausgehen: Wenn sich der Patient einfach aktivieren könnte, dann hätte er das ohne professionelle Hilfe selbst getan, ohne sich diesen Aufwand zu machen. Es ist also wichtig, die Behandlung mit der Frage zu beginnen: »Was will der Patient?«

Viele Patienten wollen sich erst einmal besser fühlen. Das ist ein nachvollziehbarer Wunsch für jemanden, der depressiv ist, aber es ist nicht leicht zu erreichen. In dem verhaltensbezogenen Modell sind Aktivierung und das Engagement in Aktivitäten entscheidend. Von diesen Faktoren wird erwartet, dass sie eine positive Auswirkung auf die Stimmung haben. Deshalb ist es wichtig, möglichst schnell von erwünschten Gefühlen zu erwünschtem Verhalten und persönlichen Zielen zu kommen. Menschen können viele kurzfristige Handlungsschritte unternehmen, wenn sie ein langfristiges Ziel verfolgen. Engagement für kurzfristige Ziele kann durchaus dazu führen, dass der Patient ein Gefühl von Freude oder das Gefühl entwickelt, etwas geleistet zu haben. Unabhängig davon, wie sich der Patient fühlt, verbessert es seine Lebenssituation, wenn er Schritte in Richtung erwünschter Ziele unternimmt.

Das Wissen um die Werte des Patienten kann dabei helfen, angemessene Ziele zu identifizieren. Ein Fokus auf die Werte des Patienten hilft auch, wenn Blockaden durch Zielkonflikte auftreten. Hayes und Mitarbeiter (1999) unterscheiden Werte von Zielen. Sie definieren Werte als erwünschte Konsequenzen, die einem eine Richtung geben, aber anders als Ziele nicht intentional erreicht werden können. Menschen können sich in Übereinstimmung mit ihren Werten verhalten und dabei Ziele verfolgen, die auf dem Weg erreichbar sind. Ein Wert kann das Verhalten eines Menschen in Richtung verschiedener Ziele lenken. Ein Fokus auf Werte ist ein primäres Element verschiedener verhaltenstherapeutischer Methoden, wie z. B. der Akzeptanz- und Commitment-Therapie (ACT; Hayes et al. 1999). Wir empfehlen Therapeuten, sich mit dem Thema Werte bei ACT zu befassen, da dies leicht in BA integriert werden kann. Dahl et al. (2009) haben die Bedeutung der Arbeit an Werten in der Therapie herausgestellt und schlagen verschiedene Techniken vor, wie dies auf der Grundlage von ACT umgesetzt werden kann. Durch die Exploration von Werten und Zielen kann der Therapeut ein Verständnis davon entwickeln, welche Art von Leben ein Patient führen möchte. Dies hilft dabei, individuelle Ziele für einen bestimmten Patienten zu entwickeln.

Ein Beispiel ist ein Mann, dessen Wert es ist, ein guter Freund zu sein. Er wurde von seinem besten Freund gefragt, ob er ihm am Wochenende helfen kann. Die Bitte ist, ein schweres Möbelstück zu verrücken, damit für Gäste Platz geschaffen wird. Er ist der einzige Freund, der verfügbar ist. Am Samstag wacht der Mann auf. Er fühlt sich sehr depressiv und lethargisch. Er möchte am liebsten zuhause bleiben und sich die Decke über den Kopf ziehen. Nun hat er einen Zielkonflikt: seinem Freund, der dies dringend braucht, zu helfen oder dem stimmungsgetriebenen

Druck nachzugeben und sich zur Erleichterung einen Tag lang von der Welt zurückzuziehen. Wenn er sich in Übereinstimmung mit seinen Werten verhält, hilft er wahrscheinlich dem Freund. Am Ende des Tages wird er sich möglicherweise ein wenig besser fühlen. Er wird sich weniger wahrscheinlich weiter zurückziehen und weniger depressiv sein. Bei der Anwendung von BA ist es hilfreich, Werte und Ziele in den Bereichen Familie, zwischenmenschliche Beziehungen, Arbeit und Freizeit zu erheben. Derek Hopko, Carl Lejuez und ihre Kollegen haben eine Reihe kreativer Methoden entwickelt, mit denen die Werte und Ziele eines Patienten erhoben werden können. In ihrem Buch über die Behandlung von Depressionen bei Patienten mit Tumorerkrankungen stellen Hopko und Lejuez (2007) einen Leitfaden für Patienten vor, mit dem sie Ziele und Werte in verschiedenen Bereichen erheben können.

Grundlagen der Verhaltensdiagnostik

Das dritte Prinzip der BA führt zum »Wie« der Verhaltensdiagnostik bei BA. Dieses Prinzip beinhaltet die Untersuchung von Hinweisen und das Herausarbeiten dessen, was antidepressiv wirken könnte. Hierzu wird untersucht, was wichtigen Verhaltensweisen vorausgeht und was auf sie folgt. Normalerweise sind sich Menschen nicht bewusst, welche Zusammenhänge zwischen verschiedenen Situationen, Aktivitäten und Gefühlen bestehen. Während einer Depression kann es noch schwieriger sein, solche Beziehungen zu erkennen. Die Verhaltensdiagnostik liefert dem Patienten und dem Therapeuten Daten zu diesen wichtigen Zusammenhängen. Die Aufdeckung dieser Zusammenhänge hilft bei der Identifikation von Verhaltenszielen für die Behandlung und trägt zum Therapieerfolg bei.

Wie geht der Therapeut vor? Als Erstes stellt der Therapeut Fragen, um die *wichtigsten Probleme zu definieren und zu beschreiben*, die der Patient erlebt. Als Zweites *erhebt* der Therapeut die *Stimuli und Konsequenzen* des Verhaltens des Patienten. Drittens: Sobald der Therapeut ein Verständnis der Stimuli und der Konsequenzen des Verhaltens des Patienten in spezifischen Situationen entwickelt hat, erhebt er *Verhaltensmuster,* die sich über die Zeit und verschiedene Settings wiederholen. Ein Verständnis dieser Muster hilft dem Therapeuten dabei, zu erkennen, was verändert werden muss, um die Depression zu lindern.

Um die Verhaltensdiagnostik erfolgreich durchführen zu können, ist es für den Therapeuten nützlich, das ABC-Schema zu verstehen. Jedes Verhalten steht in einem Kontext. Verhalten tritt in *spezifischen* Situationen auf. Wir bezeichnen diese als vorausgehende (antezedente) Bedingungen – das A. B steht für das Verhalten (behavior), das wir zu verstehen versuchen. Oft ist es das B, das Menschen in die Therapie bringt: Auseinandersetzungen mit dem Partner, Fehltage am Arbeitsplatz, erfolglose Suche nach einem Job und vieles mehr. Wir gehen gleich genauer darauf ein, wie man das B definieren und beschreiben kann. Schließlich hat jedes Verhalten Wirkungen, das sind die Konsequenzen (consequences), das C (▶ **Abb. 4.1**).

Das Definieren und Beschreiben von Verhalten

Wir beginnen damit, etwas über B zu sagen. Es ist wichtig, das primäre Problemverhalten klar zu beschreiben. Bei der Durchführung der Verhaltensdiagnostik mit dem Patienten muss der Therapeut häufig viele Fragen stellen, um das Verhalten konkret zu verstehen. Es ist hilfreich, das Problem als Verhalten zu betrachten, dessen Auftreten erhöht oder vermindert werden soll.

Verhalten, dessen Häufigkeit erhöht werden soll, ist solches, das den Patienten in Kontakt mit positiver Verstärkung in der Umwelt bringt, das zu Problemlösung führt oder insgesamt die Lebensqualität verbessert. Dieses Verhalten muss häufiger werden, weil es entweder durch das Erleben von Kompetenz, angenehmer Emotionen oder durch das Lösen von Problemen Belohnung in das Leben bringt. Dieses Verhalten kann durch Aktivitätsplanung in seiner Häufigkeit gesteigert werden. Wir werden dieses Thema in Kapitel 5 näher erörtern. Ein weiteres Verhalten, das gesteigert werden muss, ist das aktive Herangehen an Probleme und die Verwendung von Problemlösestrategien. Oft kommen depressive Patienten mit einem Haufen von Problemen, die sie mit einem Gefühl von Überwältigung und Lähmung zurücklassen. Ähnlich wie ein Trainer hilft der Therapeut dem Patienten, Aufgaben in kleinere Schritte aufzuteilen, Prioritäten zu setzen, die notwendigen Fertigkeiten zu erlernen und sich selbst zu verpflichten, das Problem in Angriff zu nehmen.

Verhalten, das vermindert werden muss, ist solches, das das Leben des Patienten noch schwieriger macht oder mit der Erfüllung eigener Bedürfnisse interferiert; dabei handelt es sich typischerweise um Vermeidungsverhalten. Zu diesem Verhalten gehören Grübeln, Verhalten, das zwar stimmungskongruent ist, aber nicht zu den eigenen Zielen passt, oder Alkoholkonsum. Dieses Verhalten wird durch negative Verstärkung aufrechterhalten, weil es kurzfristig eine Erleichterung von den aversiven Umständen bringt. Langfristig ist diese Verhalten aber ungünstig.

Der Therapeut definiert zunächst das Problemverhalten und beschreibt es genau. Dann setzt er das dritte Prinzip um, nämlich die Identifikation von vorausgehenden Bedingungen (A) und der Konsequenzen (C) des Verhaltens. Der Therapeut baut ein Verständnis der spezifischen Bedingungen des Verhaltens und seiner über die Settings und die Zeit konstanten Verhaltensmuster auf.

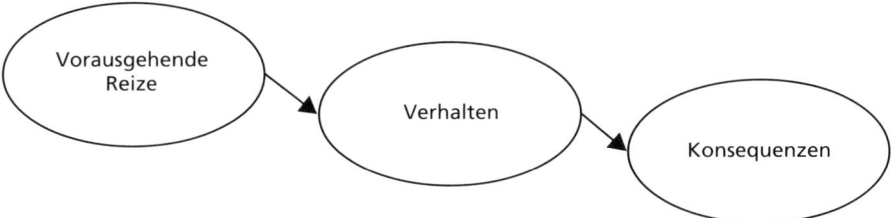

Abb. 4.1: Funktionale Analyse. Bei bestimmten vorausgehenden Bedingungen (A – antecedents) tritt ein Verhalten auf (B – behavior). Die Konsequenzen (C – consequences) bestimmen, ob das Verhalten häufiger auftritt (z. B. wenn es verstärkt wird) oder weniger häufig auftritt (z. B. wenn es bestraft wird).

Vorausgehende Bedingungen und Verhalten

Die Beziehungen zwischen vorausgehenden Bedingungen (A) und Verhalten (B) sind bei BA von großer Bedeutung. Bestimmte vorausgehende Bedingungen vergrößern die Wahrscheinlichkeit, dass ein Verhalten auftritt. Wir haben durch klassische Konditionierung gelernt, unter spezifischen Umständen in bestimmter Weise zu fühlen und zu denken (Pawlow 1927; Watson & Raynor 1920; Wolpe 1958). Klassische Konditionierung bezieht sich auf die Art und Weise, wie sich das Zusammentreffen von Ereignissen auf das Verhalten des Menschen auswirkt. Einige Ereignisse in unserer Umgebung rufen ohne spezielle Konditionierung oder Training bestimmte Reaktionen hervor. So verfügen wir z. B. über eine Schreckreaktion, wenn wir ein lautes Geräusch hören. Andere Situationen sind weitgehend neutral, können aber mit intensiven Emotionen gekoppelt werden. Beispielsweise ist Spazierengehen über eine Wiese für die meisten Menschen ein neutrales Ereignis. Wenn jemand jedoch einen langen Spaziergang über eine Wiese macht, die zufällig neben einem militärischen Übungsgelände liegt, auf der Explosionen stattfinden, kann es sein, dass diese Person ein Angstgefühl entwickelt, wenn sie sich einer Wiese nähert. Dieses Angstgefühl spiegelt die Koppelung zwischen dem unkonditionierten Stimulus (lautes Geräusch), das eine Schreckreaktion auslöst, mit dem neutralen Stimulus der Wiese wider. Diese Koppelung kann dazu führen, dass die Wiese die angstauslösenden Eigenschaften annimmt, die laute Geräusche haben.

Die Art der Beziehung zwischen A und B ist oft bedeutsam, um das depressive Erleben der Patienten zu verstehen. Jack liefert ein gutes Beispiel für das Phänomen. Er wuchs in einer Arbeiterfamilie auf, besuchte dann aber ein Elitegymnasium. Er stellte fest, dass es seine gut angezogenen Klassenkameraden leichter hatten, die Schule und zwischenmenschliche Beziehungen zu bewältigen. Sie zogen ihn auch immer wieder damit auf, dass er mit manchen Gegebenheiten nicht vertraut war. Er kannte beispielsweise die Namen bekannter Sportler nicht. Die Familie von Jack war niemals verreist. Er fühlte sich beschämt und ausgeschlossen, wenn seine Altersgenossen darüber sprachen, wie sie den Sommer im Ausland verbracht hatten. So wurde der Anblick von gut gekleideten Gleichaltrigen für ihn der auslösende Stimulus für negative Gedanken über sein Versagen und seine Unzulänglichkeit. Diese konditionierte Reaktion blieb im Erwachsenenalter erhalten und trat zu Tage, als er eine Managementposition in seiner Firma antrat. Als er anfing, an Besprechungen mit dem Vorstand teilzunehmen, löste die bloße Anwesenheit der kultivierten Kollegen bei ihm Angst und negative Gedanken aus. Er hatte Probleme, sich in solchen Meetings zu äußern, obwohl er bedeutsame Beiträge hätte einbringen können. Mehr als einmal saß er da und überlegte still bei sich eine Problemlösung, während einer seiner Kollegen genau diesen Gedanken vortrug. Sein Unbehagen gegenüber Menschen aus der Oberschicht wurde in seinen frühen Schuljahren klassisch konditioniert und hatte weiterhin Einfluss auf sein Verhalten. Mit der Zeit vermied Jack die Teilnahme an den Besprechungen, seine Arbeitsleistung litt, ein Kreislauf von Rückzug und Depression entstand.

Emotionen, Gedanken und Verhalten treten unter bestimmten Bedingungen in einer bestimmten Umgebung auf. Oft sind die Emotionen, die wir empfinden, durch einen Prozess des Erlebens von Missbehagen oder Freude unter ähnlichen Bedingungen konditioniert worden (klassische Konditionierung). Dann wird das Verhalten durch Konsequenzen aufrechterhalten. Melanies drei Monate altes Kind war vor zwei Jahres plötzlich gestorben. Sie erlebte immer lähmende Trauer, wenn sie von einer Freundin gebeten wurde, ihr Neugeborenes auf den Arm zu nehmen. Bei Melanie erhöhte der Stimulus, nah bei einem Kind zu sein, die Wahrscheinlichkeit, Schmerz zu empfinden. Wie bei Jack und Melanie sind bei vielen unserer Patienten Umstände gegeben, die mit schmerzlichen Erlebnissen aus ihrem Leben verbunden sind. Oft sind den Patienten diese Kontextfaktoren und ihre tiefgreifende Wirkung auf ihre Emotionen nicht bewusst. Eine der Aufgaben des Therapeuten besteht darin, die Beziehungen zwischen vorausgehenden Bedingungen und bedeutsamem Verhalten aufzuklären.

Verhalten und Konsequenzen

Die Beziehung zwischen Verhalten (B) und Konsequenzen (C) wird bei BA deutlich hervorgehoben. Wenn einem Verhalten eine Konsequenz folgt, die die Häufigkeit seines Auftretens vergrößert, sprechen wir von positiver Verstärkung. Wenn ein Verhalten dazu führt, dass man etwas Wünschenswertes erreicht, dann wurde dieses Verhalten positiv verstärkt. Ein Beispiel ist, dass sich jemand bei seinen Nachbarn vorstellt. Wenn die Nachbarn sagen, dass sie erfreut sind, ihn kennengelernt zu haben und man sich anschließend von Zeit zu Zeit unterhält, dann wissen wir, dass die Begrüßung der Nachbarn positiv verstärkt wurde.

Wir lernen auch dadurch, dass wir vermeiden, was wir nicht haben möchten. Wenn ein Verhalten etwas für unseren Organismus Schädliches reduziert, werden wir dieses Verhalten wahrscheinlich unter ähnlichen Umständen wieder zeigen. Wir sprechen dann davon, dass das Verhalten negativ verstärkt wurde. In unserem Beispiel reagierte Jack auf sein Unbehagen damit, dass er lange im Bett blieb und Besprechungen soweit wie möglich vermied. Dadurch verringerten sich seine Gefühle von Unbehagen. Das Verhalten »im Bett bleiben und verspätet zu Besprechungen gehen« wurde negativ verstärkt. Unglücklicherweise wurde dadurch auch die konditionierte Reaktion des Unbehagens mit seinen Kollegen aufrechterhalten, anstatt sie durch ein anderes Verhalten zu ersetzen. Entgegengesetztes Handeln, bei dem Jack seine Ideen vorträgt, hätte ihm die Gelegenheit verschafft, ein Gefühl der Leistung und des Könnens zu erleben.

Verhalten kann auch bestraft werden. Wenn die Konsequenzen eines Verhaltens die Wahrscheinlichkeit verringern, dass es unter ähnlichen Umständen wieder auftritt, sprechen wir von Bestrafung. Dabei kann es sein, dass etwas Negatives geschieht oder etwas Gutes weggenommen wird. Ein Beispiel ist das Verhalten von Jack während einer Besprechung. Jack äußert dort eigene Ideen. Wenn ein älterer Kollege dann in einem spöttischen Ton antwortet, würde Jacks selbstbewusstes Verhalten bestraft. Es würde mit geringerer Wahrscheinlichkeit in der Zukunft auftreten. Ganz ähnlich würde sich seine aktive Beteiligung an Besprechungen wahrscheinlich verringern, wenn sein Aufgabenbereich kurze Zeit später an jemand anderen übertragen würde.

Die Funktion eines Verhaltens bezieht sich auf die spezifischen Konsequenzen, Belohnung oder Bestrafung, die dem Verhalten folgen. Bei BA interessieren wir uns sehr für die Funktion des Verhaltens. Wir sind in der Tat mehr an der Funktion eines Verhaltens interessiert als an seiner Form oder Erscheinungsbild. Ein Beispiel stammt aus Amy Sutherlands (2008) populärwissenschaftlichem Buch über Behaviorismus und positive Trainingstechniken. Menschen drücken durch eine Umarmung Zuneigung aus. Für viele Tiere bedeutet eng festgehalten zu werden jedoch, gleich gefressen zu werden. Somit besteht die Funktion einer Umarmung für ein Tier darin, dass Todesangst ausgelöst wird – wohingegen Form und Erscheinungsbild für einen Menschen den Aufbau einer emotionalen Beziehung nahe legt.

Unser Patient Darren ist ein gutes Beispiel dafür, dass die Funktion eines Verhaltens wichtiger ist als seine Form. Er war schon zwei Jahre lang depressiv, bevor er erstmals zur Therapie kam. Seine Schwester Amy war durch einen Unfall gestorben, als er 15 Jahre alt war. Darren hatte mit seiner damals 11-jährigen Schwester mit dem Fahrrad eine Kreuzung überquert. Er fuhr voran, sie hinterher. Als sie in der Mitte der Kreuzung waren, wendete ein Auto plötzlich und überfuhr sie. Sie starb fünf Tage später im Krankenhaus. In der Folge dieses Ereignisses litt Darrens Mutter an einer Depression. Dies erstreckte sich über seine verbleibenden Jahre auf dem Gymnasium. Es gab keine weiteren Kinder in der Familie. Darrens Vater war ein vielbeschäftigter Unternehmer, der nach Amys Tod bis spät in die Nacht arbeitete und nur selten Zeit mit Darren verbrachte. Die Familie war sehr wohlhabend. Darren konnte eine angesehene Universität besuchen und machte seinen Abschluss mit Auszeichnung. Danach begann er eine erfolgreiche Karriere im höheren Management. Mit 38 war er beruflich erfolgreich, hatte eine glückliche Ehe und eine Tochter.

Darrens Depression begann unmittelbar nach dem Tod seines Onkels durch Herzversagen. Darren hatte eine enge Beziehung zu seinem Onkel und hatte viele Sommer auf seinem Bauernhof verbracht, bevor er zur Universität ging. Darrens Tochter war acht Jahre alt, als seine Depression begann. Sie war 10, als er erstmals zur Therapie kam. Trotz seiner Depression verbrachte er viel Zeit damit, mit seiner Tochter zu spielen. Sie mochten besonders Aktivitäten im Freien wie Wandern, Softballspielen oder Schwimmen. Darren und seine Frau machten mit ihrer Tochter Radtouren auf lokalen Wegen. Sie machten die Touren immer als Familie. Es war ihnen wichtig, jedes Wochenende zu fahren, wenn das Wetter es erlaubte. Für einen außenstehenden Beobachter sieht dies nach einem produktiven, familienorientierten Verhalten aus, das dabei helfen kann, Stimmung und Wohlbefinden zu verbessern. Das Verhalten ist auf den ersten Blick gut für die Tochter und das Familienleben. Auf der anderen Seite erlaubte Darren seiner Tochter nicht, zu irgendeiner anderen Zeit mit dem Fahrrad zu fahren. Er und seine Frau stritten häufig darüber, wie viel Unabhängigkeit und Eigenständigkeit sie ihrer Tochter zugestehen sollten. Es war ihr verboten, auf öffentlichen Straßen zu fahren. Sie durfte auch nicht mit den Familien ihrer Freundinnen mitfahren. Die Touren am Wochenende entwickelten sich zu einer sklavisch eingehaltenen Routine, die es

Darren ermöglichte, Angst bezüglich der Eigenständigkeit seiner Tochter zu vermeiden. Er vermied so auch die Trauer über seine Schwester, die er immer dann erlebte, wenn er sich vorstellte, dass seine Tochter auf den Straßen der Stadt mit dem Fahrrad unterwegs sein könnte. Die Form des Verhaltens von Darren sah nach »gutem aktiven Vater« aus. Tatsächlich hatte das Fahrradfahren die Funktion, seine Ängste vor einem Unfall seiner Tochter abzuschwächen. Es diente auch dazu, die Schuldgefühle zu verringern, die er wegen des Todes seiner Schwester und der darauf folgenden Depression seiner Mutter empfand. Somit hatte das Verhalten die Funktion einer subtilen Vermeidung negativer Emotionen, die durch die Ähnlichkeiten der gegenwärtigen Situation mit den Umständen des Unfalls seiner Schwester viele Jahre zuvor ausgelöst wurden.

Bei BA achten wir darauf, auf welche Weise ein Verhalten im gegebenen Kontext Sinn ergibt. Wir betrachten die Situation, die das Verhalten auslöst und die Art und Weise, wie es verstärkt wird. Mit anderen Worten: Der bedeutendsten Aspekte zum Verständnis eines Verhaltens sind die Situationen, in denen es auftritt und die Funktionen, denen es dient. Mit diesen Grundlagen im Hinterkopf wenden wir uns nun der Frage zu, wie ein Therapeut tatsächlich bei der Verhaltensdiagnostik vorgeht.

Durchführung der Verhaltensdiagnostik: Das Aktivitätsprotokoll

Das Aktivitätsprotokoll ist das entscheidende Werkzeug bei der Durchführung der Verhaltensdiagnostik bei der Anwendung von BA. Wir führen das Aktivitätsprotokoll ein, indem wir den Patienten mit dem Sinn und Zweck des Vorgehens vertraut machen. Wir erklären, dass das Protokoll uns eine sehr gute Möglichkeit bietet, uns eine Vorstellung von dem tatsächlichen Leben des Patienten außerhalb der Therapiesitzung zu machen. Wir ermutigen die Patienten, ihre täglichen Aktivitäten so zeitnah wie möglich zu protokollieren, anstatt ihrem Gedächtnis zu vertrauen. Wir schlagen ihnen vor, eine wissenschaftliche Haltung einzunehmen und ihr eigenes Leben im Detail zu untersuchen. Sie sollen dabei auch ganz kleine Dinge genau notieren, von denen sie sonst gedacht hätten, sie seien nicht so wichtig.

Es gibt Standardformulare, die üblicherweise in der kognitiven Verhaltenstherapie eingesetzt werden, die wir auch verwenden. Gleichzeitig gestehen wir den Patienten aber auch erhebliche Flexibilität in der Art der Selbstbeobachtung zu. Im Grunde können Patienten jede für sich nützliche Technik verwenden. Einige Patienten protokollieren ihre Aktivität mit elektronischen Hilfsmitteln, andere schreiben Listen auf selbsthaftende Zettel oder Kalender. Die genaue Art des Protokolls ist weniger wichtig als die gesammelten Daten selbst. Unser Kollege Steve Hollon hat es einmal so ausgedrückt: »Wir würden auch Informationen akzeptieren, die auf einer Papierserviette notiert wurden«, wenn es dem Patienten hilft, seine Aktivität und Stimmung zu protokollieren. Die Standardformulare haben üblicherweise wenig Raum zum Schreiben (s. Anhang 1e–1f). Der Patient soll nur ein paar Wörter als Erinnerung an die Aktivität notieren, statt extensive Notizen über einzelne Aktivitäten zu machen.

Das Protokollieren der Aktivitäten beinhaltet grundsätzlich, dass der Patient alle Aktivitäten aufschreibt, die er an jedem Tag der Woche bis zur nächsten Sitzung unternommen hat. Der Patient kann sein Verhalten auf verschiedene Weise protokollieren.

1. *Notizen im Stundentakt.* Diese Technik liefert die meisten Informationen und ist wahrscheinlich besonders genau. Der Patient schreibt zu jeder Stunde seine Aktivität und die damit verbundene Stimmung auf. Der Patient vervollständigt sein Beobachtungsprotokoll stündlich und verfolgt so alle wachen Stunden des Tages. Dieses Niveau an Detail kann für einige Patienten schwer umsetzbar sein. Obwohl dieses Vorgehen dem Therapeuten die meisten Informationen liefert, ist es oft nicht durchführbar. Unsere Erfahrung ist, dass es nur selten erfolgreich umgesetzt wird, außer bei Patienten, die sehr auf Einzelheiten achten. Wir ermutigen die Patienten, ihre Aktivitäten so zeitnah wie möglich zu protokollieren. Gleichzeitig haben wir Verständnis, dass nur wenige Patienten ihren Bogen mit sich tragen und zu jeder einzelnen Stunde des Tages ihre Aktivitäten notieren. Manche Patienten entscheiden sich auch dafür, ihre Aktivitäten in diesem Detail nur an einzelnen Tagen bis zur nächsten Sitzung zu protokollieren.
2. *Notizen zu Zeitblöcken während des Tages.* Diese einfachere Methode beinhaltet Notizen zu Zeitblöcken. Auch wenn der Patient seine Aktivität immer noch für jede Stunde des Tages protokolliert, geschieht das Protokollieren periodisch im Tagesverlauf und der Patient ruft sich die letzten drei bis vier Stunden in Erinnerung und notiert, was er oder sie während dieser Zeitspanne getan und gefühlt hat. So kann ein Patient beispielsweise seine morgendlichen Aktivitäten zur Mittagszeit, die nachmittäglichen zur Abendbrotzeit und die abendlichen vor dem Zubettgehen notieren. Auch wenn diese Methode in der Anwendung einfacher ist und berücksichtigt, wie die meisten Patienten ihr Protokoll führen, ist sie möglicherweise weniger verlässlich, weil sie dem Gedächtnis mehr abfordert. Ausgeprägt depressive Patienten haben möglicherweise Schwierigkeiten, sich an subtile Veränderungen der Stimmung zu erinnern, die in einer früheren Stunde vorgekommen sind, und liefern deshalb keinen detaillierten Bericht. Dennoch kann diese Methode dem Therapeuten und dem Patienten wichtige Informationen liefern, die den Therapieprozess steuern können.
3. *Stichproben.* Eine andere Möglichkeit Informationen zu sammeln, besteht darin, den Patienten zu bitten, Stichproben zu bestimmten Zeitpunkten zu erheben, also ihr Verhalten punktuell zu überprüfen. Beim Festlegen der Aufgaben zur Selbstbeobachtung werden spezifische Stunden festgelegt, zu denen der Patient sein vorausgehendes Verhalten protokollieren soll. So kann beispielsweise ein Patient seine Aktivität und seine Stimmung am Montag zwischen 13 und 15 Uhr, am Donnerstag zwischen 8 und 10 Uhr, am Freitag zwischen 18 und 20 Uhr und am Sonntag zwischen 12 und 14 Uhr protokollieren. Dabei ist es wichtig, dass die durch das Protokoll erfassten Zeiträume variieren und Zeiträume mitten am Tag, am Abend und auch am Wochenende umfassen. Diese Vorgehensweise liefert eine

besonders gute Stichprobe verschiedenartiger Aktivitäten und Stimmungen. Sie vermittelt dem Therapeuten und dem Patienten ein genaueres Bild verschiedener Zusammenhänge, die die Stimmungslage des Patienten beeinflussen können. Die Zeiten, zu denen der Patient das Selbstbeobachtungsprotokoll führen soll, wird entweder direkt auf dem Aktivitätsprotokoll aufgeschrieben – vielleicht mit einem Textmarker farbig markiert – oder in einem elektronischen Zeitplaner notiert, wenn so etwas zur Verfügung steht.

Gegenstände des Aktivitätsprotokolls

Es gibt verschiedene Elemente, die auf dem Aktivitätsprotokoll notiert werden sollen: die Aktivität, die Stimmung oder die Emotion zur Zeit der Aktivität und die Intensität der Emotion. Daneben können die Patienten notieren, ob sie Freude an der Aktivität hatten oder das Gefühl, etwas geleistet zu haben. Jede dieser Komponenten wird im Folgenden detailliert erörtert.

Protokollieren von Aktivitäten

Es ist wichtig, den Patienten dabei zu unterstützen, ein Gleichgewicht zwischen zu wenig und zu viel zu finden. Der Patient sollte nicht jede Stunde so viele Details protokollieren, dass die Information unübersichtlich wird, aber dennoch so viel, dass der Therapeut weiß, was geschehen ist. Oft ist es so, dass Patienten anfangs globale Eintragungen machen, die große Zeitblöcke umfassen. Ein Patient notiert z. B. »bei der Arbeit« für acht Stunden als Emotion »Langeweile« mit einer Intensität von »8« für die ganze Zeit. Das Problem bei solchen Eintragung besteht darin, dass wichtige Information verloren geht, die aus der Variabilität der Emotion entsteht. Wenn jemand einen »schlechten Tag« bei der Arbeit hat, bedeutet das normalerweise nicht, dass jede Minute des gesamten Zeitraums schlecht war. Die Aktivität »Arbeit« ist tatsächlich eine Kombination vieler spezifischer Aktivitäten und oft ist es wichtig, diese zu protokollieren. Vielleicht war ein Gespräch mit einem Kollegen im Büro erfreulich. Möglicherweise war das Lesen endloser E-Mails in der Tat langweilig, aber eine Mail über ein neues Projekt weniger langweilig als eine über neue Regeln zur Dokumentation der Arbeitszeit. Es ist unrealistisch, dass der Patient die Veränderung seiner Stimmungslage zu jeder einzelnen Mail protokolliert. Es liefert aber bedeutsamere Informationen, wenn die Notizen des Patienten für die Stunde in der das Gespräch im Pausenraum stattfand, die Emotion »Begeisterung«, und für die Stunde in die das Lesen der Mails fiel, die Emotion »Langeweile« beinhaltet, als wenn für den ganzen Arbeitstag nur »Langeweile« protokolliert wird.

Wir bitten den Patienten, sich auf diesem Niveau der Genauigkeit selbst zu beobachten. Die protokollierten Veränderungen helfen dabei, Aktivitäten zu identifizieren, die mit einer depressiven oder mit einer verbesserten Stimmung verbunden sind. Das Verständnis dieser Variabilität ist wichtig, um zu entscheiden, welche Aktivitäten vermindert oder intensiviert werden sollten. Auf diese Weise hilft das Aktivitätsprotokoll, spezifische Ziele der Behandlung zu identifizieren. In unserem Beispiel mit Alice ist es bedeutsam, zu wissen, dass ihre Stimmung positiver ist, wenn sie an einem Sonntag ein Buch über Gartenarbeit liest, als wenn sie am Montagabend eine Illustrierte liest. Solche Veränderungen signalisieren, dass da etwas geschieht. Oft erleben Menschen in einem Moment eine Veränderung der Stimmung in die eine oder andere Richtung. Dies kann zukünftige Aktivitätspläne anleiten. Es braucht Anleitung und Übung, um diese subtilen Veränderungen in der Stimmung bei verschiedenen Aktivitäten zu bemerken.

Für manche Patienten ist es auch wichtig, innere Aktivitäten wie Grübeln zu protokollieren. Ein Beispiel ist ein Patient, der »Gespräch mit einem Nachbarn« und eine Stimmung der »Verzweiflung« protokollierte. Bei dieser Information fragt sich der Therapeut, ob irgendetwas an der Beziehung zu dem Nachbarn belastend ist. Bei der weiteren Befragung stellte sich jedoch heraus, dass der Patient und der Nachbar über den Rasen in ihren Gärten gesprochen hatten. Während dieser Unterhaltung grübelte der Patient gleichzeitig darüber, warum ihm der Rasen seit Beginn der Depression nichts mehr bedeutete, ihn früher aber stets erfreut hatte. In diesem Fall wäre es wichtig gewesen, »Grübeln« als Verhalten auf dem Aktivitätsprotokoll zu notieren. Dies gibt das mit der Verzweiflung verbundene Verhalten (in diesem Fall Grübeln) angemessener wieder. Das Gespräch mit dem Nachbarn ist sicher ein wichtiger Teil des Erlebnisses. Aber der Kern der Angelegenheit in diesem Beispiel ist das, was beim Patienten innerlich passiert.

Protokollierung von Stimmung oder Emotion

Bei der Einführung des Patienten in die Selbstbeobachtung von Stimmung und Emotionen ist es hilfreich, mit einer eindimensionalen Stimmungsskala zu beginnen, etwa für depressive Stimmung von 1 »gar nicht« bis 10 »sehr intensiv«. Sobald der Patient mit dem Aktivitätsprotokoll und mit der Aufmerksamkeit auf sein emotionales Erleben besser vertraut ist, kann er dazu ermutigt werden, einen größeren Umfang spezifischer Emotionen (z. B. Trauer, Ärger, Freude, Scham, Ekel, Furcht) und ihre Intensität zu protokollieren. Einigen Patienten fällt es schwer, spezifische Emotionen genau zu benennen. Der Therapeut bietet dann Psychoedukation und Fertigkeitentraining dazu an. Für ausführlichere Informationen zur Identifikation spezifischer Emotionen empfehlen wir, das Modul zur Emotionsregulation des Trainingsmanuals für dialektische-behaviorale Therapie heranzuziehen (Linehan 1993), das Trauer, Freude, Angst, Ärger, Scham, Ekel und Überraschung behandelt.

Protokollierung von Bewältigungserfahrungen und Genuss

Als Alternative zur Selbstbeobachtung der Stimmung kann der Patient auch das mit Aktivität verbundene subjektive Erleben von eigenem Können oder Freude protokollieren (Beck et al. 1979). Können ist das Gefühl, etwas geleistet zu haben. Genuss ist das Gefühl von Freude, das eine Aktivität begleitet. Wenn man diese Dimensionen einschätzt, erhält man die Möglichkeit, Aktivitäten auf die Spur zu kommen, die mehr oder weniger funktional sind. Die Intensität des erlebten eigenen

Könnens oder Genusses wird ebenfalls auf einer 10 Punkte Skala protokolliert, wobei 1 »gering« und 10 »stark« bedeutet (▶ **Anhang 1d**).

Beobachtung der Intensität

Es ist bedeutsam, die Intensität zu protokollieren, so dass subtile Veränderungen auf dem Aktivitätsprotokoll erfasst werden können. Ein Beispiel ist ein Patient, der nur »traurig« als Gefühl auf seinem Aktivitätsprotokoll notiert. Der Therapeut möchte, dass der Patient in seinem Protokoll aufzeichnet, wann er mehr oder weniger traurig ist. So kann er ihm dabei helfen, zu überprüfen, welche Aktivitäten mit einer Veränderung in der Stimmung in Beziehung stehen. Es ist hilfreich, wenn der Patient die Endpunkte der Intensitätsskalen in reale Aktivtäten in seinem Leben verankert. Als die Therapeutin von Alice das Stimmungsprotokoll das erste Mal einführte, identifizierte Alice mit ihren Aktivitäten die, die mit dem unteren und dem oberen Ende der Skala verbunden waren. Bei der Beobachtung der Stimmung bekam das Lesen eines Unterhaltungsmagazins eine »3« auf der Depressionsskala, wohingegen das Abhören des Anrufbeantworters eine »10« erhielt. Wohingegen das Lesen des Magazins auf der Skala »Bewältigungserfahrung« nur eine »1« bekam, das Lesen eines Kapitels in dem Gartenbuch aber eine »10«. Einige Patienten mögen numerische Ratings nicht. Es ist in einigen Fällen sinnvoll, Stufen der Einschätzung zu verwenden, die durch Worte definiert sind, wie z. B. »sehr wenig« bis »sehr stark«. In anderen Fällen können Patienten auch andere Symbole benutzen, um ihre Einschätzung zu dokumentieren.

Letzten Endes ist die Verwendung eines bestimmten Systems der Selbstbeobachtung weniger wichtig als sicherzustellen, dass eine klare Methode festgelegt ist, die Daten über die Auswirkungen spezifischer Aktivitäten liefert. Die Verbindung zwischen einer bestimmten Aktivität und den Emotionen und dem Funktionsniveau des Patienten ist das entscheidende Ziel für alle Arten der Selbstbeobachtung. Solange die Selbstbeobachtung auf Aktivität und den Kontext der Aktivität fokussiert, sind die Ergebnisse nützlich. Bevor der Therapeut den Patienten mit einem Aktivitätsprotokoll nach Hause entlässt, kann er ihn bitten, Informationen über die letzten Stunden vor der Therapie und über die Therapiesitzung selbst in den Bogen einzutragen, die sich auf die Ereignisse selbst und die begleitenden Emotionen beziehen.

Auswertung der Aktivitätsprotokolle

Es gibt fünf Fragen, die für den Therapeuten bei der Auswertung wegweisend sind. Sie helfen, spezifische Aktivitäten zu identifizieren, die die Depression aufrechterhalten. Es ist nicht erforderlich, alle diese Fragen zu stellen. Dennoch sollten sie zum Verständnis der Verhaltensmuster des Patienten erinnert werden.

1. Welche Verbindungen bestehen zwischen den Aktivitäten des Patienten und seiner Stimmung? Diese Fragen dienen dazu, Hypothesen über Kontingenzen

aufzustellen, die bei der Aufrechterhaltung der Depression wirksam sind. Besonders wichtig ist, wo die Veränderungen der Stimmung stattfinden. Der Patient und der Therapeut können diese Diskussion damit beginnen, dass sie Verhaltensmuster betrachten, die mit einer bestimmten Stimmung verbunden sind. Eine Frage wie »Können Sie mir sagen, was Sie diese Woche bei der Selbstbeobachtung bemerkt haben?«, kann für den Start hilfreich sein. Ein Verständnis sowohl des Verhaltens, das den Patienten mehr oder weniger depressiv macht, als auch des Kontextes, in dem sich die Stimmung verändert, ist von entscheidender Bedeutung. Beth, die Therapeutin von Alice, bemerkte eine Reihe von kontextuellen Faktoren. Beispielsweise fühlte sich Alice an einem Tag bei der Gartenarbeit in ihrem Schrebergarten »traurig«, aber an einem anderen Tag »glücklich«. Welche Eigenschaften der beiden Aktivitäten haben eine Beziehung zu den Unterschieden in der Stimmung? Wenn man sich nun spezifisch die Aktivität ansieht, die mit einer besseren Stimmung verbunden ist, dann ergeben sich wertvolle Information für die Planung von Verhalten.

BETH: Ich sehe gerade, dass Sie am Montag »Gartenarbeit« notiert haben. Die zugehörige Stimmung war »traurig«. Am Dienstag dagegen steht neben »Gartenarbeit« »glücklich« als Stimmung. Was war der Unterschied zwischen diesen beiden Tagen?
ALICE: Nun, es ist nicht wirklich mein Garten. Ich teile mir den Schrebergarten mit anderen Leuten. Ich denke, mir ging es am Montag einfach schlechter.
BETH: Hat das angefangen, bevor Sie im Garten gearbeitet haben?
ALICE: Ich glaube nicht. Was habe ich noch mal vorher notiert?
BETH: Oh ja, ich sehe hier, dass Sie sich ungefähr eine Stunde vorher eine Tasse Tee gemacht haben und sich »zufrieden« fühlten. Was hat zu der Veränderung geführt, als Sie mit der Gartenarbeit begonnen haben?
ALICE: Es war wohl die Tageszeit. Es begann, draußen ein bisschen dunkel zu werden, die Düsternis und, soweit ich mich erinnere, der Nieselregen haben dafür gesorgt, dass ich mich irgendwie traurig fühlte. Ich wollte den Garten genießen, aber ich konnte die düstere Stimmung nicht wegblasen. Ich fühlte mich unter Druck schnell zu arbeiten, bevor es ganz dunkel wurde. Dass es in meiner Wohnung vollständig dunkel war, als ich nach Hause kam, hat die Einschätzung meiner Stimmung auch beeinflusst.
BETH: Also war es von besonderer Bedeutung, dass das Wetter Ihre düstere Stimmung beeinflusst hat.
ALICE: Aber auch, dass es mir davor graut, in meine Wohnung zurück zu kommen, wenn ich nicht ein kleines bisschen Sonnenschein abbekommen habe. Dienstag war besser. Ich bin eher rausgegangen. Auch das Wetter war besser. Ich bin länger draußen geblieben.
BETH: Ja, Sie haben für Dienstag »Gartenarbeit« auch für mehrere Stunden notiert. Also hat Sie die düstere Stimmung am Montag traurig gemacht.
ALICE: Nein, es ist eher, dass ich meine Wohnung hasse. Normalerweise fühle ich mich richtig gut, wenn ich im Garten bin. Ich bin dort normalerweise allein, jedenfalls meistens. Am Montag war eine Reihe anderer Leute da und die waren ziemlich laut. Ich habe mich eher ruhig verhalten. Manchmal singe ich vor mich

hin, wenn ich im Garten bin und das fühlt sich gut an. Ich sehe mich um, was so alles wächst. Aber diese anderen Leute haben mich etwas genervt und ich bin an einer einzigen Stelle geblieben.
BETH: War das dann am Dienstag anders?
ALICE: Oh ja, am Dienstag war ich in den ersten 20 Minuten ganz alleine da. Dann kam da eine andere Frau. Sie war freundlich und ruhig. Sie sagte »Hallo« und arbeitete die meiste Zeit in einem anderen Teil des Gartens. Einmal kam sie zu mir und sagte, wie schön die Pflanzen doch wachsen. Wir redeten ein wenig darüber, wie schön der Garten ist.
BETH: Also, obwohl Sie an beiden Tagen im Garten gearbeitet haben, fühlten Sie sich am Montag niedergeschlagen. Sie blieben in der düsteren Stimmung hängen, waren still und versuchten, sich den lauten Leuten zu entziehen. Als das Wetter jedoch besser war, Sie früher im Garten waren, sich auf ein Gespräch mit einer anderen Frau eingelassen haben, fühlten sich glücklich. Die beiden Situationen waren geringfügig anders und es wurde etwas anderes von Ihnen verlangt. Am Montag mussten Sie schnell fertig werden, weil es schon dunkel wurde und außerdem störten Sie die lauten Leute. Am Dienstag konnten Sie sich mehr Zeit nehmen, Sie hatten einen angenehmen Menschen in der Nähe, so dass Sie etwas Kontakt aufnehmen konnten.
ALICE: Ja.
BETH: Daran kann man wirklich gut erkennen, wie diese verschiedenen Situationen und das damit verbundenen Verhalten Ihre Stimmung beeinflussen.

Die Frage, welche Aktivitäten mit negativer Stimmung verbunden sind, erlaubt dem Therapeuten in ähnlicher Weise mit dem Patienten über die zugehörigen Probleme zu sprechen. Sie werden nicht automatisch zu Verhalten, dessen Häufigkeit abnehmen muss. Der Therapeut braucht erst ein Verständnis dafür, was es mit den Aktivitäten auf sich hat, die mit schlechterer Stimmung verbunden sind. In dem Beispiel von Alice würde man sicher nicht vorschlagen, nicht mehr am Montag, sondern nur noch am Dienstag zum Schrebergarten zu gehen. Beth könnte aber vorschlagen, bestimmte Verhaltensweisen im Garten zu intensivieren: Betrachten der Pflanzen, Singen und kurze Gespräche mit anderen. Verhalten, das seltener werden könnte, wären das Grübeln über ihre Wohnung, das Vermeiden des Kontakts mit Menschen und das Verharren an einer Stelle, anstatt sich im Garten umzusehen. Selbstverständlich gibt es für Beth und Alice eine Menge mehr zu lernen. Beth stellt möglicherweise eine Reihe weiterer sich anschließender Fragen, wie: Worüber spricht Alice mit den anderen im Garten? Was sind typische Verhaltensweisen der anderen, die an dem Schrebergarten beteiligt sind? Beth könnte ähnliche Fragen auch zur Interaktion von Alice mit einer Reihe anderer Personen stellen. Gibt es eine bestimmte Weise, mit der sie das Gesprächsverhalten anderer unbeabsichtigt bestraft? Vermeidet sie längere Unterhaltungen mit Menschen und vermittelt so den Eindruck, unnahbar zu sein? Die Betrachtung der mit Stimmungsveränderungen verbundenen Verhaltensweisen kann auch andere wichtige Informationen über den Patienten erbringen, etwa ob die üblichen Alltagsroutinen wie Schlafen, Essen oder Arbeiten unterbrochen sind. Es kann eine wirksame Ausgangsstrategie der

Behandlung sein, die Steuerung von Routinen in den Blick zu nehmen. Eltern und Therapeuten wissen, wie schwierig es ist, Lebensprobleme ohne ausreichend Schlaf und Ernährung zu bewältigen. Die Vermeidung von Arbeit kann zu einer Vielzahl von Problemen führen, die die Depression eines Patienten verschlimmern. Vermeidung ist primäres Verhaltensmuster, das bei BA diagnostiziert und behandelt wird. Somit nutzen wir die Auswertung der Beobachtungen, um weitere Fragen zu klären.

2. Wie ist die allgemeine Stimmung des Patienten und was sind die spezifischen Emotionen, die er während der Woche erlebt? Oft sind Patienten mit einer Vielzahl von Aktivitäten beschäftigt, erleben aber nur ein Spektrum von Emotionen. Durch die Verwendung eines Aktivitäts- und Emotionsprotokolls, kann der Therapeut das berichtete Spektrum erfassen. Wenn der Patient verschiedene Emotionen während der Woche protokolliert, hat der Therapeut die Möglichkeit, die Verbindungen zwischen spezifischen Aktivitäten und Emotionen zu untersuchen. Er kann daraus erste Hypothesen über Verhalten ableiten, dessen Häufigkeit erhöht oder vermindert werden soll. Wenn der Patient nur eine oder zwei Emotionen notiert, kann das für den Therapeuten Anlass sein, weitere Diagnostik vorzunehmen. Ein möglicher Grund kann darin bestehen, dass dem Patienten die Fertigkeiten fehlen, um Emotionen zu identifizieren und zu artikulieren. Diese und andere Möglichkeiten können untersucht werden.

3. Gibt es eine Störung in den Alltagsroutinen des Patienten? Die Auswertung der Aktivitätsprotokolle vermittelt einen Eindruck von den täglichen und wöchentlichen Alltagsroutinen. Der Therapeut achtet darauf, ob er radikale Veränderungen in den Zeiten des Zubettgehens am Abend, des Aufwachens am Morgen oder große Unterschiede in den Essenszeiten von Tag zu Tag erkennt. Bei depressiven Patienten geraten normale Alltagsroutinen oft durcheinander. Dementsprechend besteht ein Fokus von BA darin, die Patienten dabei zu unterstützen, ihre Alltagsroutinen zu regulieren (Martell et al. 2001) und ihnen wieder ein Gefühl von Normalität zu ermöglichen. Die verbesserte Struktur und Verlässlichkeit hilft dem Patienten, organisiert und bei der Sache zu bleiben. Wenn Alltagsroutinen ernsthaft gestört sind, kann sich das wie ein Zusammenbruch anfühlen. Ein Beispiel ist ein Patient der seinen Arbeitsplatz verliert. Der bisher ganz natürlich strukturierte Tag ist dann plötzlich mit exzessiv viel freier Zeit gefüllt. Stellen Sie sich vor, Sie kommen von einer anstrengenden beruflichen Reise oder einem Urlaub wieder zurück. Sie werden erleichtert sein, sich wieder zuhause zu fühlen, zurück am eigenen Arbeitsplatz zu sein oder einfach nur wieder im eigenen Bett schlafen zu können. Zu einer alltäglichen Routine zurückzukehren, kann mit einem Wohlgefühl verbunden sein. Die Störung der Alltagsroutine bei einem Patienten mit Depression wird ihm dieses angenehme Gefühl vorenthalten. Damit soll nicht gesagt werden, dass Depression durch die Störung von Alltagsroutinen ausgelöst wird. Die wissenschaftliche Literatur stützt aber teilweise die Annahme, dass es positive Effekte hat, wenn man depressive Patienten dabei unterstützt, ihre regelmäßigen Abläufe aufrechtzuerhalten. Eine Dysregulation zwischenmenschlicher Routinen kann

zum Ausbruch schwerer depressiver Episoden oder manischer Episoden bei Menschen mit bipolaren Störungen beitragen (Shen et al. 2008).

4. Welche Muster von Vermeidungsverhalten sind vorhanden? Es ist gut zu wissen, was der Patient in seinem Leben vermeidet. Manchmal ist das Vermeidungsverhalten eindeutig, beispielsweise, wenn der Patient das Aufstehen am Morgen vermeidet. Manchmal ist es sehr subtil. Beispielsweise, wenn der Patient Situationen vermeidet, die Gefühle von Scham auslösen; beispielsweise Jack, ein Patient, der im Rahmen seiner Depression die Teilnahme an Besprechungen vermeidet. Es ist wichtig zu wissen, was den Patienten daran hindert, am Leben aktiv teilzunehmen und es zu genießen. Vermeidung führt zu Passivität. Probleme werden dann nicht gelöst, sondern größer. Aus dem Aktivitätsprotokoll werden Probleme im Leben des Patienten erkennbar, die eine Lösung brauchen. Wenn ein Patient beispielsweise beständig eine negative Stimmung protokolliert, wenn er sich mit einer arbeitsbezogenen Aufgabe befasst, lohnt es sich zu untersuchen, ob die Arbeit zu ihm passt. Die Beziehung zwischen Mustern von Vermeidungsverhalten und Stimmung kann kompliziert sein. Patienten fühlen sich oft besser, wenn sie vermeiden. Tatsächlich ist es genau das, was für die meisten Menschen die Motivation zu mehr Vermeidung darstellt. Entweder sie spüren Erleichterung oder sie fühlen sich tatsächlich gut. Betrachten wir das Beispiel von Alice, die Erleichterung erlebte, als sie ein zwischenmenschliches Ereignis vermied:

ALICE: Ich weiß auch nicht. Ich bin einfach nicht zum ersten Buchclubtreffen meiner Freundin gegangen, obwohl ich es geplant hatte.
BETH: War das eine Entscheidung in letzter Minute, nicht dorthin zu gehen?
ALICE: Ja, ich wollte mich anziehen und habe mir schon die Sachen zum Anziehen herausgesucht.
BETH: Was geschah dann?
ALICE: Ich fühlte mich auf einmal schlecht. Ich sage nie die richtigen Sachen über das Buch im Buchclub. Die anderen sind viel klüger. Ich fühlte mich dumm. Alle meine Unsicherheitsgefühle waren plötzlich da.
BETH: Ist das früher auch schon vorgekommen, wenn Sie bei einem Buchclub dabei waren?
ALICE: Manchmal, aber die Leute sind normalerweise nett. Ich wusste, dass meine Freundin nur nette Leute einlädt. Ich konnte mich aber einfach nicht aufraffen. Ich schämte mich und fühlte mich schuldig, weil ich mein Leben so verschwende und nicht mehr Zeit mit Lesen verbringe. Ich könnte so mehr über die Welt erfahren und auch mitreden. Nach der Entscheidung nicht zu gehen, war ich erleichtert und ich war froh, zuhause zu sein.

Ein weiterer, komplizierender Faktor, den Therapeuten im Bewusstsein halten müssen, besteht in Folgendem: Patienten, die bewusstseinsverändernde Substanzen zur Vermeidung depressiver Gefühle einnehmen, sind häufig sehr erfolgreich darin, sich dadurch in eine bessere Stimmung zu versetzen. Wenn der Therapeut die Funktion dieses Verhaltens untersucht, muss er herausfinden, ob die gelegentliche Einnahme von Substanzen ein Verhalten mit wenig ungünstigen Folgen darstellt oder ob es ein riskanter Weg ist, negative Emotionen zu vermeiden. Mit diesen kontextuellen Informationen ist der Therapeut vorbereitet, sich auf die fünfte Fragen zu konzentrieren.

5. Wo soll die Veränderung beginnen? Schon nach einer Woche der Selbstbeobachtung kann das Aktivitätsprotokoll Verhaltensweisen aufzeigen, die erfolgversprechende Kandidaten für große Veränderungen sind. Wenn wir wissen, welche Aktivitäten mit einer Verbesserung der Stimmung verbunden sind, müssen wir als nächstes wissen, welche Aktivität besonders leicht intensiviert werden kann, wenn der Patient sich unmotiviert fühlt. Ganz ähnlich wollen wir wissen, welche Aktivität, die mit negativer Stimmung oder Vermeidungsverhalten verbunden ist, am einfachsten in ihrer Häufigkeit vermindert werden kann. Sobald man diese Aktivität identifiziert hat, kann man die Verminderung des Vermeidungsverhaltens Schritt für Schritt planen. Man kann mit der Verringerung der Intensität des Verhaltens beginnen. Beispielsweise kann der Patient statt vier Gläsern Wein am Abend nur drei trinken oder den Zeitaufwand für ein gedankenloses Vermeidungsverhalten vermindern. Wenn man von einem Patienten, der täglich fünf Stunden Computerspiele spielt und dies zur Ablenkung und als Vermeidungsstrategie dient, verlangt, seine Aktivität durch produktivere Verhaltensweisen zu ersetzen und nur noch 30 Minuten täglich am Computer zu spielen, ist dies anfangs wahrscheinlich zum Scheitern verurteilt. Wenn man stattdessen mit dem Patienten zusammen eine zumutbare Reduktion des Spielens am Computer entwickelt – sagen wir, zehn Minuten weniger an den ersten beiden Abenden, dann weitere zehn Minuten am dritten und vierten Tag usw. – dann hat dies größere Aussichten auf Erfolg. Das gleiche Prinzip der Abstufungen gilt für Verhalten, das mit negativer Stimmung verbunden ist. Beth bemerkte, dass Alice protokollierte, sich etwas besser zu fühlen, wenn sie zum Lebensmittelladen ging. Bald danach aber verschlechterte sich ihre Stimmung wieder. Beth sah diesen ersten Schritt jedoch als Verhalten an, das intensiviert werden sollte.

BETH: Alice, war es der Spaziergang zum Lebensmittelladen oder der Laden selbst, der dazu geführt hat, dass Sie sich etwas besser fühlten?
ALICE: Wohl eher der Spaziergang. Ich fahre normalerweise mit dem Auto dorthin. Ich mag Einkaufen nicht besonders.
BETH: Es war also das Gehen, das Ihre Stimmung verbessert hat. Dann wurde es aber wieder schlechter. Was würde Ihrer Meinung nach passieren, wenn Sie in der nächsten Woche öfter zu Fuß gehen würden?
ALICE: Ich weiß nicht. Es ist ein bisschen einsam, alleine zu gehen. Ich glaube, dass ich mich deswegen schlecht gefühlt habe.
BETH: Haben Sie eine Freundin, die mit Ihnen zusammen gehen könnte?
ALICE: Ich könnte Leute fragen, ob sie mit mir ein wenig durch die Umgebung spazieren wollen. Meine Nachbarin gleich nebenan hat mich schon mehrfach dazu eingeladen. Sie möchte sich mehr bewegen.
BETH: Das ist eine großartige Idee. Es wird interessant sein zu sehen, ob ein Spaziergang mit jemand anderem dazu führt, dass Sie sich besser fühlen. Wann könnten Sie das tun?
ALICE: Ich könnte sie fragen, ob sie morgen Lust dazu hat. Ich werde sie heute Nachmittag anrufen.

BETH: Was ist, wenn sie nicht kann. Könnten Sie ihr noch ein paar andere Termine vorschlagen?
ALICE: Könnte ich machen. Ich könnte ja auch einmal mit ihr zusammen und einmal alleine gehen, um zu sehen, wie ich mich fühle.
BETH: Okay, dann sollten wir einige mögliche Tage festlegen, um dies zu tun. Sie können ja die Zeiten festlegen, an denen Sie alleine gehen. Der Spaziergang mit der Nachbarin hängt von deren Plänen ab. Wir sollten also jetzt mehrere Möglichkeiten betrachten.

Die Einschätzung der Suizidgefährdung

Der Therapeut diagnostiziert die Suizidgefährdung, wenn dies erforderlich ist. Therapeuten, die mit depressiven Patienten arbeiten, müssen immer die Möglichkeit suizidaler Gedanken und Handlungen in Betracht ziehen. Bei der Verwendung eines Depressionsinventars sollte der Therapeut die Antworten des Patienten auf den Items zur Suizidalität beachten. Wenn der Patient Suizidgedanken angibt, muss das Suizidrisiko überprüft werden. Wenn der Therapeut keinen Fragebogen einsetzt, sollte er den Patienten nach Suizidgedanken oder Suizidplänen befragen. Eine Bewertung des Suizidrisikos findet routinemäßig während des Erstgesprächs mit dem Patienten statt. Die Frage sollte direkt angegangen werden. Der Therapeut kann beispielsweise sagen: »Manchmal wollen Menschen ihrer Depression entkommen, indem sie sich selbst etwas antun. Haben Sie sich jemals mit Gedanken beschäftigt, sterben zu wollen, sich selbst zu verletzen oder sich selbst zu töten?« Wenn der Patient eingesteht, dass suizidale Gedanken vorhanden sind, muss der Therapeut herausfinden, ob der Patient aktiv plant zu sterben oder ob er lediglich Suizid als Ausweg aus seinem Leiden in Erwägung zieht. Die beiden Möglichkeiten haben unterschiedliche Konsequenzen. Wenn ein Patient nicht länger leben möchte und aktuell Pläne macht, wie er sein Leben beenden kann, sollte der Therapeut hochgradig wachsam sein bezüglich der Suizidgefahr. Dies ist eine weitaus gefährlichere Situation als die, in der ein Patient keinen aktiven Wunsch hat zu sterben, sondern sich lediglich keine andere Problemlösung für seine Depression vorstellen kann. Unter diesen Umständen kann der passive Gedanke an den Tod eine Erleichterung von dem empfundenen Druck verschaffen. In beiden Fällen darf der Therapeut aber bezogen auf die Suizidgedanken nicht nachlässig sein. Er sollte sehr sorgfältig daran arbeiten herauszufinden, ob sich der Patient in akuter Gefahr befindet oder nicht. Etwa 15 % der schwer kranken depressiven Patienten sterben durch Suizid. Es ist deshalb außerordentlich wichtig, sich damit auseinanderzusetzen, welche Art von Gedanken, Plänen, Absichten oder Möglichkeiten der Patient hat und was ihn von Suizid zurückhält. Es gibt eine Reihe von ausgezeichneten Büchern zum Umgang mit suizidalem Verhalten. Diese sind eine wichtige Lektüre für alle Therapeuten, die mit depressiven Patienten arbeiten (z. B. Bongar, 2002; Jobes 2006). Weitere Faktoren, die in die Risikobewertung eingehen müssen, sind das Vorhandensein von Schusswaffen, von Medikamenten, die zur Selbstschädigung geeignet sind, und von anderen Mitteln, sich selbst oder andere zu verletzen, zu denen der Patient Zugang hat.

Die effektive Auswahl von Aktivitäten

Es gibt zwei generelle Typen von Aktivität oder Verhalten, die sich als Ansatzpunkt für Interventionen bei BA eignen. Es gibt Aktivitäten, die geeignet sind, Stimmung und Lebensumstände zu verbessern. Diese sollten intensiviert werden. Es gibt Aktivitäten, die eine depressive Stimmung aufrechterhalten oder das Leben des Patienten verschlechtern. Diese sollten reduziert werden. Möglicherweise äußern Patienten auch spezifische Präferenzen für Aktivitäten, die häufiger oder seltener werden sollen. Angesichts der Vielfalt von möglichen Ansatzpunkten sollte mit dem Verhalten gearbeitet werden, das die schnellste Wirkung zeigt. Wenn wir das Störungsmodell von BA mit dem Patienten besprechen, machen wir deutlich, dass der erste Ansatzpunkt Verhalten ist, das vorübergehend ihr Leiden mindert – auch wenn dies nicht ausreicht, um sie völlig von der Depression zu befreien. Wir versuchen zunächst, den Teufelskreis von kurzfristig zu Depression führenden Verhaltensweisen aufzubrechen. Dann unterstützen wir den Patienten dabei, längerfristige Veränderungen anzugehen, die zeitaufwändiger sind. Eine Steigerung der körperlichen Aktivität und der zwischenmenschlichen Kontakte hat mit größerer Wahrscheinlichkeit eine schnelle Wirkung auf die Stimmung des Patienten als das Engagement für das längerfristige Ziel, einen besseren Arbeitsplatz zu finden.

Anwendung der Strategien als Ganzes

In Abbildung 4.2 findet sich der Aktivitätsprotokollbogen von Alice (leere Vorlagen in Anhang 1). Alice hat den Montag vollständig und am Dienstag, Mittwoch, Donnerstag und Samstag ausgewählte Zeitfenster protokolliert. Betrachten Sie das Aktivitätsprotokoll und stellen Sie sich die Fragen, die in diesem Kapitel diskutiert wurden. Bitte nehmen Sie sich etwas Zeit und versuchen Sie, folgende Fragen zu beantworten, bevor Sie weiterlesen:

- Welche Zusammenhänge zwischen Aktivität und Stimmung erkennen Sie?
- Welche allgemeinen Emotionen werden in dem Protokoll festgehalten?
- Wo sind Alltagsroutinen gestört?
- Welches Vermeidungsverhalten interferiert möglicherweise mit ihrem Funktionsniveau?
- Welches Verhalten sollte gesteigert, welches reduziert werden?

Was man in dem Aktivitätsprotokoll von Alice erkennen kann

Lassen Sie uns in dem Protokoll nach Verhaltensmustern suchen und Fragen stellen, die sich für einen Therapeuten ergeben, der diese Muster genauer verstehen möchte. Alice verbringt sehr viel Zeit im Bett und schläft morgens sehr lange. Dies scheint ein wichtiges Verhalten zu sein, auf das die Therapeutin mehr Zeit verwenden kann, um es genauer zu definieren und zu beschreiben. So fragte sie beispielsweise, ob das Verhalten an den Tagen ähnlich war, die nicht protokolliert wurden. Ein weiteres Verhaltensmuster ist, dass Alice eine Menge Zeit damit verbringt, bis spät am Morgen wach im Bett zu liegen. Betrachten Sie folgenden Dialog:

BETH: *Alice, können Sie mir etwas dazu sagen, dass Sie am Morgen so lange schlafen?*
ALICE: *Nun, ich fühle mich wirklich sehr müde und bleibe einfach im Bett oder schlafe.*
BETH: *Gibt es einen Unterschied, wenn Sie wie am Dienstag lange schlafen und dann aufwachen im Vergleich zu der Situation, wenn Sie wach sind und im Bett bleiben? Das Erste haben Sie am Dienstag getan, aber am Montag und Donnerstag waren Sie wach, sind jedoch nicht aufgestanden.*
ALICE: *Ich denke, wenn ich lange schlafe, dann fühle ich mich müde. Wenn ich dann aber aufstehe, Kaffee trinke und dusche, fühle ich mich normalerweise etwas besser. Wenn ich im Bett bleibe, fühle ich mich beständig erschöpft.*
BETH: *Spielt es eine Rolle, wann Sie am Abend schlafen gegangen sind?*
ALICE: *Nicht wirklich. Es kommt mir manchmal so vor, als könnte ich die ganze Zeit schlafen.*
BETH: *Spielt es eine Rolle, wie gut Sie schlafen?*
ALICE: *Ja, an den Tagen, an denen ich lange schlafe, habe ich mich oft, die ganze Nacht im Bett hin und her gewälzt. Wenn ich im Bett bleibe, ist es normalerweise so, dass ich mich mit dem Tag einfach nicht auseinandersetzen möchte.*

Beth hat einige wichtige Unterschiede in der Funktion des Im-Bett-liegen-Bleibens entdeckt. Sie hat auch registriert, dass Alice gelegentlich Schwierigkeiten hat, erholsamen Schlaf zu finden. Der Unterschied zwischen lange schlafen, weil sie eine schlechte Nacht hatte, und im Bett bleiben, weil sie den Tag vermeiden möchte, wird zu unterschiedlichen Aktivierungsstrategien führen. Diese werden im nächsten Kapitel detaillierter erörtert.

	MO	DI	MI	DO	FR	SA	SO
7 Uhr	geschlafen		geschlafen	geschlafen			
8 Uhr	im Bett traurig – 10		geschlafen	geschlafen			
9 Uhr	im Bett traurig – 10		im Bett furchtsam – 8	geschlafen			
10 Uhr	im Bett gereizt – 10 traurig – 8	Arbeit schreck- lich!!	im Bett furchtsam – 8	geschlafen			
11 Uhr	Fahrt zur Arbeit ängstlich – 4		Duschen F = 1 K = 1	geschlafen		Lesen über das Gärtnern zufrieden – 6 K = 10	
12 Uhr	Website aktualisiert gelangweilt – 6 traurig – 7 K = 0 F = 0		Fahrt zur Arbeit aufgebracht – 10			im Hof beim Unkraut zupfen zufrieden – 6 K = 10	
13 Uhr	desgl.						
14 Uhr	desgl.						
15 Uhr	desgl.						
16 Uhr	Fahrt nach Hause erleichtert – 8						
17 Uhr	Salat gegessen gelangweilt – 8 F = 1						
18 Uhr	Zeitschriften niederge- schlagen – 3 K – 1						
19 Uhr	Anrufbeant- worter abgehört niedergeschla- gen – 101						
20 Uhr	TV traurig – 9 K = 0					Abendessen mit Ellen Erleichtert K = 9 F = 5	
21 Uhr	desgl.						
22 Uhr	desgl.						
23 Uhr	ins Bett						
24 Uhr	geschlafen		auch im Bett hin und her gewälzt				

Abb. 4.2: Alices Aktivitäts- und Emotionsprotokoll

Was ist der Ansatzpunkt nach der Auswertung des Aktivitätsprotokolls

Ein Therapeut wird bei den Aktivitäten von Alice so viele Probleme erkennen, dass es schwer zu sagen ist, wo man ansetzen soll. Genauso fühlen sich oft unsere Patienten. Es ist, als befände man sich in einem Raum mit fünf Türen, die man öffnen kann: Welche Tür führt dahin, wo wir am schnellsten hin möchten? Wie wir schon weiter oben ausgeführt haben, liegt der Schlüssel darin, zu beobachten, was einem Verhalten vorausgeht und was ihm folgt. Betrachten wir einige der Konsequenzen des Verhaltens, lange im Bett zu bleiben. Diese Zeit ist ausgefüllt mit schmerzlichen Emotionen wie Trauer und Furcht. Der Therapeut kann direkt nach diesen emotionalen Konsequenzen fragen.

Als Beth Alice hierzu befragte, sagte sie, sie fürchte sich davor, zur Arbeit zu gehen und vor der Langeweile bei ihrer Arbeit. Beth fragte dann nach dem Dienstag, als Alice nur geschrieben hatte »Arbeit, schrecklich!!« Dies ist ein Beispiel dafür, dass ein Patient zu wenig in das Aktivitätsprotokoll einträgt. Der Therapeut muss dann weitere spezifische Fragen stellen, um das Problem zu definieren. Alice sagte, dass sie das Gefühl hatte, an ihrer Belastungsgrenze angekommen zu sein. Sie brauche dringend eine neue Arbeit. Als Beth sie fragte, ob sie sich nach einer neuen Arbeit umgesehen habe, antwortete sie: »Nein, schon seit Monaten nicht mehr.«

Beth stellte die Hypothese auf, dass das lange morgendliche im Bett bleiben ein Verhalten ist, das reduziert werden sollte. Um das umzusetzen, ist es wichtig, alternative Aktivitäten zu intensivieren. Sehen Sie sich das Aktivitätsprotokoll unter diesem Aspekt an. Alice fühlte sich zufrieden, wenn sie ein Gartenbuch las. Es wäre für Alice sicherlich schwer, aus dem Bett zu springen, im Garten zu arbeiten oder zur Arbeit zu eilen. Aber es wäre sinnvoll, mit einer Morgenroutine zu beginnen, bei der sie sich eine Tasse Kaffee macht und ein paar Seiten in einem guten Buch liest.

Alice fühlte sich erleichtert, als sie am Montag von der Arbeit nach Hause fuhr. Sie hatte ihre Arbeitsstelle an dem Tag früh verlassen, nachdem sie um ca. 11.30 Uhr dort angekommen war. Dies ist ein Beispiel für ein Vermeidungsverhalten. Sie blieb bei der Vermeidung, indem sie Illustrierte las und sich niedergeschlagen fühlte – ein weiteres Verhalten, das vermindert werden sollte. Möglicherweise braucht sie einen Plan, um bei der Arbeit zu bleiben und sich mit einer nützlichen Aufgabe zu befassen, statt nach Hause zu fahren und gedankenlos in Zeitschriften zu blättern. Das Abhören des Anrufbeantworters führte ebenfalls dazu, dass sie sich niedergeschlagen fühlte. Es wäre jedoch unklug, dies als ein zu verminderndes Verhalten anzusehen. Der Grund, warum Alice sich niedergeschlagen fühlte, als sie den Anrufbeantworter abhörte, lag darin, dass sie eine Nachricht von ihrer Freundin Ellen vorfand, die trotz ihres Rückzugs immer noch versucht, die Freundschaft aufrechtzuerhalten. Beachten Sie, dass Alice am Samstag tatsächlich mit ihr Abendessen war. Sie fühlte sich erleichtert und hatte ein ausgeprägtes Erfolgserlebnis. Ihre Erleichterung ergab sich daraus, dass sie zumindest damit aufgehört hatte, den Kontakt zu ihrer Freundin zu vermeiden. Dies ereignete sich, nachdem sie etwas gelesen, im Garten gearbeitet und Unkraut gezupft hatte. Tatsächlich hatte sie ihre Freundin Ellen vom Handy aus angerufen, unmittelbar nachdem sie mit dem letzten Halm fertig war. Bei BA erklären wir dem Patienten, dass Lethargie zu Lethargie und Aktivität zu Aktivität führt. Genau das geschah am Samstag bei Alice. Den Kontakt zu ihrer Freundin auszuweiten, ist ein vielversprechendes Verhalten, auf das man den Fokus legen kann. Es ist exemplarisch für das Prinzip, an Verhalten anzusetzen, das eine natürliche Verstärkung erfährt. Es ist auch mit anderen Prinzipien der BA in Einklang, wie nach Problemlösungen zu suchen und die Veränderung mit kleinen Schritten von Annäherungsverhalten zu beginnen. Man beachte auch, wie die kleinen Veränderungen, die Alice am Samstag herbeiführte, in einer positiven Veränderung ihrer Stimmung resultierten. Beth würde nun damit beginnen, sie bei der Planung von Aktivitäten zu beraten, die noch zuverlässiger zu einer verbesserten Stimmung oder zu einer Verbesserung der Lebenssituation führen.

Tab. 4.1: Grundlagen der Identifizierung von Ansatzpunkten in der Behandlung

- Beschreiben Sie die entscheidenden Probleme, die der Patient erlebt.
- Identifizieren Sie charakteristische Verhaltensmuster.
- Führen Sie Verhaltensanalysen durch. – Erheben Sie die vorausgehende Situation, das Verhalten und die Konsequenzen des Verhaltens unter typischen Umständen.
- Nutzen Sie das Aktivitätsprotokoll und andere Selbstbeobachtungsinstrumente.
- Beobachten Sie Aktivitäten.
- Beobachten Sie Stimmungslagen und Gefühle.
- Beobachten Sie Erfolgserlebnisse, Kompetenzerleben und Freude.
- Beobachten Sie Intensität.
- Identifizieren Sie Störungen der Alltagsroutine und Vermeidungsmuster.
- Nehmen Sie eine Risikobewertung vor.
- Wählen Sie in Zusammenarbeit mit dem Patienten Aktivitäten aus, die mit Wahrscheinlichkeit den depressiven Teufelskreis durchbrechen.
- Identifizieren Sie erste Schritte, um Veränderungen herbeizuführen.

Zusammenfassung

Als Therapeut muss man bei der Anwendung von BA stets die Aktivierung im Auge behalten. Man muss darauf sehen, was es mehr oder weniger wahrscheinlich macht, dass der Patient den gemeinsam erarbeiteten Handlungsplan umsetzt, der dazu dient, seine Stimmung zu verbessern. Die Erfassung von Aktivitäten kann auf sehr unterschiedliche Weise erfolgen, besonders wichtig ist aber das Aktivitätsprotokoll. Der Therapeut sollte keine rigide Haltung bezüglich der Methode der Selbstbeobachtung einnehmen. In Tabelle 4.1 sind die Grundlagen für die Identifizierung von Ansatzpunkten der Behandlung aufgelistet. In Kapitel 5 werden wir uns der Aufgabe zuwenden Aktivitätspläne zu entwickeln. Wir verwenden dabei Strukturierung und Zeitplanung, um das Engagement und die Aktivierung des Patienten zu verbessern.

5 Das Planen und Strukturieren von Aktivitäten

Zeige deine Bereitschaft zum Handeln. Wir wollen, dass jetzt etwas geschieht. Du kannst den großen Plan in kleine Schritte aufteilen und den ersten Schritt sofort beginnen.
Indira Gandhi (1917–1984)

Die Auswertung von Alices Aktivitätsprotokoll in der Sitzung deckte wichtige Beziehungen zwischen ihren Aktivitäten und ihrer Stimmung auf. Sie hatte diese Verbindung noch nie vorher bemerkt. Die Depression fühlte sich für sie an wie etwas, das sich drohend über ihr auftürmte und ihre Wahrnehmung färbte. Sorgen und Anspannung waren ihre ständigen Begleiter. Sie erkannte nun, dass es viele subtile Veränderungen in ihrer Stimmung gab. Es gab sogar Momente, in denen sie Erleichterung von der Depression und den begleitenden Sorgen erlebte. Sie fühlte sich zufrieden, wenn sie im Garten arbeitete. Nach vielen Wochen, in denen sie Freunde gemieden hatte, brachte ein Abendessen mit ihrer Freundin Ellen Erleichterung. Es überraschte sie tatsächlich, dass Ellen ihr nicht böse war und den Wunsch ausdrückte, sie so gut es ging zu unterstützen.

Alice wertete diese Aktivitäten zusammen mit Beth aus. Sie begann auch, Aktivitäten zu identifizieren, die sie während der auf die Therapiesitzung folgenden Woche intensivieren konnte. Alice dachte, dass es für ihre Stimmung gut seine könnte, wenn sie wieder mehr in Kontakt mit ihren Freundinnen käme. Sie sagte Beth, dass sie zwei Freundinnen von ihrer Arbeitsstelle, drei alte Freundinnen und einige Leute aus der Nachbarschaft anrufen würde. Zu ihrem Erstaunen fragte Beth, ob sie nicht dächte, das wäre zu viel für den Anfang. Beth erklärte ihr, dass es oft am besten ist, systematisch vorzugehen und den Erfolg dadurch sicherzustellen, dass man klein anfängt. Alice meinte dazu: »Ich dachte, ich sollte mich dazu zwingen, so viel wie möglich zu tun. Wir haben ja nun einige Dinge entdeckt, die helfen könnten.« Beth erklärte: »Es ist wunderbar, dass wir einige Hinweise auf Aktivitäten haben, die dabei helfen könnten, Ihre Stimmung zu verbessern. Ich bin nur vorsichtig, dass wir uns von der heutigen bis zur nächsten Sitzung nicht zu viel vornehmen. Ich möchte nicht, dass Sie sich entmutigt fühlen, wenn Sie das nicht alles geschafft haben. Meine Hoffnung ist, dass wir einen Plan entwickeln können, den Sie als machbar, aber nicht als erdrückend wahrnehmen, wenn Sie damit anfangen. Was könnten Sie diese Woche tun, bei dem Sie sich richtig zufrieden fühlen und das Sie mit Ihren Freundinnen wieder in Kontakt brächte?« Alice kam zu dem Schluss, dass ein erneutes Treffen mit Ellen bei einer Tasse Kaffee die naheliegende Möglichkeit für den Start wäre. Sie meinte zur Begründung, dass sie ein viel besseres Gefühl für sich hätte, wenn sie diese Freundschaft aufrechterhalten könnte. Hinzu kommt, dass Ellen eine sehr kontaktfreudige Person ist. Sie könne ihr dabei helfen, auch wieder mit anderen alten Freunden in Verbindung zu kommen. Sie plante, sich mit Ellen entweder am Mittwoch nach der Arbeit oder am darauf folgenden Samstagmorgen zum Kaffeetrinken zu verabreden.

Alice genoss die Zufriedenheit, die sie empfand, wenn sie in ihrem Schrebergarten arbeitete. Beth fragte, was sie in der nächsten Woche im Garten machen könnte. Alice fiel ein, dass sie Mulch brauchte. Sie notierten folglich einen Plan für diese Aktivität. Beth gab Alice einen neuen Aktivitätsplan und sie begann, darin einige Planungen für bestimmte Zeiten in der kommenden Woche einzutragen. Für Samstagnachmittag trug sie ein, dass sie in die Gärtnerei gehen würde, um drei Beutel Mulch zu kaufen. Sie befürchtete, dass sie danach den Mulch in den Beuteln lassen würde. Deshalb schrieb sie zusätzlich »Mulch im Garten verteilen« in das Kästchen für 11.00 Uhr am Sonntag.

Beth fragte sie, ob irgendetwas bei der Umsetzung dieser Planungen dazwischen kommen könnte. Alice überlegte, ob Regenwetter dazwischen kommen könnte, schrieb dann aber »bei Regen oder Sonne« gleich neben die Eintragung über das Verteilen des Mulchs. Sie vereinbarten, dass sie Beth bei der nächsten Sitzung berichten würde, wie es ihr bei diesen Aktivitäten ergangen war. Dazu sollte sie auch weiterhin ihre Aktivität und Stimmung zu anderen Zeiten der Woche protokollieren.

Einführung

In diesem Kapitel kommen wir zum Herzstück von BA, nämlich zur Planung und Strukturierung von Aktivitäten. Sobald der Therapeut und der Patient verstanden haben, was das Ausgangsniveau von Aktivität ist und sie erste Hypothesen über die Funktion des Verhaltens entwickelt haben, geht die Behandlung zur Strukturierung und Planung von Aktivitäten über. Das behaviorale Störungsmodell geht davon aus, dass Depression das Ergebnis eines niedrigen Niveaus positiver Verstärkung oder eines hohen Niveaus von Bestrafung ist. Was ist demzufolge der Stellenwert von Aktivierung bei der behavioralen Behandlung von Depressionen? Wenn ein Mensch depressiv ist, insbesondere mit Symptomen von Antriebslosigkeit, Rückzug und Apathie, dann sind Gelegenheiten für die positive Verstärkung von Verhalten deutlich vermindert. Vermeidungsverhalten wird mit hoher Wahrscheinlichkeit negativ verstärkt, so dass der soziale Rückzug zunimmt. Aus einer verhaltenstheoretischen Perspektive besteht der Sinn der Aktivierung darin, die Wahrscheinlichkeit zu erhöhen, dass der Patient mit Kontingenzen in Kontakt kommen, die Annäherungsverhalten positiv verstärken. In diesem Kapitel besprechen wir die zentralen Strategien von BA, um Aktivierung zu ermöglichen.

Wie man Patienten aktivieren kann

Die meisten Menschen mit Depression erkennen, dass eine Steigerung der Aktivität hilfreich wäre. Sie haben sich schon bei unzähligen Gelegenheiten gesagt: »Nun mach es doch!« Auch andere haben ihnen das gesagt. Die Paradoxie des Vorgehens bei BA besteht demzufolge darin, dass der Therapeut seinen Patienten genau zu dem auffordert, was ihm am allerschwersten fällt. Rückzug, Antriebslosigkeit und der Verlust von Interesse und Freude sind alles Symptome der Depression. Wie also funktioniert eine Behandlung, die darauf aus ist, dieses Erleben und diese Erfahrungen zu verändern? Diese Situation macht die Hoffnungen und Herausforderungen aus, die mit BA verbunden sind.

In Kapitel 2 haben wir 10 zentrale Prinzipien von BA vorgestellt. Drei davon – Prinzip 1, 4 und 5 beziehen sich speziell auf Aktivierung und Verhaltenspläne. Im Folgenden besprechen wir, wie jedes Prinzip einzeln und im Zusammenwirken mit den anderen den Therapeuten dabei unterstützen kann, den Patienten beim Aufbau von Aktivitäten zu begleiten.

Prinzip 1: Der Schlüssel zur Veränderung der Emotion ist die Veränderung des Verhaltens.

Negative Emotionen entwickeln eine Eigendynamik. Prinzip 1 beschreibt deshalb die wesentliche Zielrichtung von BA, nämlich Menschen dazu zu bringen, ihre Emotionen durch ihr Verhalten zu regulieren. Wenn sich jemand niedergeschlagen fühlt, dann handelt er wahrscheinlich in einer Weise, die ihn weiter in Richtung Niedergeschlagenheit führt. Unsere Freundin und Kollegin Marsha Linehan sagt oft: »Emotionen lieben sich selbst.« Depression führt tendenziell zu Verhalten, das mit diesem Gefühl konsistent ist. Die meisten Interventionen bei BA fordern den Patienten auf, nach einem Plan oder Ziel zu handeln, anstatt einem Gefühl oder innerem Zustand zu folgen. Wenn wir Interventionen zur Aktivierung empfehlen, dann zeigen wir zuerst die Natur der negativen Emotionen auf. Dann bitten wir den Patienten, zu erwägen von »außen nach innen« statt von »innen nach außen« zu handeln (Martell et al. 2001). Ein Patient mit Depression, der aus seinen Aktivitäten keine Freude zieht, sich müde und antriebslos fühlt, wird weniger wahrscheinlich Aktivitäten in Angriff nehmen, die er früher genießen konnte. Bei BA dreht der Therapeut diese Reihenfolge um und verlangt vom Patienten, von außen her zu handeln – das bedeutet, ausgehend von einem Ziel oder Plan. Der depressive Patient wird beispielsweise gebeten, Aktivitäten, die früher Freude bereit haben, trotz seines Mangels an Interesse auszuführen oder seine Aktivität auf andere Weise zu steigern und dabei dem Prinzip zu folgen, dass die Freude schließlich zurückkommt. Das Ziel des »Von-außen-nach-innen«-Handelns besteht darin, den Patienten mit Belohnung in seiner Umgebung in Kontakt zu bringen und so die negative Eigendynamik der depressiven Stimmung umzukehren.

Einige Patienten äußern hier Bedenken. Ein Handeln »von außen nach innen« könnte künstlich oder unecht sein. Das trifft zu einem bestimmten Grad auch zu.

BA lädt den Patienten ein, nach einem Plan anstatt nach einer Emotion zu handeln. Dies kann sich unnatürlich oder aufgesetzt anfühlen. Eine möglicherweise hilfreiche Analogie ist, sich einen Rechtshänder vorzustellen, der sich den rechten Arm gebrochen hat und nun alle alltäglichen Handlungen mit links vornehmen muss. Man fühlt sich schon unbeholfen, wenn man nur eine Hand statt beiden benutzt, um durch den Tag zu kommen. Und man ist besonders unbeholfen, wenn man ausschließlich auf seine nicht dominante Hand angewiesen ist. Der Mann mit dem gebrochenen Arm wird auch sagen, dass es sich komisch anfühlt, wenn er mit der linken Hand tapsig versucht, eine Tasse Kaffee zu machen oder am Computer zu arbeiten. Diese Aufgaben verlangen mehr Mühe und Hingabe als zuvor ohne gebrochenen Arm. Mit der Zeit wird er Übung erwerben und das Arbeiten nur mit der linken Hand wird einfacher. Gebrochene Arme heilen und er wird dann wieder in der Lage sein, beide Hände zu benutzen und zur Normalität zurückzukehren. Diese Analogie beschreibt treffend, was wir von unseren depressiven Patienten verlangen. Wir bitten sie, sich auf das unbeholfene, mühevolle und vielleicht unnatürliche Gefühl einzulassen, Aktivitäten auszuführen, die ihre Stimmung »von außen nach innen« verbessern, bis ihre Depression sich auflöst. Sobald sie sich besser fühlen, empfinden sie die Routinetätigkeiten des täglichen Lebens zunehmend als automatisch und natürlich.

Ein weiterer Einwand gegen die Vorgehensweise »von außen nach innen« besteht darin, dass Depression biologisch ist. Diese Patienten können sich nicht vorstellen, dass ein verhaltensorientierter Ansatz ein Problem angehen kann, das tatsächlich etwas Physiologisches darstellt. Viele depressive Patienten nehmen mit unterschiedlichem Erfolg Antidepressiva oder haben sie genommen. Andere fragen sich, ob nicht eine Medikation mit Antidepressiva die bessere Wahl wäre. Der Therapeut kann dem Patienten bestätigen, dass es viele Möglichkeiten gibt, Depression zu behandeln.

In verschiedenen randomisierten klinischen Studien konnte gezeigt werden, dass BA und die kognitive Therapie ähnlich wirksam sind wie eine medikamentöse Behandlung (DeRubeis et al. 2005; Dimidjian et al. 2006). Kognitive und verhaltensorientierte Interventionen liefern zudem eine bessere Rückfallprävention als eine medikamentöse Behandlung alleine (Hollon et al. 2006). Für den Patienten ist es wichtig zu erfahren, dass Psychotherapien günstige Langzeitwirkungen haben, die bei medikamentösen Behandlungen fehlen.

Hilfreich für den Therapeuten ist auch Vertrautheit mit wissenschaftlichen Untersuchungen, die zeigen, dass die Veränderung der Aktivität eine direkte Auswirkung auf die eigene Stimmung und Biologie haben kann. Es gibt eine umfangreiche, wachsende Literatur über den Nutzen von Bewegung zur Behandlung depressiver Symptome. Dunn et al. (2006) konnten zeigen, dass Studienteilnehmer, die an 3–5 Tagen die Woche Sport entsprechend den Richtlinien des American College of Sports Medicine betrieben, eine signifikant größere Verminderung der depressiven Symptome zeigten als eine mit Placebo behandelte Gruppe oder eine Gruppe, die Sport in geringerem Ausmaß durchführte. Mather et al. (2002) zeigten eine Reduktion depressiver Symptome bei älteren Erwachsenen mit der Diagnose einer schweren depressiven Störung, die an einer Sportgruppe teilnahmen. Die Verbesserung war größer als bei Teilnehmern, die nur an einer Gesprächsgruppe teilnahmen. Brown et al. (2005) fanden eine Beziehung zwischen einer Steigerung der körperlichen Aktivität und einer Reduktion depressiver Symptome bei Frauen mittleren Alters. Die Veränderung war unabhängig von der vorbestehenden körperlichen oder psychischen Gesundheit. Diese Studien liefern zusätzliche Evidenz dafür, dass es möglich ist, seine Stimmung durch das, was man tut, zu verändern.

Elliot Valenstein, emeritierter Professor der Psychologie und Neurowissenschaften an der Universität von Michigan, hat dazu angemerkt: »Zweifellos formen Erfahrungen (sowohl prä- als auch postnatal) die Gehirnanatomie und -funktion und haben eine große Auswirkung auf Verhalten und Denken« (Valenstein 1998, S. 141). Erfahrungen im Leben und Aktivitäten haben Effekte auf körperliche Symptome. Unser Verhalten ist biologisch und unsere Biologie wird von unserem Verhalten beeinflusst. Aufgrund der Ergebnisse eines Expertenworkshops im Jahr 2004 zum Thema »Die Neurobiologie des Sports« entstand ein Konsenspapier (Dishman et al. 2006). Es half, das Forschungsgebiet der Neurobiologie des Sports zu erweitern. Eine Schlussfolgerung war: »Andauernde sportliche Aktivität verbessert die Gesundheit des Gehirns.« Die Wissenschaftler weisen auf Daten aus Tierversuchen hin, dass körperliche Aktivität die Ausschüttung von Wachstumsfaktoren im Gehirn stimuliert, Neurogenese fördert, die Entwicklung und das Wachstum neuer Zellen anregt. Körperliche Aktivität schützt vor ischämischen Schäden im Hippocampus und neurotoxischen Schäden im Neostriatum (Dishman et al. 2006, S. 346).

Klinische Studien haben Hinweise erbracht, dass Veränderungen in der Chemie des Gehirns auch bei Menschen ohne medizinische oder pharmakologische Interventionen erreicht werden können. Schwartz et al. (1996) haben herausgefunden, dass Teilnehmer mit der Diagnose einer Zwangsstörung, die auf Verhaltenstherapie angesprochen haben, nach der Behandlung signifikant größere Veränderungen im Glukosemetabolismus in einer Gehirnregion aufwiesen als diejenigen, die keine Verbesserung zeigten. Die Aussagekraft dieser Untersuchung ist wegen der sehr kleinen Stichprobengröße (9 Teilnehmer) begrenzt. Jedoch hat eine größere Studie mit 22 Teilnehmern infolge einer erfolgreichen Verhaltenstherapie bei Zwangsstörungen ebenfalls eine signifikante Senkung des Blutflusses in diesem Gebiet gezeigt (Nakatani et al. 2003). Studien zu neuralen Mechanismen der Behandlung mit kognitiver Verhaltenstherapie bei weiteren psychischen Störungen wie soziale Phobien haben ähnliche Ergebnisse erbracht (Furmark et al. 2003).

Studien mit funktioneller Bildgebung bei Patienten mit Depression, zeigen reziproke Anstiege im limbischen System und Verminderungen auf kortikaler Ebene bei erfolgreicher Behandlung mit KVT (Goldapple et al. 2004). Die Autoren dieser Studie vermuten, dass die mit einer erfolgreichen Behandlung mit KVT assoziierten metabolischen Veränderungen neurale Korrelate der angenommenen psychologischen Mechanismen darstellen: gerichtete Aufmerksamkeit, belohnungsabhängige Entscheidungsprozesse, Aufmerksamkeit für emotional relevante Ereignisse, Gedächtnisfunktion, selbstreferentielle Verarbeitung und Grübelprozesse. Eine Metaanalyse von an mehreren Zentren gewonnenen Bildgebungsdaten mit Baseline Scans der Hirnregionen, die bei vorausgehenden Studien mit Depressionen assoziiert waren, ergab differierende Muster neuraler Aktivierung bei Ansprechen auf medikamentöse Behandlung und Ansprechen auf kognitive Verhaltenstherapie

(Seminowicz et al. 2004). Obwohl sich die spezifischen Veränderungsmuster der neuralen Aktivierung im Verlauf der Behandlung bei Patienten mit medikamentöser Behandlung von Patienten mit psychotherapeutischer Behandlung unterschieden, war doch die erfolgreiche Anwendung jeder Behandlungsmodalität mit signifikanten Veränderungen in der Gehirnaktivität verbunden. Zahlreiche Studien haben gezeigt, dass die Wirkung der kognitiven Therapie lange anhält. Eine Behandlung mit Antidepressiva verringert das Rückfallrisiko in der Zukunft dagegen nicht (De Rubeis et al. 2008). Es gibt noch keine Bildgebungsdaten im direkten Zusammenhang mit der Behandlung mit BA. Die Studien mit kognitiver Therapie oder KVT unterstützen aber die Annahme, dass nicht-pharmakologische Interventionen beobachtbare biologische Veränderungen hervorrufen können. Die akute Wirkung der Behandlung mit BA ist der kognitiven Therapie überlegen. In einer großen randomisierten klinischen Studie unterschieden sich die Rezidivraten nach zunächst erfolgreicher Behandlung über einen Zeitraum von 2 Jahren nicht zwischen Patienten, die mit BA und denjenigen mit kognitiver Therapie behandelt wurden. Signifikant mehr Studienteilnehmer, die auf antidepressive Medikation (Paroxetin) angesprochen hatten, erlitten einen Rückfall, nachdem die Medikation abgesetzt wurde im Vergleich zu den Teilnehmern der beiden Psychotherapiearme (Dimidijan et al. 2006; Dobson et al. 2008). Wir haben keine neurobiologischen Befunde zu den Patienten, die erfolgreich mit BA behandelt wurden. Unsere spekulative Annahme ist dennoch, dass die bei BA angestrebten Verhaltensänderungen eine ähnliche Auswirkung auf die neurale Aktivität haben, wie dies bei KVT der Fall ist. Patienten werden bei BA ermutigt, eine Vielzahl von Aktivitäten zu intensivieren. Die Spanne reicht dabei von komplexen Aufgaben wie Arbeiten, Erfüllung familiärer Aufgaben bis zu einfachen sportlichen Übungen. Die Patienten werden ermutigt, eine aktive Haltung einzunehmen, an Problemlösungen mitzuwirken anstatt zu grübeln und sich in einer Weise zu engagieren, die das Gegenteil von Vermeidung ist.

Regelmäßige tägliche Aktivität ist einen Schutzfaktor für die seelische und körperliche Gesundheit. Insbesondere konnte für Freizeitaktivitäten gezeigt werden, dass sie bei Jugendlichen, Erwachsenen und älteren Menschen zu Wohlbefinden führen. Sie verbessern die Fähigkeit, Stressbelastungen im Alltag zu bewältigen (Caldwell 2005). Chung (2004) hat herausgefunden, dass Bewohner von Altenheimen in Hong Kong, die in der Lage waren, an Alltagsaktivitäten und Freizeitaktivitäten teilzunehmen, ein größeres Empfinden von Wohlbefinden hatten als diejenigen, die sich nicht an solchen Aktivitäten beteiligten.

Es besteht auch eine zunehmende Evidenzgrundlage für die Annahme, dass als sinnvoll erlebte Arbeit eine bedeutsame Auswirkung auf die seelische Gesundheit hat. Mallinckrodt und Bennet (1992) fanden, dass Menschen, die seit kurzer Zeit arbeitslos waren, stärker depressiv waren als diejenigen, die durchgehend eine Beschäftigung hatten. Soziale Unterstützung war allerdings ein Schutzfaktor für diejenigen, denen die Arbeitsstelle gekündigt worden war. Bulstein (2008) schreibt: »Arbeit ist ein zentraler Bestandteil für die Entwicklung und Aufrechterhaltung seelischer Gesundheit« (S. 230). Tägliche, als sinnvoll erlebte Arbeit stellt eine Quelle der Zufriedenheit und des Wohlbefindens dar. Andererseits versetzt eine neue Stelle Menschen, die ihren Arbeitsplatz verloren haben, nicht notwendigerweise in die

Lage, zu ihrer früheren Lebenszufriedenheit zurückzukehren (Lucas et al. 2004). Deshalb sollten Therapeuten bei der Anwendung von BA den Patienten keine unbedarften Lösungen anbieten. »Sich einfach auf die Suche nach einer neuen Arbeit machen«, ist keine hinreichende Behandlung bei Depression. Andererseits haben soziale Netzwerke und das Gefühl von Kompetenz bei den meisten Erwachsenen etwas mit ihrem Arbeitsplatz oder ihren beruflichen Verbindungen zu tun.

Es ist für den Therapeuten möglicherweise hilfreich, sich auf diese Wissensgrundlage zu beziehen, und den Patienten dazu einladen, die Strategien von BA zu testen. Der Patient wird ermutigt, wenn er weiß, dass es vielfältige wissenschaftliche Untersuchungen gibt, die Prinzipien von BA belegen. Therapeuten und Patient treffen auf der Grundlage dieser Informationen die Entscheidung, auf welche Aktivitäten sie sich am besten fokussieren und auf welche Weise die Arbeit »von außen nach innen« beginnen soll.

Prinzip 4: Planen Sie Aktivitäten entlang einer zeitlichen Struktur und nicht nach Stimmung!

Der Prozess der Verhaltensdiagnostik hilft dem Therapeuten und dem Patienten, eine Aktivität auszuwählen und dazu eine solide Begründung zu entwickeln, warum genau diese Aktivität wichtig ist. Der nächste Schritt besteht darin, die Aktivität genau zu planen und zu strukturieren. Der Grund für die Notwendigkeit der Planung der Aktivität liegt darin, dass die Identifizierung einer spezifischen Zeit und manchmal auch eines Ortes dabei hilft, den Erfolg der Aktivierung zu maximieren. Nicht jede Aufgabe muss aber eine genaue zeitliche Festlegung beinhalten. So kann es eine Vereinbarung mit dem Patienten sein, einen Freund bis zur nächsten Sitzung anzurufen. Auf der anderen Seite, ist das genaue zeitliche Festlegen einer Aktivität oft sehr hilfreich. Viele Patienten haben zwar gute Absichten, sind aber in ihrem Verhalten Stimmungen unterworfen, die der Ausführung des gefassten Plans im Wege steht. Genaue Planung bezieht sich auf die Festlegung einer bestimmten Zeit für die Ausführung der Aktivität. Sie liefert dem Patient einen geeigneten Ankerpunkt nach dem er sich richten kann, anstatt danach zu gehen, wie er sich in dem Moment fühlt. Wenn es passend ist, legen Therapeut und Patient auch die Dauer der Aktivität fest. Die Aktivität zu strukturieren, bedeutet, genau zu definieren, wie sich der Patient verhalten soll, zu entscheiden, wo die Aktivität stattfinden soll, ob andere Menschen beteiligt sind und wie der Patient den Erfolg erfassen kann.

Entscheiden, wie häufig die Aufgabe ausgeführt werden soll

Patienten überschätzen oft, was zu Beginn erreicht werden kann. Die Entscheidung über die Häufigkeit einer bestimmten Aufgabe muss dem Prinzip folgen, klein anzufangen und dann das Verhalten schrittweise zu intensivieren. Ein Beispiel ist ein Patient, James, der gerne wieder mit dem Joggen anfangen möchte und plant, dies jeden Tag bis zur nächsten Sitzung zu tun. Möglicherweise war diese Frequenz, bevor er depressiv wurde, für ihn leicht zu erreichen. Jetzt ist es wahrscheinlich eine

Überforderung. Bei der Anwendung von BA leitet der Therapeut den Patienten dabei an, mit einer Frequenz zu starten, die zuverlässig erreichbar ist. Der Therapeut schlägt beispielsweise vor, dass der Patient in der Woche einmal läuft. Der Patient schlägt dann möglicherweise vor, dass er nicht nur einmal, sondern dreimal in der Woche joggt. Das ist dann ein guter Ausgangspunkt. Der Patient kann immer noch mehr machen, wenn er das schafft. Der nächste Schritt besteht darin, über die Intensität und die Dauer der Aktivität zu entscheiden.

Die Dauer und Intensität der Aktivität festlegen

Betrachten wir die Situation von James. Der Patienten vereinbart in einer der ersten Therapiesitzungen, bis zur nächsten Verabredung an drei Tagen der Woche einen Spaziergang zu unternehmen. Was ist das Problem mit dieser Vereinbarung? Die Abmachung ist ein vielversprechender Ansatz, den Patienten zu körperlicher Aktivität zu veranlassen. Auch ist klar, wie oft die Aktivität auftreten soll. Dennoch fehlt eine Spezifizierung, die für James hilfreich sein könnte. Die Frage, über die der Therapeut nachdenken kann, lautet: »Ist uns beiden wirklich klar, was wir genau verabredet haben?« BA legt großen Wert auf verhaltensbezogene Spezifität. Hat sich James darauf eingelassen insgesamt zwei Stunden, 10 Minuten oder darauf insgesamt 5 Kilometer spazieren zu gehen? Wenn James üblicherweise eine Stunde für 5 Kilometer braucht, ist es eine gute Idee sein die maximale Dauer auf 20 Minuten pro Tag dreimal die Woche für die erste Woche festzulegen.

Spezifische Tage und Zeiten für die Durchführung der Aktivitäten festlegen

Mit der wiederholten Auswertung von Aktivitätsprotokollen des Patienten entwickelt der Therapeut allmählich ein klares Bild von dem derzeitigen Umfang der Aktivitäten. In diesem Zusammenhang können Therapeut und Patient auch die Tage und Zeiten identifizieren, an denen die Wahrscheinlichkeit maximal ist, dass die Aktivitäten vollständig ausgeführt werden. Kommen wir zu James zurück, den Patienten, der damit einverstanden war, dreimal die Woche einen Spaziergang zu machen. Er sagte, dass die größte Wahrscheinlichkeit für die Durchführung des Spaziergangs früh morgens sei, solange er den Schwung noch nicht verloren habe. Als erstes beachtet der Therapeut, wann James bei der Arbeit sein muss und wie früh er dann das Haus verlassen müsste, um einen Spaziergang zu machen. Er diskutiert, ob es machbar ist, als erstes am Morgen einen Spaziergang zu machen. Ein Patient, der beispielsweise kaum rechtzeitig aus dem Bett kommt, um zur Arbeit zu kommen, wird kaum in der Lage sein, eine Stunde eher aus dem Bett zu springen, um einen 20-minütigen Spaziergang zu machen. James kann entscheiden, welche Tage besser zu seinen Arbeitszeiten passen. Dann kann er »20-minütiger Spaziergang« an den spezifischen Tagen und Zeiten in sein Aktivitätsprotokoll eintragen, die vereinbart wurden (▶ **Abb. 5.1**).

5 Das Planen und Strukturieren von Aktivitäten

Prinzip 5: Veränderung ist einfacher, wenn man klein anfängt.

Dieser einfache Gedanke ist kritisch für wirkungsvolle Aktivierung. Wenn wir einen Kuchen nach einem Rezept backen, wiegen wir zuerst alle Zutaten ab. Dann mischen wir zuerst die trockenen und dann die flüssigen Zutaten und fügen schließlich alles zusammen. Wir schütten nicht alle Zutaten gleichzeitig in eine Form, rühren um und stellen sie in den Ofen. Ganz ähnlich müssen Aktivitäten in definierbare, spezifische Verhaltenseinheiten heruntergebrochen werden, dies gilt besonders für jemanden, der eine Depression bewältigen möchte.

Bedauerlicherweise vergessen viele von uns diese einfachen Wahrheiten. Wir nehmen uns beispielsweise vor, bei einer einwöchigen Reise an den Geburtsort, an dem wir unsere Kindheit verbracht haben, alte Freunde und die Familienangehörigen zu treffen. Dann stellen wir fest, dass wir nicht einmal genug Zeit haben, die Hälfte der vorgesehenen Leute zu treffen. Früh am Sonntagmorgen stellen wir uns vor, alle anstehenden Arbeiten zuhause zu erledigen. Am Abend wird dann klar, dass der größte Teil der Arbeit unerledigt bleibt. Dieses Verhaltensmuster ist bei Gesunden häufig, ist aber für einen Patienten mit Depression problematisch. Die Alternative von BA ist ein gestufter Verhaltensaufbau.

Gestufter Verhaltensaufbau wird für die gesamte Behandlung empfohlen. Der Therapeut arbeitet mit dem Patienten daran, klein anzufangen und jeweils auf das Erreichte aufzubauen. Man beginnt mit der einfachsten Komponente und arbeitet sich in Richtung zunehmender Komplexität und Schwierigkeit weiter vor. Somit erfolgt der Verhaltensaufbau schrittweise. Eine gestufte Planung erhöht die Wahrscheinlichkeit eines frühen Erfolgs. Dies dient dazu, sicherzustellen, dass die Behandlung als belohnend erlebt wird. Die Therapie kann als bestrafend empfunden werden, wenn die ersten Schritte zu schwierig sind, um vollständig ausgeführt zu werden. Wenn man der Idee folgt, dass Aktivität weitere Aktivität hervorbringt, kann ein früher Erfolg zu einem Gefühl eigener Kompetenz führen. Dies erhöht die Motivation, sich auf weitere Aktivitäten einzulassen.

Locke und Latham (1990) haben beobachtet, dass sich die Leistung verbessert, wenn sich Menschen anspruchsvolle, aber spezifische Ziele setzen, anstatt anspruchsvollen, aber vagen Zielen zu folgen. Kurzfristige Ziele führen zu besserer Leistung als langfristige Ziele (Bandura & Schunk 1981). Pläne zur Umsetzung von Zielen, die genau das Wann, Wo und Wie des Verhaltens spezifizieren, sind kritische Elemente der Zielerreichung (Gollwitzer 1999; Gollwitzer & Brandstätter 1997). Entwicklungsziele von Verhalten, die auf das Vorhandensein oder das Fehlen positiver Ergebnisse fokussieren, haben Vorteile gegenüber Vermeidungszielen, die auf das Vorhandensein oder Fehlen von negativen Ergebnissen fokussieren. Diese Forschungsergebnisse können als Grundlage für die Bemühungen des Therapeuten und des Patienten zur Strukturierung der Aktivitäten dienen.

Die erhobene Baseline ist der Ausgangspunkt für abgestufte Aufgaben. Es ist unabdingbar, dort zu beginnen, wo der Patient sich momentan befindet und nicht dort, wo er glaubt, dass er sein müsste. Ein Patient, der schon lange an einer Depression leidet, braucht wahrscheinlich viel Zeit für Veränderungen.

Behavioral Activation als Therapie für Patienten mit depressiven Störungen

	MO	DI	MI	DO	FR	SA	SO
5 Uhr – 7 Uhr		20 Minuten Spaziergang					
8 Uhr	8:30 Losfahren zur Arbeit	8:30 Losfahren zur Arbeit	8:30 Losfahren zur Arbeit	8:30 Losfahren zur Arbeit	8:30 Losfahren zur Arbeit		
9 Uhr							
10 Uhr							
11 Uhr						20 Minuten Spaziergang	
12 Uhr							
13 Uhr							
14 Uhr							20 Minuten Spaziergang
15 Uhr							
16 Uhr							
17 Uhr							
18 Uhr							
19 Uhr							
20 Uhr							
21 Uhr							
22 Uhr							
23 Uhr – 5 Uhr							

Abb. 5.1: Aktivitätsprotokoll von James

Alice hatte sich zum Ziel gesetzt, wieder mit ihren Freundinnen in Kontakt zu kommen. Beth musste dabei darauf achten, dass sie klein anfing und die Aufgabe in so kleine Teile wie möglich heruntergebrochen wurde.

BETH: *Wir haben ja über Ihren Wunsch gesprochen, wieder mit Ihren Freundinnen in Kontakt zu kommen.*
ALICE: *Ja, ich kann einfach nicht damit weitermachen, allen aus dem Weg zu gehen. Ich werde sonst mutterseelenallein sein.*
BETH: *Was geschieht, wenn sie daran denken, eine Freundin anzurufen?*
ALICE: *Am Morgen drehe ich mich einfach um und bleibe im Bett. Ich fühle mich einfach so müde und niedergeschlagen. Es fällt mir alles so schwer. Am Abend denke ich an alles Mögliche, außer daran, anzurufen.*

BETH: Haben Sie irgendeinen Schritt in Richtung anrufen oder eine Freundin treffen unternommen?
ALICE: Nein, keinen. Nicht seit ich mich mit Ellen getroffen habe. Es gibt so viele Leute, aber ich fühle mich von allem überfordert. Ich denke, ich sollte diese Frau aus meiner Firma treffen, die nett zu sein scheint und mich kennenlernen möchte. Ich habe seit fünf Monaten nicht mit Bobby gesprochen. Er wollte sich noch vor Weihnachten mit mir treffen! Ich glaube, ich sollte Bobby sehen.
BETH: Das ist eine große Aufgabe, Alice.
ALICE: ... und da sind dann noch meine Schwester und mein Bruder – wenn ich über all das nachdenke, möchte ich mich am liebsten in einem Loch verkriechen.
BETH: Ich verstehe. Es ist eine Überforderung, sich vorzustellen, das alles gleichzeitig zu tun. Mit Ihren Freundinnen und Freunden wieder in Kontakt zu kommen, ist eine große Aufgabe. Sie haben aber schon einige kleine Schritte unternommen, als Sie sich mit Ellen das eine Mal getroffen haben. Ich frage mich, welche weiteren kleinen Schritte Sie angehen könnten. Was halten Sie davon, eine Auflistung einiger spezifischer Aktivitäten zu erstellen, die für den Wiederaufbau ihrer zwischenmenschlichen Beziehungen wichtig sind? Dann können wir sehen, was ein hilfreicher Ausgangspunkt ist.
ALICE: Okay
BETH: Es klingt so, als hätten Sie schon eine Liste der Menschen in Ihrem Leben, mit denen Sie Kontakt aufnehmen könnten. Was halten sie davon, wenn wir diese Personen in eine Rangfolge bringen, mit wem das am leichtesten und mit wem am schwersten ist?
ALICE: Das ist einfach: Mein Bruder und meine Schwester stehen ganz oben, dann vielleicht Bobby, weil ich es schon so lange hinausgeschoben habe, und dann die Person aus meiner Firma. Ellen wäre wohl die einfachste. Ich denke, ich könnte damit beginnen.
BETH: Das leuchtet mir ein. Ich finde die Idee auch deshalb gut, weil es so aussieht, als hätte ein erneuter Kontakt zu Ellen derzeit die größte Wahrscheinlichkeit sich positiv auf Ihre Stimmung auszuwirken. Stimmt das?
ALICE: Ja, sie war wirklich sehr unterstützend.
BETH: Was halten Sie davon, sich für die kommende Woche zunächst das Ziel zu setzen, Ellen einmal zu treffen?
ALICE: Ich weiß nicht ...
BETH: Hört sich so an, als könnte etwas dazwischen kommen.
ALICE: Ich denke, es wäre eine große Sache.
BETH: Ja, das ist eine gute Beobachtung. Das hört sich so an, wie wenn wir die Aufgabe noch weiter herunterbrechen sollten. Wie wäre es damit, wenn Sie damit anfangen, sie zu fragen, ob sie an einem Nachmittag eine Tasse Kaffee mit Ihnen trinken möchte?
ALICE: Ich denke, das könnte klappen.
BETH: Wann würden Sie das tun können?
ALICE: Vielleicht morgen. Ich fühle mich in der Regel nach den Therapiesitzungen ein bisschen besser motiviert.

BETH: Und was ist, wenn Sie aufwachen und sich absolut unmotiviert fühlen?
ALICE: Ich weiß nicht. Das wäre ziemlich typisch.
BETH: Eine Option könnte sein, dass Sie sich daran erinnern, was wir über die »Von außen-nach-innen«- und »von »Innen-nach-außen«-Aktivitäten besprochen haben. Glauben Sie, dass das helfen könnte? Wir könnten auch eine Selbstinstruktionskarte schreiben, die Sie an einer Stelle anheften, wo Sie es sehen, wenn Sie aufwachen.
ALICE: Das könnte mir helfen.
BETH: Die andere Option wäre, dass Sie sie noch heute anrufen, gleich nach unserer Sitzung.
ALICE: Das ist wahr. Das ist vielleicht besser. Ich könnte wenigstens anrufen und sehen, ob sie morgen überhaupt kann.
BETH: Ich glaube der Schlüssel liegt hier darin, einen Startpunkt zu finden. Ich weiß, dass das wirklich schwer ist. Das ist für Sie für lange Zeit ein belastendes Thema gewesen und es kann Sie erhebliche Mühe kosten, dieses Problem zu lösen. Dennoch bin ich sehr zuversichtlich, dass wir das hinbekommen können. Ich bitte Sie, nicht mehr von sich selbst zu erwarten als ein Treffen auf eine Tasse Kaffee mit Ellen in dieser Woche.
ALICE: Okay, das kann ich schaffen, vorausgesetzt sie hat Zeit.
BETH: Dann sollten wir aufschreiben, dass Sie den Anruf heute nach der Sitzung tätigen und dann vielleicht an verschiedenen Tagen Zeiten in Ihrem Plan blockieren, damit wir sicher sind, dass Sie einen Tag finden, an dem sie auch Zeit hat.
ALICE: Ich denke, das ist die beste Möglichkeit, sicherzustellen, dass ich es auch wirklich umsetze.
BETH: Dann sollten wir darüber sprechen, wo Sie den Kaffee trinken, damit es auch klappen wird.

In dieser Therapiesequenz arbeitet Beth mit Alice daran, die Aufgabe einer Verabredung mit einer Person in kleine Schritte zu zerlegen. Manchmal haben Patienten erhebliche Probleme mit kleinen Aufgaben, schaffen aber viel mehr, sobald sie einmal angefangen haben. Alice entschließt sich möglicherweise, mit einem Anruf bei Ellen zu starten und später in der Woche wieder Kontakt mit ihrem Freund Bobby aufzunehmen. Aufgaben in kleine Schritte zu zerlegen verlangt vom Therapeuten und vom Patienten Kreativität. Manche Aufgaben wie das Reinigen eines Raumes oder das Bezahlen ausstehender Rechnungen sind klar überschaubar. Andere Aufgaben wie der Aufbau persönlicher Beziehungen oder das Trauern um einen schweren Verlust können sehr komplex sein. Ungeachtet der Komplexität besteht die Intention darin, den Patienten dazu zu bringen, mit irgendetwas zu beginnen. Es ist klar, dass ein Treffen mit einem Freund nicht einfach einen depressiven Zustand aufhebt. Dennoch bezieht sich der Therapeut bei der Anwendung von BA immer wieder auf das Prinzip »klein anfangen und auf die Ergebnisse aufbauen«. Das Verändern kleiner Dinge kann zu einem Gefühl eigener Kompetenz und zu einem Funken Hoffnung führen. Dadurch steigt die Wahrscheinlichkeit, dass der Patient weitermacht und sich auch wieder mit schwierigen und wichtigen Elementen seines Lebens befasst. Das ist besonders bedeutsam, wenn man es mit Problemen zu tun hat, die nicht nur wegen der Depression des Patienten, sondern auch wegen des konkreten Lebenskontextes kompliziert sind. So kann z. B. die Suche nach einem Arbeitsplatz schwierig sein. Der Prozess der Arbeitssuche kann die Depression über die Zeit aufrechterhalten oder intensivieren.

John hatte seine Arbeit als Handelsvertreter vor vielen Monaten verloren. Es war sein Traum gewesen, ein eigenes Geschäft zu eröffnen und sein eigener Chef zu sein. Er dachte, er könnte mit der Unbeständigkeit der wirtschaftlichen Situation fertig werden und wollte nicht von einer Firma abhängig sein. Er versuchte ein paar Monate lang mühevoll, ein eigenes Geschäft zu starten. Dann war er frustriert und niedergeschlagen. Bei Therapiebeginn fühlte er sich festgefahren. Er verbrachte den ganzen Tag zuhause. Er sagte dem Therapeuten, dass er nicht einmal wusste, was er den ganzen Tag über tat. Er hatte immer noch etwas Hoffnung, den Plan eines eigenen Geschäfts umzusetzen. Aber er saß ganz klar in einer Falle. Er wusste nicht, wo er anfangen sollte. Glücklicherweise hatte John eine kleine Abfindung bekommen und seine Frau arbeitete Vollzeit. So war genug Geld für ihn vorhanden, um Zeit zu haben, das herauszufinden. Das Problem war, dass die Zeit verstrich und er keinen Schritt vorankam.

Mit der Hilfe des Therapeuten begann John, in kleineren Einheiten zu denken. Der erste Schritt bestand darin, sich die Arbeit von Leuten anzusehen, die es ihnen erlaubte, unabhängig zu sein, im Freien zu arbeiten und während des Tages unterwegs zu sein. Im Rahmen einer ersten Hausaufgabe erkundete er die Möglichkeiten von Landschaftsgärtnerei, Gartenpflege, Herstellung von Exposés über Häuser und Grundstücke für Makler, Hunde ausführen und Anstreicher. Sein Therapeut und er erörterten, was er über jede der Optionen gelernt hatte. Von allen Ideen erschien ihm die Möglichkeit, etwas mit Tieren zu tun besonders verlockend. Er glaubte, dass er nur wenig zusätzliche Schulung brauche, um zu lernen, wie man mit Hunden umgeht. Er entschloss sich, die Möglichkeit zu erkunden, einen Betrieb für das Ausführen und die Schulung von Hunden zu eröffnen. Er hatte den ersten kleinen Schritt getan und eine Entscheidung über die Art des Betriebs gefällt, die er weiter verfolgen wollte.

Mit der Begleitung durch seinen Therapeuten begann John, ein Konzept für sein Geschäft in kleinen Schritten aufzubauen. Als erstes erkundete er den Markt in seiner Umgebung. Er nahm an Kursen zur Hundeschulung mit seinem eigenen Hund teil, um gewissen Elemente von Hundetraining als Teil des Paketes für seine Kunden anbieten zu können. Als nächstes beschaffte er sich die erforderlichen Genehmigungen und schloss sich einer Vereinigung professioneller Haustierbetreuer an. Dann entwickelte er Prospekte und einen Marketingplan.

Nach 6 Monaten hatte er seine ersten drei Kunden. Er verdiente noch nicht genug für seinen Lebensunterhalt, aber es ging voran. Seine Stimmung hatte sich mit jedem Schritt der Aufgabe kontinuierlich verbessert. Er war immer noch wegen der Finanzen besorgt, aber er empfand Freude, wenn er mit den Hunden arbeitete.

Zusammenfassend gesagt ist der Ansatz, klein zu beginnen ein bedeutender Teil von BA! Er steuert der Tendenz entgegen, untaugliche Ziele zu setzen und hilft dem Patienten, auf produktive Weise voranzukommen. Sich selbst überfordernde Ziele zu setzen, kommt bei Patienten mit Depression besonders häufig vor. Viele Patienten sagen, dass es nicht genug ist, nur einige Schritte zu machen und dass sie mehr tun sollten. Am anderen Ende des »Ich-schaffe-das«-Kontinuums sagen die Patienten selbst bei den kleinsten Aufgaben »ich schaffe das nicht«. Die Betonung der Notwendigkeit, mit kleinen Schritten zu starten, bringt an beiden Enden des Spektrums Entlastung. Vereinbarungen über detailliert abgestufte Aufgaben sind für depressive Patienten außerordentlich hilfreich.

Mit Hilfe all dieser Techniken stellt der Therapeut ein Gleichgewicht zwischen dem Bedürfnis des Patienten nach Veränderung und den Realitäten der Verfügbarkeit von Energie, Zeit und Ressourcen her. Der Veränderungsprozess mit abgestuften Aufgaben erfordert vom Patienten und seinem Therapeuten Geduld und Beharrlichkeit. Tabelle 5.1 liefert zwei weitere Beispiele dafür, wie ein Therapeuten und ein Patient Aktivitäten in kleine Schritte zerlegt haben, um Veränderungen in wichtigen Lebensbereichen zu erreichen.

Tab. 5.1: Zwei Beispiele für die Abstufung komplexer Aufgaben

Beziehungen zu Freunden wieder aufnehmen

- Erstellen einer Liste mit Personen, zu denen der Patient den Kontakt verloren hat
- Sammeln von möglichst vielen aktuellen Telefonnummern oder Email-Adressen dieser Personen
- Ein oder zwei Personen für einen Kontakt auswählen
- Einen Tag, eine Uhrzeit und eine Methode der Kontaktaufnahme auswählen
- Einen Anruf tätigen oder eine E-Mail schicken
- Eine Person für ein persönliches Treffen einladen
- Einen anderen alten Freund finden
- Wiederholen

Verbesserung eines unbefriedigenden Arbeitskontextes, in dem der Patient sich überfordert fühlt und bei wichtigen Projekten im Rückstand ist

- Auflisten aller Projekte
- Feststellen der Deadline für jedes Projekt und kennzeichnen, ob die Projekte aktuell laufen
- Festlegen eines Projektes, das in der kommenden Woche angegangen werden soll
- Festlegen der spezifischen Teilkomponenten dieses Projektes
- Schätzung des Zeitbedarfs, der für jede Teilkomponente erforderlich ist
- Planen einer Teilkomponente für jeden Morgen
- Beobachten der benötigten Zeit, der Ergebnisse und der Hindernisse, die aufgetreten sind
- Mitbringen des Beobachtungsbogens zur nächsten Sitzung zur Problembewältigung und zur Auswahl eines neuen Projektes als nächstes Ziel

Anmerkung: Manche Aktivitäten sind einfacher abzustufen als andere. Ziele, die mit Beziehungen und Beruf zu tun haben, können kompliziert sein. Hier sind einige Möglichkeiten dargestellt, wie Therapeut und Patient solche Aufgaben abstufen können.

Dem Alles-oder-nichts-Prinzip bei der Aktivierungen entgegentreten

Die Planung und Strukturierung von Aktivitäten kann dem Vermeidungsverhalten des Patienten entgegenwirken und helfen, aktiv zu werden. Das Ziel ist dennoch nicht notwendigerweise, eine Aufgabe in vollem Umfang umzusetzen. Viele depressive Patienten entwickeln leicht ein Gefühl des Scheiterns. Sie setzen sich Ziele, die unrealistisch sind. Aktivitäten sollten so festgelegt werden, dass der Erfolg maximiert ist. Wenn beispielsweise eine einvernehmliche Festlegung dahingehend getroffen wurde, im Laufe der Woche zwei Freunde anzurufen oder zu besuchen, würde auch ein Gespräch mit nur einem Freund am Telefon als Erfolg gewertet, auf den man aufbauen kann. Manchmal bringt eine Aktivität eine sofortige Besserung der Stimmung mit sich, die es einfacher macht, den Ablauf erneut anzugehen (wie in unserem früheren Beispiel, als Ellen Alice mitteilte, wie froh sie war, von ihr zu hören). Bei anderen Gelegenheiten ist Ermutigung zum Weitermachen nötig. Der Therapeut kann seinem Patienten immer wieder versichern, dass eine richtig ausgewählte Aktivität schließlich belohnend werden wird, auch wenn dies nicht sofort der Fall ist. Das ist oft der Fall, wenn die Aktivität lästige Pflichten wie das Reinigen eines Zimmers, das Schreiben eines Berichts oder Ähnliches beinhaltet. Ein Patient kann darüber glücklich sein oder auch nicht, dass sein Garten nicht länger von Blättern übersät ist. Er führt diese Aufgabe möglicherweise aus, ohne sich darüber zu freuen, im Freien zu sein. Dennoch können fortgesetzte schrittweise Versuche mit Gartenarbeit im Laufe der Zeit als angenehm erlebt werden. Bei BA geht es zusätzlich bei Aktivitäten genauso um das Gefühl von Kompetenz wie um Genuss. Wir dürfen den Belohnungswert von Kompetenzgefühl nicht unterschätzen. Ein Patient, dem die Arbeit im Garten keinen Spaß macht, kann durchaus Zufriedenheit empfinden, wenn er mit der Arbeit fertig ist. Auch kleine Schritte können belohnend sein, auch wenn die Belohnung nicht gleich offensichtlich ist. BA basiert auf der Annahme, dass Patienten im Laufe der Zeit wieder auf Kurs kommen, wenn sie kontinuierlich kleine Schritte machen.

Prinzip 6: Aktivitäten betonen, die mit natürlichen Verstärkern verbunden sind!

Wenn sich Menschen mit Aktivitäten befassen, die in ihrer Umwelt auf natürliche Weise verstärkt werden, dann besteht eine größere Wahrscheinlichkeit für das Wiederauftreten als bei Verhaltensweisen, die mit arbiträr ausgewählten Kontingenzen verstärkt werden. Dabei fügt man nämlich extern etwas hinzu, was nicht notwendigerweise mit dem Verhalten verbunden ist – so wie wenn man einem Kind Süßigkeiten gibt als Belohnung dafür, dass es sich wäscht. Natürliche Verstärkung bedeutet, dass die verstärkenden Konsequenzen sich logisch aus dem Verhalten ergeben und in der Umwelt verankert sind (Sulzer-Azaroff & Mayr 1991). Wenn jemand beispielsweise das Geschirr spült, weil es ihm ein Gefühl von eigenem Können und Freude vermittelt, die Küche ordentlich zu sehen, dann wird das Spülverhalten mit höherer Wahrscheinlichkeit wieder vorkommen. Das Gefühl des eigenen Könnens und der Freude sind natürliche Kontingenzen, die der Handlung des Spülens logisch folgen. Im Gegensatz dazu steht eine Person, die das Geschirrspülen nur als lästige Pflicht ansieht und das ganze Erlebnis als aversiv empfindet. Wenn sie nach dem Abspülen etwas Leckeres zu essen bekommt, wird sie vielleicht ein oder zwei weitere Male das Geschirr spülen, aber das spezifische Verhalten des Geschirrspülens wird nicht notwendigerweise dauerhaft erhöht.

Wenn Alices Freundin Ellen auf den Anruf mit den Worten reagiert hätte »Es wird aber auch Zeit, dass du mal anrufst, ich dachte schon du wärst vom Erdboden verschwunden«, wäre Alice durch das Telefongespräch mit Ellen wohl beschämt und betrübt gewesen. Würde Ellen jedoch mit den Worten reagieren »Alice, das ist ja schön, von dir zu hören. Ich habe schon öfter an dich gedacht und wollte dich von mir aus anrufen – schön, dass du mir zuvor gekommen bist«, würde sich Alice wahrscheinlich akzeptiert und glücklich fühlen und würde eher dazu neigen, wieder anzurufen. Dies sind natürliche Kontingenzen und Ellens Anerkennung würde wohl als natürlicher Verstärker dienen.

Deshalb arbeitet der Therapeut bei der Anwendung von BA sorgfältig daran, Aktivitäten zu identifizieren, die eine hohe Wahrscheinlichkeit für natürliche Verstärkung haben. Die Hinweise auf diese Aktivitäten finden sich in der Vorgeschichte des Patienten. Die einfache Frage: »Was würden Sie tun, wenn Sie nicht depressiv wären?«, kann dabei helfen, solche Aktivitäten aufzudecken.

Die Kontingenzen im Leben des Patienten zu steuern, ist eine Möglichkeit, natürliche Verstärkung gut einzusetzen. Das Management von Kontingenzen bedeutet ganz einfach, die Ergebnisse der Aktivitäten unter bestimmten Umständen zu steuern. Beispielsweise kann der Therapeut seinen Patienten dazu ermutigen, öffentlich die Verpflichtung einzugehen, eine bestimmte Aktivität auszuführen. James, der Patient, über den schon früher gesprochen wurde und der sich verpflichtet hatte, in der nächsten Woche an drei Tagen einen Spaziergang von 20 Minuten zu machen, kann ermutigt werden, als Experiment den Spaziergang zusammen mit einem Freund anstatt alleine zu unternehmen. Die Zustimmung zu einem gemeinsamen Spaziergang mit einem Freund ist eine Art öffentliche Verpflichtung. Sie kann auch das Wohlbefinden steigern, das einer gemeinsamen Aktivität mit jemand anderem folgt. Manchmal können der Patient und der Therapeut vereinbaren, dass der Patient anruft, wenn er eine Aufgabe erledigt hat. Das dient zwei möglichen Zielen: Das Verhalten kann dadurch verstärkt werden, dass der Patient ein Gefühl von Kompetenz erlebt, wenn er dem Therapeuten einen Erfolg mitteilt. Vermeidungsverhalten wird vermindert, wenn der Patient gegenüber dem Therapeuten nicht eingestehen möchte, dass eine Aufgabe nicht erledigt wurde.

Eine andere Methode des Kontingenzmanagements ist die Anwendung des Premack (1959) Prinzips, das das Ausführen von hochfrequenten Verhaltensweisen nur in Abhängigkeit von dem vorausgehenden Ausführen von niederfrequenten Verhaltensweisen gestattet. Mit anderen Worten: Wenn Fernsehen ein hochfrequentes und das Säubern der Küche ein niederfrequentes Verhalten darstellt, kann man das Fernsehen zu dem vorausgehenden Reinigen der Küche kontingent machen, indem zuerst ein spezifizierter Zeitraum mit dem Reinigen der Küche zugebracht sein muss. Dieser Ansatz entspricht dem Prinzip, sich in Verhalten zu engagieren, das natürlich verstärkt wird. Er verwendet aber andere Anreize, um das Ausführen eines Verhaltens zu steigern, das in sich weniger verstärkend ist. Zugegebenermaßen verwendet er eine verstärkende Aktivität arbiträr, denn in unserem Beispiel ist Fernsehen keine natürliche Folge des Reinigens der Küche. Dennoch können mühsame oder schwierige Aufgaben dadurch leichter gemacht werden, dass die Kontingenzen in der Umwelt gesteuert werden. Musikhören beim Saubermachen kann das Reinigen vergnüglicher machen. Aufgaben abstufen, um mit einer zu beginnen, die schnell erledigt werden kann, kann ein unmittelbares Gefühl von Kompetenz hervorrufen und die Motivation vergrößern, eine Aktivität anzugehen, die mehr Zeit benötigt und schwieriger ist. Das Steuern von Kontingenzen, das Planen von Aktivitäten und das Setzen von Verhaltenszielen, die für den Patienten erreichbar sind, stellen Techniken dar, die bei BA durchgehend angewendet werden.

Tab. 5.2: Das Strukturieren und Planen von Aktivitäten bei BA

Bei der Unterstützung von Patienten, Aktivitäten zu strukturieren und zu planen, ist es oft hilfreich, folgende Gesichtspunkte zu beachten:

- Welche Häufigkeit der Aufgaben ist für den Patienten am wirksamsten?
- Welche Dauer und Intensität der Aktivität ist für den Patienten am wirksamsten?
- An welchen Tagen genau und zu welchen Uhrzeiten soll der Patient die Aktivität ausführen?
- Fangen Sie und der Patient »klein« an?
- Sorgen Sie und der Patient gegen eine »Alles-oder-nichts«-Haltung bei der Aktivierung vor?
- Haben Sie und der Patient Aktivitäten identifiziert, die wahrscheinlich auf natürliche Weise verstärkt werden?

Zusammenfassung

Wir haben die Bedeutung des Planens und Strukturierens von Aktivitäten hervorgehoben, so dass Patienten mit größerer Wahrscheinlichkeit ihr Aktivitätsniveau verbessern. Tabelle 5.2 liefert eine Zusammenfassung der Ideen zur Arbeit mit dieser Technik. Um den depressiven Patienten dabei zu unterstützen, sich mit antidepressiven Verhaltensweisen zu befassen, arbeiten Therapeut und Patient zusammen, um spezifische Aktivitäten zu planen, die der Patient dann zwischen den Sitzungen ausführt. Jede Aktivität wird im Voraus so strukturiert, dass der Patient ganz genau weiß, wozu er sich verpflichtet hat. Die Aktivitäten müssen mit den langfristigen oder kurzfristigen Zielen des Patienten konsistent sein. In der Vorgeschichte des Patienten finden sich Hinweise auf Aktivitäten, die möglicherweise zu einer natürlichen Verstärkung der antidepressiven Verhaltensweisen führen. Mögliche Probleme der Umsetzung werden im Vorhinein erörtert mit einem besonderen Schwerpunkt auf Vermeidungsverhalten. Wir wenden uns jetzt einer ausführlichen Diskussion von Problemlösetechniken zu und spezifischen Möglichkeiten, Vermeidungsverhalten vorzubeugen.

6 Probleme lösen und Vermeidungsverhalten entgegenwirken

Ein Handlungsplan ist mit Risiken und Kosten verbunden. Diese sind aber weit geringer als die Langzeitrisiken und Kosten des Nichtstuns.
John F. Kennedy (1917–1963)

Alice sagte zu ihrer Therapeutin: »Mein Leben ist ein einziges Durcheinander und ich bin so weit von dem entfernt, wo ich sein möchte. Meine Freundschaften sind ein Scherbenhaufen und ich fühle mich elend. Manchmal frage ich mich, was das Ganze überhaupt soll.«

Beth hörte aufmerksam zu, als Alice über ihre Schwierigkeiten im Bereich zwischenmenschlicher Beziehungen berichtete und darüber, wie diese Probleme mit ihrer anhaltenden Depression in Verbindung stehen. Alice erklärte: »Die einzige Person, die mich überhaupt noch anruft, ist Ellen. Warum sollte mich auch irgendjemand anrufen, wenn ich die Anrufe nicht beantworte. Außerdem müssten sie einen besonders hässlichen Teil der Stadt aufsuchen, wenn sie mich besuchen wollen. Alles, was ich tun kann, ist aufstehen und zu meinem Aushilfsjob gehen – das ist schon alles, was ich mache, aber das ist kein Leben.«

Beth wurde das Ausmaß der Herausforderungen klar, vor denen Alice stand. Sie kommunizierte ihr das und fragte dann spezifisch nach den Problemen bei ihrer Arbeit. Sie sagte: »Alice, es klingt so, als hätten Sie zurzeit in Ihrem Leben nur wenig, das sinnvoll oder erfreulich ist. Sie verbringen sehr viel Zeit in einem Umfeld, das Sie nicht mögen. Wir haben schon damit begonnen, an Ihren Freundschaften zu arbeiten. Aber ich frage mich auch, wie sich Ihre Arbeitssituation auf Ihre Stimmung auswirkt. Haben Sie Ihr Ziel, eine bessere Anstellung zu finden, aufgegeben?«

Alices Antwort war klar: »Es ist sinnlos. Ich habe acht Monate gebraucht, um diese blöde Aushilfstätigkeit zu bekommen. Also ja, ich denke schon, ich habe in gewisser Weise viele Dinge aufgegeben. Es sieht so aus, als hätte ich nur Energie und Motivation dazu, im Bett zu liegen und in stupiden Zeitschriften zu blättern. Warum kann ich mich bloß nicht dazu aufraffen, wieder eine Arbeit zu suchen oder das Telefon in die Hand zu nehmen und Freunde anrufen?«

Beth erwiderte: »Alice, das klingt ähnlich wie das, worüber wir bei unserer ersten Therapiesitzung gesprochen haben. Das ist dieser Zwing-dich-einfach-dazu-Ansatz, das Willensstärkemodell, das bei Depression nicht gut funktioniert. Aktiv zu werden und Lebensprobleme zu lösen, ist etwas schweres, ganz besonders, wenn man sich depressiv fühlt. Denken Sie daran, dass es aus diesen Gründen besonders hilfreich ist, eine Therapeutin zu haben, um all das zu verstehen. Wir werden gemeinsam genau herausarbeiten, welche Probleme es sind, die Sie blockieren und daran hindern, in Ihrem Leben voranzukommen. Ich frage mich, bei welchem Bereich wir am besten anfangen – Freunde oder Arbeit?« Alice antwortete: »Das mit der Arbeit ist im Moment noch zu schwierig. Ich glaube nicht, dass ich das schaffe, solange ich mich so wie zurzeit fühle. Ich glaube auch, dass die Sache mit der Arbeit einfacher wäre, wenn ich dabei etwas Unterstützung hätte.« »Ich stimme Ihnen ganz und gar zu«, sagte Beth, »dann greifen wir das heute wieder auf.«

Einführung

Alice begann die Sitzung mit einem starken Ausdruck von Hoffnungslosigkeit und sagte direkt: »Es hat keinen Sinn!« Viele Therapeuten hören ähnliche Klagen von ihren Patienten. Sie fühlen sich überwältigt von Anzahl und Ausmaß ihrer Probleme. Manchmal fühlt sich auch der Therapeut überfordert. Oft sind Patienten depressiv, weil sie echte Lebensprobleme haben und sich in einer außerordentlich schwierigen und schmerzhaften Situation befinden. Einige Patienten haben zu Beginn der Therapie Bewältigungsstrategien, die durch Passivität, Vermeidung und Rückzug gekennzeichnet sind. Diese Strategien erzeugen sekundäre Probleme, die die Depression weiter aufrechterhalten können. Manche Patienten fühlen sich wie in einer dunklen Höhle und außerstande den Ausgang zum Sonnenlicht zu finden.

Effektives Problemlösen ist einer der Pfade, die aus der Depression herausführen. BA betont kontextuelle Faktoren in der Aufrechterhaltung der Depression. Deshalb spielt Problemlösung während des gesamten Verlaufs der Therapie eine zentrale Rolle. Die Aufgabe des Therapeuten bei BA besteht darin, die Rolle eines Trainers (Prinzip 7) einzunehmen. Ein großer Anteil des Trainings besteht in der Unterstützung des Patienten bei Problemlösungen. In Prinzip 8 heißt es: »Einen empirischen Problemlöseansatz betonen und würdigen, dass alle Ergebnisse von Verhaltensexperimenten nützlich sind.« Dieses Prinzip ist der rote Faden durch alle Therapiesitzungen. Therapeuten und Patient befassen sich mit den bedeutsamen Lebensproblemen. Der Therapeut verkörpert dabei mit seinem Verhalten gegenüber Problemen eine auf Problemlösung ausgerichtete Haltung. In diesem Kapitel erörtern wir, auf welche Weise Problemlösen bei BA angegangen wird. Wir geben zunächst einen Überblick über traditionelle Interventionen zur Problemlösung. Dies ist der Ausgangspunkt für den Umgang des Therapeuten mit Problemen bei BA. Ein Akronym kann bei BA als Gedächtnisstütze dienen, wenn man bei BA Problemlösetechniken anwendet.

Traditionelles Problemlösen und seine Verwendung bei BA

Problemlösen ist eine der grundlegenden und bewährten Techniken der KVT. Sie wird in der BA angewendet und ist als eigenständige Behandlungsmethode umfassend untersucht worden (D'Zurilla & Nezu 1999; Mynors-Wallis et al. 1997). Problemlösen hat eine lange Geschichte. Es wurde bei einer Vielzahl von Zielsymptomen und Problemen erprobt, bei verschiedenen Patientenpopulationen, sowohl in Form von Einzeltherapie (D'Zurilla & Goldfried 1971; D'Zurilla & Nezu 1982) als auch als Paartherapie (Jacobson & Margolin 1979).

Problemlösen in seiner traditionellen Form folgt einer festen Struktur. Der erste Schritt ist, das Problem klar zu definieren. Dies steht in guter Übereinstimmung mit unserer Empfehlung bei BA, spezifisch und konkret vorzugehen. Bereits eine klare Problemdefinition hilft dem Patienten, sich nicht völlig überwältigt zu fühlen. Probleme werden in verhaltensbezogenen Begriffen definiert, so dass es einfacher ist, Lösungen zu generieren. Wenn das Problem lautet: »Ich verbringe zu viel Zeit damit, an die Decke zu starren und darüber nachzudenken, wie sehr ich meine beste Freundin vermisse, die umgezogen ist«, kann man sich dazu verschiedene Lösungen vorstellen. Dagegen ist es schwierig, Lösungen zu einem Problem zu finden, das mit »Ich fühle mich schlecht« beschrieben ist. Es ist deshalb hilfreich, Patienten dahingehend anzuleiten, dass sie Probleme in verhaltensbezogenen Begriffe fassen und die Situation in dem Kontext betrachten, in dem die Probleme vorkommen.

Der zweite Schritt beim Problemlösen in der traditionellen Form besteht in einem Brainstorming. Dabei werden so viele Lösungen wie möglich benannt, ohne sie zu bewerten. Wenn man Lösungen nicht bewertet, öffnet man die Tür für viele verschiedene Möglichkeiten statt an einigen wenigen, praktikabel erscheinenden Lösungen festzukleben. Wenn eine umfängliche Liste von Möglichkeiten erstellt ist, können sie nach ihren Vor- und Nachteilen bewertet werden. Der Patient und der Therapeut sollten sich für diesen Schritt Zeit nehmen. Die Diskussion der jeweiligen Vor- und Nachteile von aus einer Liste entnommenen Lösungsvorschlägen hilft dabei, den besten Handlungsplan herauszufinden. Wenn sich der Patient für eine bestimmte Lösung entschieden hat, sollte sie in verhaltensbezogenen Begriffen formuliert und in die Praxis umgesetzt werden.

Der nächste Schritt in diesem Prozess ist das Bewerten des Ergebnisses. Um dies durchführen zu können, ist ein realistischer Zeitrahmen für das Experimentieren mit der Lösung erforderlich. Wenn der Patient die Lösung im festgelegten Zeitrahmen umgesetzt hat, kann das Ergebnis bewertet werden. An dieser Stelle kann es dann nötig sein, die Lösung zu modifizieren oder eine ganz andere Lösung zu erarbeiten.

Problemlösen bei BA erfordert nicht notwendigerweise, dass diese spezifischen Schritte explizit oder auf didaktische Art durchlaufen werden. Bei BA liegt die Betonung auf dem »Problemlösen« und nicht explizit auf »Problemlösen lehren«. Der Therapeut arbeitet mit dem Patienten aktiv an der Identifizierung und Lösung von Problemen, die die Depression auslösen oder aufrechterhalten. Dabei stellt der

Therapeut Fragen, um das Problem zu definieren, erarbeitet Lösungen und bewertet das Ergebnis der entwickelten Pläne. Ein Beispiel ist der Patient Timothy. Er wollte ein neues Auto kaufen, weil sein derzeitiges Fahrzeug einen hohen Benzinverbrauch hatte und teure Reparaturen benötigte. Seine Partnerin Gail war besorgt wegen der hohen Ausgaben. Timothy machte sich deshalb Gedanken, dass Gail sein Vorhaben missbilligen könnte. Er und sein Therapeut hatten folgenden Dialog:

TIMOTHY: *Ich möchte ein Auto kaufen, aber ich bin sicher, dass Gail ärgerlich reagiert, wenn ich sie frage.*
THERAPEUT: *Haben Sie beide schon über die Anschaffung eines neuen Autos gesprochen?*
TIMOTHY: *Nein. Als ich letzten Monat mit einem neuen Flachbildfernseher nach Hause gekommen bin, den einer meiner Bürokollegen für nur 300 € verkauft hat, ist sie richtig wütend geworden.*
THERAPEUT: *Haben Sie über die Anschaffung eines neuen Fernsehers gesprochen?*
TIMOTHY: *Wir hatten darüber gesprochen, vielleicht nächstes Jahr zu Weihnachten einen Flachbildfernseher zu kaufen. Ich dachte, es wäre ein Schnäppchen. Ich war völlig überrascht, wie wütend sie war, als ich ihn nach Hause brachte.*
THERAPEUT: *War sie wütend wegen der Geldausgabe?*
TIMOTHY: *Nun, ich glaube der Punkt war, dass ich sie vor dem Kauf nicht gefragt habe. Sie genießt jetzt das Fernsehen.*
THERAPEUT: *Also war sie wütend, weil Sie sich nicht mit ihr abgestimmt haben, bevor Sie Ihrem Freund den Fernseher abgekauft haben. Können Sie daraus etwas lernen für das Problem mit dem Kauf eines neuen Autos?*
TIMOTHY: *Also ich denke, ich sollte nicht einfach losgehen und ein Auto kaufen, ohne mit ihr vorher darüber zu reden.*
THERAPEUT: *Das hört sich vernünftig an. Wie könnten Sie das angehen – welche Möglichkeiten haben Sie?*
TIMOTHY: *Ja, ich könnte einfach losgehen und ein Auto kaufen, aber wie ich schon gesagt habe, das ist wahrscheinlich doch keine gute Idee. Ich denke, ich könnte ihr sagen, dass unser derzeitiges Auto uns langfristig eine Menge Geld kostet und dass es günstiger wäre, ein neues Auto zu kaufen.*
THERAPEUT: *Wie würden Sie das Ihrer Partnerin vortragen?*
TIMOTHY: *Oh, das ist einfach. Ich habe noch die Reparaturrechnungen der letzten drei Monate über 3200 €. Ich habe auch den Verbrauch genau beobachtet, unser Auto braucht 15 l auf 100 Kilometer! Ich denke, ein Hybrid wäre viel günstiger.*
THERAPEUT: *Sie könnten ihr diese Zahlen präsentieren. Gibt es noch etwas, das Sie tun könnten?*
TIMOTHY: *Ich könnte im Internet nach Preisen für gebrauchte Hybridfahrzeuge und die Angaben zum Benzinverbrauch ansehen.*
THERAPEUT: *Was würden Sie damit erreichen?*
TIMOTHY: *Ich könnte meiner Partnerin gute Argumente liefern und zeigen, dass es nicht um einen Spontankauf geht.*
THERAPEUT: *Ist das für sie wichtig?*

TIMOTHY: Ich glaube schon. Sie war richtig sauer, dass ich sie nicht wenigstens angerufen habe, bevor ich den neuen Fernseher gekauft habe, obwohl sie mir zugestimmt hat, dass der Preis in Ordnung war. Also, ich denke, ich sollte diese Informationen sammeln und mit ihr darüber sprechen.
THERAPEUT: Wann werden Sie das tun?
TIMOTHY: Ich weiß ja, was ich brauche. Morgen könnte ich im Internet recherchieren. Vielleicht sollte ich es hinter mich bringen und mit ihr morgen Abend darüber reden.
THERAPEUT: Sollen wir das so in Ihrem Aktivitätsprotokoll notieren?
TIMOTHY: Ja klar.
THERAPEUT: Gibt es noch irgendetwas anderes, das Sie tun möchten?
TIMOTHY: Vielleicht könnte ich sie fragen, ob wir uns am nächsten Wochenende mal ein paar Autos ansehen, vielleicht auch eine Probefahrt machen. Ich könnte ihr versprechen, dass ich an dem Wochenende noch nichts kaufen werde.
THERAPEUT: Ich glaube, das ist ein gut durchführbarer Plan. Ich frage mich gerade, wie wir den Erfolg des Plans einschätzen können. Wie können wir feststellen, dass die Lösung bei dem Problem funktioniert hat?
TIMOTHY: Wenn ich ein neues Auto habe.
THERAPEUT: Wäre es denn ein Fehlschlag, wenn Ihre Partnerin nicht mit einem neuen Auto einverstanden ist?
TIMOTHY: Nun, Sie haben Recht, das ist ziemlich übertrieben. Vielleicht wäre es schon ein Erfolg, wenn wir darüber sprechen, ohne uns zu streiten.
THERAPEUT: Glauben Sie, dass Ihr Plan gut genug ist, das zu garantieren?
TIMOTHY: Wenn ich ihr direkt sage, dass ich nur darüber sprechen möchte, weil mir ihre Meinung und ihre Überlegungen dazu wichtig sind – und dass ich nicht verlange, dass sie die Dinge genauso sieht wie ich.
THERAPEUT: Das hört sich nach einem vernünftigen Plan an, den Sie ausprobieren können. Wir können dann nächste Woche darüber sprechen, wie es ausgegangen ist.

Bei diesem Gedankenaustausch hilft der Therapeut Timothy, das Problem genau zu beschreiben, dass bei dem Kauf des neuen Fernsehers entstanden war. Es war in der Tat nicht der Kauf, sondern vielmehr der Mangel an Absprache mit der Partnerin, der diese ärgerlich machte. Hieraus ergab sich dann, welches Problem in Zusammenhang mit Timothys Wunsch nach einem neuen Auto geklärt werden muss. Timothy schlug sowohl unbrauchbare wie brauchbare Lösungen vor und legte sich schließlich auf einen Plan fest. Dann entwickelte er auch einen Zeitplan für die Umsetzung. Es war unrealistisch, einfach davon auszugehen, dass die Partnerin einfach zustimmt. Deshalb bat der Therapeut Timothy, ein spezifisches Kriterium für den Erfolg des Vorgehens zu bestimmen.

Kategorien von Problemen

Es gibt zwei allgemeine Kategorien von Problemen, die bei BA angegangen werden: primäre und sekundäre Probleme. Primäre Probleme sind normalerweise außerhalb der Kontrolle des Patienten. Sie beeinflussen sowohl die Entstehung wie auch die Aufrechterhaltung der Depression. Sekundäre Probleme ergeben sich dagegen aus den natürlichen Reaktionen des Patienten auf primäre Probleme. Primäres Problem können beispielsweise eine Geschichte von Instabilität der Familie oder das aktuelle Ende einer Beziehung sein. Die Reaktion eines Menschen auf diese Probleme kann das Gefühl von Hoffnungslosigkeit oder eine ausgeprägte Antriebslosigkeit sein. Wenn die Krise entsprechend schwerwiegend ist, können diese Symptome zur Diagnose einer Depression führen. Im Bett bleiben, Freunden aus dem Weg gehen oder passive Beschäftigungen wie fernsehen sind nachvollziehbare Verhaltensweisen, wenn man sich antriebslos fühlt. Zurückhaltung in zwischenmenschlichen Beziehungen ist eine nachvollziehbare Reaktion, wenn man verletzt wurde oder wenn Schwierigkeiten negative Emotionen hervorrufen, die in der eigenen Familiengeschichte gründen. BA betrachtet solche Verhaltensweisen als sekundäre Probleme, weil sie die Konsequenz haben, die depressive Stimmungslage aufrechtzuerhalten und das primäre Problem zu verschärfen. Denn in diesem Fall bleibt die Person letzten Endes isoliert und fühlt sich alleingelassen wegen des Kontaktverlustes mit Freunden und des Verlusts der Beziehung. Sekundäre Probleme werden durch Fertigkeitendefizite auf Seiten des Patienten verschärft. Sie sind aber typischerweise unter der Kontrolle des Patienten und deshalb anfangs besser für eine Intervention zugänglich.

Primäre Probleme beinhalten Verlusterlebnisse, die das Leben weniger belohnend oder stärker bestrafend gemacht haben: Alltagsbelastungen, negative Ereignisse wie eine Verletzung, die chronischen Schmerz hervorruft, oder eine Serie kleinerer Veränderungen wie ein neuer Nachbar, der mehr Lärm macht, oder eine Zunahme des Straßenverkehrs. Sekundäre Probleme sind sozialer Rückzug, passive Verhaltensweisen wie Computerspiele oder Alkohol- und Drogenmissbrauch. Anders ausgedrückt: Primäre Probleme repräsentieren ein oder mehrere Ereignisse, die eine Depression auslösen können, während sekundäre Probleme als Resultat von üblichen, aber unwirksamen Reaktionen auf die depressive Stimmung entstehen.

Auch primäre Probleme sind ein wichtiger Gegenstand von Veränderungsbemühungen. Dennoch werden sie oft erst dann angegangen, wenn bei den sekundären Problemen Fortschritte erreicht wurden. Während einer Depression kann es schwierig sein, primäre Probleme zu lösen. Sekundäre Probleme können dagegen leichter angegangen werden, wenn erst einmal klar ist, was dadurch vermieden wird und welche Funktion diese Vermeidung hat. Die Neigung, unangenehmen Gefühlen zu entkommen und sie zu vermeiden, ist sehr menschlich. Deshalb ist es zunächst wichtig, dem Patienten die Fertigkeit zu vermitteln, sich zu aktivieren, auch wenn unangenehme Emotionen bestehen (Entgegengesetztes Handeln). Sonst führt das Angehen von primären Problemen nur zu sehr begrenzten Erfolgen und intensiviert beim Patienten das Gefühl von Hoffnungslosigkeit. Sobald der Patient aktiv geworden ist, wird es einfacher, an primären Problemen zu arbeiten.

Bitte beachten Sie, dass die Frage, ob ein Problem primär oder sekundär ist, nicht immer aus der Form des Verhaltens abgeleitet werden kann. Stattdessen muss die Funktion des Problemverhaltens beachtet werden. Beispielsweise kann in einem Fall der Verlust der Arbeitsstelle, der eine depressive Episode herbeiführt, ein primäres Problem sein. Es ist vollständig der Kontrolle des Patienten entzogen, da die Firma in Insolvenz geht. Der Verlust des Arbeitsplatzes kann aber auch das Ergebnis eines Verhaltensmusters sein, bei dem jemand als Reaktion auf seine depressive Stimmung zu spät oder gar nicht zur Arbeit erscheint und in der Folge gekündigt wird. Das eine ist ein eindeutiges Beispiel für einen Verlust des Arbeitsplatzes, der abhängig vom Verhalten der Person eintritt. Die Arbeitslosigkeit ist die unmittelbare Folge des Vermeidungsverhaltens und stellt somit ein sekundäres Problem dar.

Problemlösen und Vermeidung

Vermeidungsverhalten ist eines der häufigsten Hindernisse für effektives Problemlösen. Deshalb ist es ein kritischer Aspekt des Problemlösens bei BA, Vermeidungsverhalten entgegenzuwirken. Zwei Elemente sind in diesem Prozess entscheidend: die Identifizierung des Vermeidungsverhaltens und die Validierung des Dilemmas des Patienten. Wir wenden uns deshalb zuerst der Frage zu, wie Vermeidung identifiziert werden kann und widmen unsere Aufmerksamkeit dann der Bedeutung des Validierens von Schwierigkeiten bei der Veränderung von Vermeidungsmustern.

Therapeuten können Vermeidung identifizieren, indem sie wachsam sind für Verhaltensweisen, mit denen der Patient verhindert, dass etwas Aversives geschieht. Wir verwenden die Bezeichnung »Vermeidung« als Abkürzung, wenn wir mit den Patienten über zwei Arten von Verhalten sprechen: a) Verhalten, das dazu dient, etwas zu verhindern und b) Verhalten, mit dem sich der Patient einer aversiven Situation vorübergehend entzieht. Nicht hilfreiches Vermeidungsverhalten ist auch gegeben, wenn jemand den Fernseher einschaltet, anstatt seine Steuererklärung zu bearbeiten, oder Alkohol trinkt, um dem Gefühl von Einsamkeit auszuweichen. Wenn das Verhalten als Ergebnis der Vermeidung zunimmt, kann man sagen, dass es negativ verstärkt wurde. Vermeidungsverhalten hat fast immer einen Preis, auch wenn der Patient einen kurzzeitigen Vorteil daraus zieht. Typischerweise generiert der Patient dann keine Aktivitäten, die notwendig wären, um wichtige langfristige Ziele oder Wohlbefinden zu erreichen. Dies fasst zusammen, wie Vermeidung bei BA konzeptualisiert wird. Manchmal ist Vermeidung offensichtlich – beispielsweise, wenn sich der Patient das ganze Wochenende in seine Wohnung einschließt, dabei Aufgaben vernachlässigt und sich aus allen zwischenmenschlichen Kontakten zurückzieht. Vermeidung kann aber auch sehr subtil sein. Beispielsweise, wenn der Patient sehr aktiv ist, sich sein Leben aber dennoch nicht belohnend anfühlt.

In der Geschichte von Alice gibt es viele Beispiele für Vermeidung. Die Muster des Vermeidungsverhaltens sind eng mit ihren Anstrengungen, die Depression zu bewältigen, verbunden. Die am Anfang dieses Kapitels beschriebene Therapiesitzung enthielt Hinweise sowohl auf primäre als auch auf sekundäre Probleme. Primäre Probleme waren der Verlust des Arbeitsplatzes und der Eigentumswohnung sowie die monatelange, erfolglose Suche, wieder eine dauerhalte Anstellung zu finden. Es ist leicht zu erkennen, dass diese Probleme für Alice wesentliche Verluste darstellen und zu einem weniger belohnenden Leben führen. Da Alice nun in einem weniger erstrebenswerten Job arbeitet und in einer weniger attraktiven Umgebung wohnt, beinhaltet ihr alltägliches Leben mehr negative Ereignisse, was auch dazu beiträgt, dass ihr Leben weniger belohnend ist. Diese Lebensereignisse waren unvermeidbar und außerhalb ihrer Kontrolle. Alice bewältigte sie aber durch Vermeidungsverhalten, was zu einer noch größeren Depression führte. Menschen sind nicht immer in der Lage, funktionell auf primäre Probleme und die dadurch hervorgerufenen Gefühle zu reagieren. Sie setzen Bewältigungsstrategien ein, die zur Lösung der primären Probleme und der damit verbundenen Gefühle nicht geeignet sind. Bei Depression ist dies typischerweise ein Muster aus Rückzug, Vermeidung und zunehmender Einengung der Aktivitäten (Lewinsohn 1974). Im Ergebnis entkoppeln sich Menschen mit Depression von den Aktivitäten, die bisher Belohnungen erbracht haben.

Im Fall von Alice war es so, dass sie den Kontakt mit ihren Freundinnen vermied, aufhörte eine neue Arbeit zu suchen und Dinge zu tun, die ihr bisher Freude bereiteten wie Gartenarbeit oder das Lesen von Büchern. Das Vermeidungsverhalten wurde zu einem sekundären Problem. Sie war festgefahren in einer Arbeit, die sie hasste. Sie hatte wenig soziale Unterstützung und nur wenige Aktivitäten, die Freude bereiteten. Das Verhaltensmuster von Alice illustriert perfekt das Prinzip 2 von BA: »Veränderungen im Leben können zu Depression führen. Kurzfristige Bewältigungsstrategien können dazu führen, dass man in der Depression gefangen bleibt.« Im Bett zu bleiben und soziale Kontakte zu vermeiden, sind gängige Vermeidungsmuster. Andere Beispiele für sekundäre Probleme sind das Unterdrücken emotionaler Erfahrungen durch Alkohol oder andere süchtig machende Stoffe, die Unterordnung der eigenen Bedürfnisse unter diejenigen einer anderen Person (wie etwa des Ehegatten) und das Verharren in einer unbefriedigenden Beziehung aus Angst vor dem Alleinsein. Diese Beispiele illustrieren, dass Vermeidungsverhalten häufig subtilen und komplexen Mustern folgt, die nicht immer sofort evident sind. Für Beth war es entscheidend, die wichtigsten Muster von Vermeidung zu identifizieren, die Alices Depression aufrechterhielten, und diese mit aktiven Problemlösestrategien anzugehen.

Validierung der natürlichen Tendenz zur Vermeidung und der mit Veränderungen verbundenen Schwierigkeiten

Es gibt viele gute Gründe, warum sich Patienten im Teufelskreis der Depression festfahren. Die Validierung der Schwierigkeiten beim Überwinden eingefahrener Muster ist notwendig, um den Patienten dabei zu unterstützen, sich von Vermeidung zu Aktivierung zu bewegen. Wenn die Vermeidung subtil, komplex oder unauflösbar erscheint, kann bei Patient und Therapeuten ein Prozess der Entmutigung auftreten. Hausaufgaben werden unvollständig ausgeführt, obwohl sie in der Therapiesitzung lang und breit besprochen wurden. Es ist wichtig, die schwierigen Anstrengungen des Patienten zu validieren und eine hoffnungsvolle und ermutigende Haltung zu bewahren. Dies kann nicht genug hervorgehoben werden. Man muss sich das Prinzip 8 vor Augen halten, das vom Therapeuten verlangt: »Einen empirischen Problemlöseansatz betonen und würdigen, dass alle Ergebnisse von Verhaltensexperimenten nützlich sind.«

Eine andere häufige Reaktion lässt sich aus dem Dialog mit Alice herauslesen: die Frage: »Warum bin ich so festgefahren? Ich sollte in der Lage sein, etwas zu tun, um aus der festgefahrenen Situation herauszukommen!« In solchen Situationen ist Validierung eine wirkungsvolle Intervention und dient als Ausgangspunkt für Aktivierung. Wir kehren noch einmal zu dem Dialog zwischen Alice und ihrer Therapeutin Beth zurück. Dabei sollen Wege aufgezeigt werden, mit denen der Therapeut die Anstrengungen zur Überwindung der Vermeidung validieren kann und dadurch den Patienten dabei unterstützt, die Veränderung voranzubringen.

BETH: Alice, ich bin sicher, dass es wirklich gute Gründe dafür gibt, dass Sie so festgefahren sind und nicht selbst aus dem gegenwärtigen Zustand herauskommen. Helfen Sie mir zu verstehen, was bei Ihnen vorgeht, wenn Sie sich niedergeschlagen fühlen. Sie sagten, dass Sie oft an Wochenenden und unter der Woche abends im Bett liegen und gedankenlos Zeitschriften durchblättern. Wie müsste ich mir eine »nicht festgefahrene Alice« vorstellen?
ALICE: Vielleicht würde ich aufstehen und eine Freundin anrufen oder ich würde ins Internet gehen und nach Arbeit suchen. Irgend so was. Genau das, was ich nicht mache, denke ich.
BETH: Ich denke, Sie haben Recht. Das sind genau die Sachen, die Ihnen im Augenblick extrem schwer fallen.
ALICE: Ja, und dann noch die totale Unordnung in meiner Wohnung und ich habe auch überhaupt kein gesundes Essen mehr im Haus. Ich kümmere mich wirklich nicht mehr gut um mich selbst.
BETH: Alice, liegen Sie manchmal im Bett und denken daran aufzustehen und einige dieser Dinge zu tun, oder stehen Sie manchmal auf und versuchen, einiges davon zu tun? Was stellen Sie dabei fest?
ALICE: Nun, wenn ich daran denke, aufzustehen oder sogar einen Ansatz dazu mache, fühlt sich das wie eine übermenschliche Anstrengung an, und ich fühle mich

daraufhin noch müder. Die hoffnungslosen Gedanken, dass es keinen Sinn hat, es zu versuchen, kommen zurück. Ich bekomme Angst, wenn ich überlege, eine Freundin außer Ellen anzurufen. Sogar gegenüber Ellen fühle ich mich schuldig – sie muss doch die Nase voll haben von mir. Ich bin so eine Katastrophe. Dann mache ich entweder einen halbherzigen Versuch oder ich gehe einfach wieder ins Bett.
BETH: Das verstehe ich, das hört sich sehr schwer an. Sagen Sie, was geschieht mit den Gefühlen von Müdigkeit, Ängstlichkeit und Hoffnungslosigkeit, wenn Sie wieder ins Bett gehen oder dort bleiben?
ALICE: Wissen Sie, so habe ich es zuvor noch nicht betrachtet. Aber wenn ich jetzt darüber nachdenke, dann stelle ich fest, die gehen dann für eine Zeitlang weg. Manchmal bin ich geradezu erleichtert, dass ich an dem Tag keine Anstrengung mehr machen werde.
BETH: Ganz genau, Alice. Das ist ein gutes Beispiel für die Art und Weise, wie Sie sich festgefahren fühlen und wie schwer es ist, von sich aus voranzukommen. Erinnern Sie sich, wie wir über das Grundprinzip der Therapie gesprochen haben? Wir haben uns vor Augen geführt, dass Menschen, die depressiv werden, Dinge vermeiden oder sich zurückzuziehen. Dies geschieht, weil Annäherung keine Belohnung bringt oder zu Bestrafung führt. Ich denke, dass genau das bei Ihrer Arbeitssuche und in Ihrer Lebenssituation passiert ist. Ich denke, dass es ganz natürlich ist, dass Sie sich immer mehr zurückgezogen haben nach all den Kämpfen wegen Ihrer Arbeit und dem Verlust Ihres Zuhauses. Das Problem dabei ist allerdings, dass Sie diese Dinge kurzfristig mit hoher Wahrscheinlichkeit auch weiterhin vermeiden werden, weil sie Ihnen so schwer fallen und weil Sie Erleichterung erfahren, wenn Sie vermeiden. Und genau dadurch fühlen Sie sich festgefahren: Wenn Sie vermeiden, fühlen Sie sich kurzfristig etwas besser, aber langfristig sind Sie noch niedergeschlagener und belasteter. Ich frage mich, ob dies bei Ihnen ein stabiles Muster geworden ist. Was meinen Sie?

Die Therapeutin erläutert Alice mit diesen Worten, wie es kommt, dass Verhaltensmuster unter den Einfluss von aversiver Kontrolle geraten, was sie letztlich schwer veränderbar macht. Sie betont die Hartnäckigkeit, mit der die Vermeidungsmuster bestehen bleiben und die Wichtigkeit, sich mit ihnen auseinanderzusetzen, um eine Veränderung zu erreichen.

Für den Therapeuten ist es schwer, die Kraft der Vermeidung und die Herausforderung der Veränderung wirkungsvoll zu validieren. Zum ersten vermittelt die amerikanische Kultur eine Do-It-Yourself Mentalität und empfiehlt »sich selbst an den Haaren aus dem Sumpf zu ziehen«. Sie ermutigt nicht, Hilfe zu suchen und anzunehmen, sondern bestraft dies eher. Auch wenn der Patient mit dem Aufsuchen der Therapie bereits einen Schritt gegangen ist, um sich Hilfe zu holen, ist es doch sehr wahrscheinlich, dass die Haltung »Just do it!« immer noch tief verwurzelt ist.

Zum zweiten erleben depressive Patienten ganz reale Schwierigkeiten beim Problemlösen. Neue neuropsychologische Forschungsergebnisse legen nahe, dass depressive Patienten in bestimmten kognitiven Fähigkeiten beeinträchtigt sind. Fossati et al. (2001) haben herausgefunden, dass die Problemlösefähigkeiten bei

Menschen mit Depression beeinträchtigt sind, wenn man sie mit Menschen, die nicht depressiv sind, vergleicht. Eine Beeinträchtigung bei Entscheidungsprozessen und Exekutivfunktionen wurde bei Patienten mit Manien und auch mit Depression gefunden (Murphy et al. 2001). Diese Probleme sind besonders ausgeprägt bei depressiven Patienten mit Suizidgedanken (Marzuk et al. 2005). Diese wissenschaftlichen Arbeiten stützen die Annahme, dass Patienten bei der systematischen Bearbeitung ihrer Probleme und der Umsetzung der Problemlösung Unterstützung benötigen.

Sich direkt mit den oben genannten Themen zu befassen, ist oft hilfreich. Ein Therapeut, dem es gelingt, seinem Patienten diese Informationen auf verständliche Weise zu vermitteln, wird als sehr validierend wahrgenommen. Er kann einfach sagen: »Viele Leute glauben, dass Menschen in der Lage sein sollten, eine Depression zu bewältigen, indem sie sich einfach dazu aufraffen, alle Probleme, die in ihrem Leben vorkommen, in Ordnung zu bringen. Es gibt aber eine zunehmende Zahl von Untersuchungen, die zeigen, dass die Fähigkeit, Lebensprobleme zu lösen, tatsächlich eingeschränkt ist, wenn jemand depressiv ist. Depression hat eine Auswirkung auf das, was wir Exekutivfunktionen nennen oder, einfacher gesagt, sie beeinträchtigt die Fähigkeiten einer Person zur Problemlösung.«

Aus diesem Grunde kehren wir immer wieder zum Prinzip 7 zurück: »Die Rolle eines Trainers einnehmen!«. Wenn man etwas so Schwieriges unternimmt wie die Bewältigung einer Depression, ist ein Trainer ganz klar notwendig. Die meisten Menschen stimmen zu, dass man Anleitung durch einen Trainer braucht, wenn man neue, komplexe Fertigkeiten erlernen will. Wir erklären unseren Patienten, dass das auch für das Erlernen von BA gilt. Der Patienten ist der Experte für sein Leben und seine Erfahrungen. Der Therapeut ist der Experte für das Definieren von Problemen, das Setzen von Zielen, das Zerlegen von Aufgaben in kleine Schritte, das konkrete Definieren von Problemen und die Entwicklung und Bewertung von Lösungen. Das langfristige Ziel besteht darin, dem Patienten diese Fertigkeiten bis zu dem Punkt zu vermitteln, dass er sie beherrscht und letztlich sein eigener Trainer wird. Dieser Lernprozess geht jedoch am Anfang nur langsam voran und benötigt eine enge Zusammenarbeit.

Zusammenfassend gesagt: Validierung ist ein wichtiges und nutzbringendes Instrument, um den Patienten dabei zu unterstützen, Vermeidung entgegenzuwirken und sich in Richtung Aktivierung zu bewegen. Validierung hilft dem Patienten wahrzunehmen, dass sein Therapeut versteht, wie festgefahren er sich fühlt. Sie hilft den Patienten, auch für sich selbst zu verstehen, warum es so schwer ist, sich aus eigener Kraft vorwärts zu bewegen. Viele Patienten können durch Validierung Scham und Angst reduzieren. Das erleichtert Zusammenarbeit und die Annahme von Hilfe (Warwar et al. 2008). Tabelle 6.1 liefert eine kurze Zusammenfassung der Punkte, warum die Validierung der Erlebnisse des Patienten so wichtig ist, wenn es um Vermeidung geht.

Problemlösetechniken und die Modifikation von Vermeidungsverhalten bei BA

Der erste Schritt zur Modifikation von Vermeidungsverhalten besteht darin, das Problemverhalten in spezifischen verhaltensbezogenen Begriffen zu definieren. Beispielsweise ist ein Problem mit der Aussage »Ich kriege nichts geregelt« nicht konkret genug beschrieben, um zu einer vernünftigen Lösung zu kommen. Es wäre nicht zufriedenstellend, einfach zu sagen: »Dann gehen Sie bitte los und bringen einige Dinge zu Ende.« Eine konkretere Definition wäre: »Morgens früh an Wochentagen, wenn ich mich um die Kinder kümmere, sehe ich die Rechnungen auf meinem Schreibtisch und fühle mich überfordert. Letzten Dienstag und Donnerstag hat mich das so aufgeregt, dass ich die Tür zu meinem Büro einfach zu gemacht habe, ins Wohnzimmer gegangen bin, um fernzusehen. Ich bin nicht ins Büro zurückgegangen, um andere Arbeiten zu erledigen. Im Büro hätte ich nicht aufhören können, an die Rechnungen zu denken. Ich saß rum und habe ferngesehen, bis die Kinder von der Schule nach Hause kamen. Wenn ich nicht arbeite, habe ich auch nichts, was ich in Rechnung stellen kann. Der Teufelskreis, kein Geld für die Bezahlung dieser verdammten Rechnungen zu haben, geht weiter.« Das zunächst vage formulierte Problem, nichts geregelt zu bekommen, wurde in eine Form gebracht. Die Zeiten und Häufigkeit des Problemverhaltens (zwei Morgen an Wochentagen), die Dauer (den ganzen Tag, an beiden Tagen) und die Topografie (Verlassen des Büros, Fernsehen, Arbeit vermeiden) wurden beschrieben. Das Problem in verhaltensbezogenen Begriffen zu formulieren, ist der erste Schritt zu seiner Lösung.

Tab. 6.1: Die Macht der Vermeidung verstehen

Es ist für den Therapeuten hilfreich, die folgenden einfachen Fakten über Vermeidung im Gedächtnis zu behalten, wenn er das Verhalten von Patienten validieren möchte, die häufig Vermeidung, Rückzug oder »Flucht« zeigen. Sie helfen dem Therapeuten, Wege zum Verständnis des Patienten zu finden und Frustration und Hoffnungslosigkeit zu minimieren.

- Menschen vermeiden, wenn Versuche, Probleme zu lösen oder sich auf andere Weise mit ihrer Umgebung auseinanderzusetzen, nicht verstärkt werden oder sogar bestraft werden.
- Wenn ein bestimmtes Verhalten negativ verstärkt wird – durch Vermeidung oder das Wegfallen von etwas Aversivem –, steigt die Wahrscheinlichkeit, dass das Verhalten häufiger auftritt.
- Es bedarf enormer Anstrengung, um Müdigkeit, schlechte Konzentration oder andere depressive Symptome zu überwinden und aktiv und produktiv zu sein, wenn man depressiv ist. Die meisten depressiven Menschen empfinden die vermehrte Anstrengung als aversiv. In dem Maße, in dem Vermeidung negativ verstärkt wird, tritt sie wieder auf.
- Kognitive Beeinträchtigungen beim Problemlösen stellen ein empirisch gesichertes Phänomen bei Menschen mit Depressionen dar. Depressive Menschen sind häufig einfach nicht in der Lage, ohne Hilfe Aufgaben zur Problemlösung erfolgreich anzugehen.

Tab. 6.1: Die Macht der Vermeidung verstehen – Fortsetzung

- Wenn man depressiv ist, ist es schwierig, Vermeidung entgegenzuwirken und sich zu aktivieren. Dafür sind die kontextuellen Gegebenheiten der Depression verantwortlich. Depressive Patienten handeln in einer Art und Weise, die ihnen natürlich erscheint, und benötigen Begleitung, um der Vermeidung entgegenzuwirken und sich zu aktivieren. Aktivität kann dem Patienten im Zustand der Depression unnatürlich oder künstlich erscheinen.

Häufig ist das Aktivitätsprotokoll eine gute Quelle, die aktuellen Probleme im Leben des Patienten zu definieren. Wenn dann mehrere Probleme identifiziert sind, werden Muster sichtbar. Alice beispielsweise beschrieb, dass ihr Mangel an zwischenmenschlichen Beziehungen ein Hauptproblem war. Diese war nicht detailreich genug. Beth begann deshalb, spezifische Probleme zu identifizieren, die gelöst werden mussten, um wieder in Verbindung zu den Freundinnen zu kommen. Es wurde insbesondere deutlich, dass Alice zögerte, sich mit ihren Freundinnen zu treffen, weil sie Angst hatte, von ihnen wegen ihrer Depression zurückgewiesen zu werden. So wollte beispielsweise ihre frühere Schulfreundin Terry in die Stadt zu Besuch kommen. Sie rief an und fragte, ob sie sich nicht zum Mittagessen treffen könnten. Alice und Beth diskutierten den möglichen Vorteil eines Mittagessens mit Terry. Aber Alice sagte ganz schnell: »Das Mittagessen wird bestimmt schrecklich. Sie wird mich fragen, wie es mir geht und ich werde ihr sicher sagen, wie schrecklich alles ist. Es wird ganz fürchterlich sein. Ich kann nicht darüber sprechen, ohne mich richtig aufzuregen und ich weiß, sie würde ausflippen. Es würde darauf hinauslaufen, dass Terry nach Hause geht und allen erzählt, dass ich gescheitert bin.« Beth und Alice definierten gemeinsam das Problem als »Ich möchte mit meiner Freundin essen gehen, aber ich möchte nicht zu viel über meine Depression sprechen.« Freunde aus der Angst heraus zu vermeiden, man könne sie zu sehr belasten, erschien wiederholt im Aktivitätsprotokoll von Alice und war ein wichtiges Muster in ihrem Problemverhalten.

Sobald ein Problem definiert ist, wird es möglich, an Lösungen zu arbeiten. Eine Hauptaufgabe des Therapeuten besteht bei BA darin, den Patienten beim Erarbeiten und Bewerten von Lösungen zu unterstützen. Beth erarbeitete mit Alice eine Reihe von möglichen Lösungen, darunter waren »nur über schöne Dinge reden«, »aufrichtig sein, aber nicht näher auf die Depression eingehen«, »die Freundin ausfragen und sie dadurch gar nicht zu eigenen Fragen kommen lassen« und »Themen vorbereiten, auf die man sich beim Mittagessen fokussieren kann«. Wie bereits oben erwähnt, trägt der Therapeut auch die Verantwortung für die Bewertung der Lösungen. Alice und Beth diskutierten das Für und Wider der möglichen Lösungen und entschieden, dass eine Zweierkombination Potenzial hätte. Alice stellte als Lösung fest: »Ich werde einige Themen vorbereiten, über die ich sprechen kann, ich gehe nicht ausführlich auf die Depression ein, aber ich werde aufrichtig bleiben und nicht so tun, als sei alles in Ordnung.«

Wenn eine Lösung identifiziert ist, arbeitet der Therapeut mit dem Patienten daran, eine spezifische Aufgabe für zuhause zu strukturieren. Die in den vorausgehenden Kapiteln erörterten Strategien wie Kontingenzmanagement, Einsatz natürlicher Verstärker, Aufgaben in kleine Schritte zerlegen und zeitlich zu strukturieren, können als Mittel zur Problemlösung eingesetzt werden. Alice und Beth stellten fest, dass sie vor dem Besuch der Freundin noch eine weitere Therapiesitzung haben würden. Somit bestand Alices Hausaufgabe darin, mit der Freundin Kontakt aufzunehmen und ein Treffen zu vereinbaren. Sie sollte sich auch Themen für das Gespräch überlegen. Die beiden planten Zeiten für jede dieser Aufgaben auf dem Aktivitätsprotokoll für die nächste Woche. Es ist es auch sinnvoll, in der Therapiesitzung das Verhalten zu erproben, also beispielsweise selbstsicheres Verhalten zu üben, bevor eine Hausaufgabe vereinbart wird.

Alice kam zur nächsten Sitzung mit einer Liste von Themen für die Verabredung zum Mittagessen mit Terry. Sie hatte sich Leute aus der Schule überlegt, nach denen sie fragen könnte oder über wen sie in Erinnerungen schwelgen könnten. Sie hatte eine Liste von Fragen, beispielsweise »Wie ist es, im Nordwesten zu leben?« »Was macht deine Familie?« und »Woran erinnerst du dich am meisten aus der Schulzeit?« Alice und Beth diskutierten die Stärken und Schwächen dieser Ansätze. Alice fiel dabei auf, dass sie in Sorge war, sie könnte sich während des Gesprächs mit Terry traurig fühlen und völlig durcheinander erscheinen. Und zwar selbst dann, wenn sie nicht über die aktuellen Veränderungen in ihrem Leben reden würde. Beth ermutigte Alice, dies als Problem zu identifizieren, das gelöst werden musste. Sie stellten eine Liste mit Möglichkeiten auf, mit denen sie geschickt auf aufkommende Traurigkeit reagieren könnte. Alice stellte fest, dass sie darauf achten könnte, ob sie in ihrem Stuhl zusammensinkt und finster blickt, oder ob sie aufrecht sitzt und durchgehend Blickkontakt mit Terry hält. Für den Fall, dass sie direkt gefragt würde, wie es ihr geht, übte Alice, darauf zu antworten, ohne das Wort Depression zu benutzen, da dies tendenziell Traurigkeit hervorrufen würde. Sie sagte »Das letzte Jahr war eine heftige Berg- und Talfahrt für mich.« Schließlich beschloss Alice, zur Toilette zu gehen, wenn sie anfangen sollte, sich traurig und von Gefühlen überwältigt zu fühlen.

Mit diesem Plan an der Hand ging Alice zum Mittagessen mit ihrer Freundin. Sie war glücklich, als sie Beth berichtete, dass das Mittagessen ein Erfolg war. Sie musste sogar laut lachen, als sie über die Macken eines früheren Lehrers und über einen Streich sprachen, den eine ihrer Zimmergenossinnen einem Betreuer im Wohnheim gespielt hatte. Alice berichtete, sie habe begonnen, sich traurig zu fühlen, als sie daran dachte, wie glücklich sie damals war und wie schwierig ihr Leben heute war. Aber sie folgte ihrem Plan, veränderte ihre Sitzhaltung, richtete sich auf und lenkte das Thema auf aktuelle Ereignisse in der Familie ihrer Freundin. Sie fühlte sich plötzlich sicher, nicht in eine traurige Stimmung abzugleiten, kam richtig in Fahrt und unterhielt sich 2 ½ Stunden mit ihrer Freundin.

Tab. 6.2: Das Acronym ACTION – Therapeutenversion

(**A**ssess-**C**hoose-**T**ry-**I**ntegrate-**O**bserve-**N**ever)
Mithilfe dieser Handlungsschritte kann der Therapeuten dem Patienten die Schlüsselkomponenten von BA bewusst machen: die Funktion ihres Verhaltens ermitteln, Vermeidungsverhalten identifizieren, deutlich machen, dass sie in bestimmten Situationen die Wahl zwischen verschiedenen Handlungsmöglichkeiten haben, neues Verhalten zur Routine werden lassen, die Ergebnisse beobachten und aus ihnen lernen, und beim Veränderungsprozess beharrlich bleiben.

A: Die Funktion des Verhaltens ermitteln. Der Patient fragt sich, wozu ihm das Verhalten dient. Was sind die Konsequenzen? Wirkt das Verhalten depressionssteigernd? Stimmt es mit langfristigen Zielen überein? Wirkt das Verhalten als Antidepressivum?

C: Eine Handlung auswählen. Das Konzept der Auswahl ist aus zwei Gründen wichtig. Erstens ist BA eine Psychotherapiemethode, die auf Zusammenarbeit setzt. Patient und Therapeut arbeiten als Partner zusammen. Der Patient hat immer die Wahl, welche Handlungen er umsetzen will. Zweitens haben viele Patienten in ihrem Leben den Eindruck fehlender Selbstbestimmung oder Steuerungsfähigkeit. Es sollte deutlich gemacht werden, dass sie eine Wahl haben. Dies betont ihre Fähigkeit, ihr Leben zu steuern. Der Patient kann wählen, spezifisches Verhalten zu intensivieren oder nicht mehr zu zeigen.

T: Das ausgewählte Verhalten ausprobieren. Den neuen Plan zur Ausführung zu bringen, ist das Herzstück von BA.

I: Neue Gewohnheiten bilden. Dies ist eine zentrale Überlegung: Nach Monaten oder Jahren der Depression hat eine einmalige Aktivierung möglicherweise keine große Wirkung. Ein neues Verhalten einmal auszuüben, reicht nicht aus, um das Ergebnis zu bewerten. Der kumulative Effekt der Arbeit »von außen nach innen« und die Intensivierung der Aktivität sind wichtig. Wiederholte Aktivierung, die in neue Gewohnheiten eingebettet ist, kann zu Verbesserung der Stimmung und des Lebenskontextes führen.

O: Ergebnisse beobachten. Die Hoffnung besteht natürlich darin, dass die Integration antidepressiven Verhaltens in neue Gewohnheiten die Depression des Patienten lindert. Wir können nicht sofort wissen, ob dies tatsächlich funktioniert. Der Patient muss zunächst einen Handlungsplan entwickeln, sich entscheiden, zu handeln und dann die Aktivität mehrfach durchführen. Erst dann können Patient und Therapeut beobachten, was geschieht. Die Schlüsselelemente der BA sind hier das Beobachten der Ergebnisse, die Auswertung, was funktioniert und was nicht, und die Nutzung dieser Information, um zukünftige Handlungspläne zu verbessern.

N: Niemals aufgeben. Stets bei diesem Prozess bleiben. Neue Gewohnheiten zu bilden, aktiv zu sein und sich zu engagieren, erfordert wiederholte Anstrengung. Mit der Zeit automatisieren sich antidepressive Verhaltensweisen. Dies geschieht sogar inmitten überwältigender negativer Emotionen.

Zusammenfassung

Bei der Zusammenarbeit mit seinem depressiven Patienten hat der Therapeut viele Gelegenheiten, die Schwierigkeiten zu validieren, Probleme anzugehen und diese zu lösen. Der Therapeut weist dabei besonders auf Vermeidungsverhalten hin und erklärt, welche Formen dieses hat und wohin es führt. Der Therapeut erklärt, dass Vermeidung ein natürlicher und logischer Teil der Depression ist, aber langfristig kaum funktioniert, weil sich daraus sekundäre Probleme ergeben. Der Therapeut fungiert fortlaufend als Modell für eine problemlösende Haltung. Welche Herausforderungen oder Hindernisse auch immer sich aus dem Verhalten des Patienten ergeben, z. B. indem er seine Hausaufgaben nicht erledigt, der Therapeut reagiert darauf mit dem Fokus auf die Frage: »Was können wir daraus lernen?« Diese Haltung des Therapeuten selbst kann eine Validierung darstellen, da der Patient ein konsistentes, nicht bewertendes Therapeutenverhalten erlebt, das durch Beharrlichkeit und Optimismus charakterisiert ist.

Der Therapeut verkörpert eine problemlösende Haltung auch in allen seinen Reaktionen auf Herausforderungen und Hindernisse, die im Verlauf der Therapie auftreten. Dieser Ansatz ist in dem Acronym »ACTION« zusammengefasst, das von Martell (2001) vorgeschlagen wurde. Tabelle 6.2 beschreibt das Akronym detailliert aus der Perspektive des Therapeuten, die Patientenversion findet sich in Anhang 1 h. Der Therapeut kann »ACTION« nutzen, um seinem Patienten effektives Problemlösen zu vermitteln. Primäre Probleme sind oft nicht veränderbar (z. B. der Tod des Partners) oder erfordern eine Reihe komplizierter Schritte (z. B. bei der Suche nach einem Arbeitsplatz). Deshalb sind die sekundären Probleme häufig das anfängliche Ziel für Veränderung, da sie den depressiven Teufelskreis aufrechterhalten. Insbesondere wird das Verhalten, das Vermeidungsfunktion hat, oft als erstes bei der Behandlung angegangen. Die Diversität der Probleme, die mit BA bearbeitet werden, umfasst ein breites Spektrum von der Vernachlässigung der Körperhygiene bis hin zur Unfähigkeit, ein Beschäftigungsverhältnis stabil zu halten.

Ein häufiges spezifisches Problem, das bearbeitet werden muss, ist Grübeln. Depressive Patienten verbringen häufig einen großen Teil des Tages mit Grübeln. Dieses Verhaltensmuster kann die Depression verschlimmern. Grübeln hält den Patienten davon ab, sich mit seinem Leben auseinanderzusetzen und dient somit als Vermeidung. Grübeln hält den Patienten davon ab, aktiv nach Lösungen für Probleme zu suchen und erlaubt ihm, uninteressante oder überfordernde Aufgaben zu vermeiden. Unglücklicherweise kann es den Patienten auch davon abhalten, sich mit Aktivitäten zu befassen, die zu Belohnung führen. Grübeln ist deshalb bei BA ein Prozess, der modifiziert werden muss. Tabelle 6.3 gibt dem Therapeuten Hinweise, wie sie dem Patienten beim Problemlösen helfen und Vermeidung entgegenwirken können. Im nächsten Kapitel wird erörtert, wie Therapeuten ihren Patienten helfen können, Denkmuster zu verändern, die problematisch werden.

Tab. 6.3: Hinweise, wie Patienten beim Problemlösen und beim Umgang mit Vermeidungsverhalten geholfen werden kann

Wenn man Patienten beim Problemlösen unterstützt, ist es oft nützlich, die folgenden Aspekte zu beachten:

- Ist es in diesem Fall angemessen, das traditionelle Vorgehen beim Problemlösen zu vermitteln?
- Helfen Sie dem Patienten bei einem primären Problem, wie beim Suchen eines neuen Arbeitsplatzes?
- Helfen Sie dem Patienten bei der Bewältigung eines sekundären Problems, etwa dem Rückzug von Freunden?
- Ist Vermeidung ein wichtiges Problem?
- Vermeidet der Patient, sich aversiven Dingen zu nähern? Bleibt er beispielsweise zuhause, um zusätzliche Arbeit auf der Arbeitsstelle zu vermeiden?
- Versucht der Patient, aversiven Erfahrungen zu entkommen? Nutzt er beispielsweise Fernsehen zur Vermeidung belastender Familieninteraktionen?
- Haben Sie die natürliche Tendenz des Patienten zur Vermeidung validiert, ihn aber gleichzeitig bei der Herausforderung, etwas zu verändern, unterstützt?
- Ist das ACTION Akronym für diesen Patienten in dieser Situation angemessen?

7 Warum Denken ein problematisches Verhalten sein kann

Denken ist einfach, Handeln ist schwer, aber seine Gedanken in die Tat umzusetzen, ist die schwerste Sache auf der Welt.
Johann Wolfgang von Goethe (1749–1832)

In der vorausgegangenen Sitzung hatte Alice zugestimmt, an einem kleinen Abendessen teilzunehmen, zu dem Ellen sie eingeladen hatte. Sie erledigte erfolgreich viele Bestandteile des Plans, den sie und Beth entwickelt hatten. Am Tag davor legte sie sorgfältig die Kleidung für das Abendessen heraus, um dadurch auszuschließen, genau diese Begründung für eine Absage zu verwenden. Sie gab Ellen auch eine klare mündliche Zusage. Sie wusste, dass dies die Wahrscheinlichkeit für einen Rückzieher senkt. Sie nahm dann vollständig an der Abendgesellschaft teil. Als sie jedoch das Ereignis in der nächsten Sitzung beschrieb, brachte sie es mit einem leichten Rückfall in ihrer Depression während der folgenden Woche in Verbindung.

Als Beth sie nach weiteren Einzelheiten fragte, fing Alice zu weinen an. Sie bestätigte, dass sie durch die Teilnahme einen Fortschritt gemacht hatte. Es gab einen erheblichen Unterschied zu der Vermeidung, die vorher ihr Verhalten gekennzeichnet hatte, seit sie depressiv geworden war. Sie hatte aber das Gefühl, nicht richtig dabei gewesen zu sein. Sie fand die Gespräche nicht angenehm. Das Essen war gut, aber sie dachte die ganze Zeit, dass sie das Zusammensein mit den anderen Leuten genießen sollte. Den ganzen Abend lang dachte sie: »Ich wusste, dass ich das nicht kann. Mir geht es zu schlecht, als dass ich mich amüsieren könnte. Warum bin ich bloß so depressiv? Früher mochte ich diese Leute und habe viel gelacht. Nichts funktioniert. Ich hätte nicht kommen sollen. Ich wünschte, ich könnte mich einfach weniger depressiv fühlen.« Als Beth sie fragte, worüber denn die Unterhaltung an dem Abend gegangen sei, konnte sie darauf nicht antworten. Sie war so sehr in die Gedanken über ihre Depression eingetaucht, dass sie den Gesprächen nicht wirklich Aufmerksamkeit geschenkt hatte.

Einführung

Jahrzehntelang sind die Behavioristen kritisiert worden, weil sie alle Aktivitäten oberhalb des Halses ignorieren würden. Tatsächlich hat der Behaviorismus zeitweise eine ausgeprägt antimentalistische Haltung eingenommen (z. B. Skinner

1974). Aber selbst Skinner (1957) hat verbalem Verhalten, das nicht direkt beobachtbar ist, Beachtung geschenkt. Auch wenn ihm das nicht zur Zufriedenheit einiger seiner Anhänger (Chomsky 1959) gelungen ist, so hat er uns doch die wichtige Erkenntnis hinterlassen, dass Denken als verdecktes, inneres Verhalten den gleichen Gesetzen folgt wie offen sichtbares Verhalten (z. B. reden oder erzählen einer Geschichte). Dementsprechend stellt Denken nicht eine eigenständige Kategorie von Verhalten dar, die ihren eigenen speziellen Regeln folgt. Es handelt sich um verdecktes, nur der Person selbst zugängliches Verhalten, das aber den gleichen Lernprinzipien wie Verstärkung und Bestrafung unterliegt, wie alles offene Verhalten.

BA verwendet diese Konzeptualisierung von Denken als »verdecktes Verhalten«. Es ist das Rahmenkonzept für die Unterstützung von Patienten, die in einem Netz von negativen Gedanken gefangen sind. Grübeln führt zu zwei spezifischen Problemen, die angegangen werden müssen, um die Depression zu verbessern: Grübeln verhindert die Auseinandersetzung mit der Umwelt. Der Fokus ist nach innen auf die eigenen Gedanken gerichtet, anstatt auf Teilnahme am Leben im Hier und Jetzt. Grübeln verhindert wirksames Problemlösen. Der Therapeut arbeitet bei der Anwendung von BA mit dem Patienten an diesen beiden Problemen mithilfe einer sorgfältigen Verhaltensdiagnostik und verhaltensbezogener Strategien. Dazu gehören das Herausarbeiten der Folgen des Grübelns, Problemlösetechniken, Achtsamkeit auf die Wahrnehmung der Gegenwart, Fokussierung auf aktuelle Aufgaben und Ablenkungsstrategien. Die von BA verwendete Konzeptualisierung von Grübelprozessen bei Depression, der Prozess der Verhaltensdiagnostik sowie zugehörige Interventionen werden im Folgenden detailliert beschrieben.

Grübeln und Depression

Die Beschäftigung mit der Bedeutung negativer Gedanken bei depressiven Patienten in den 1960er Jahren war eine Pionierleistung von Aaron T. Beck. Er vermutete, dass negatives Denken nicht nur ein Symptom, sondern vielleicht auch eine Ursache für die Depression sein könnte. Die mögliche kausale Rolle negativer Gedanken ist Gegenstand wissenschaftlicher Diskussionen (Hayes & Brownstein 1986). Dagegen ist die Auffassung, dass es bestimmte charakteristische Denkweisen bei Depressiven gibt, weithin akzeptiert. Es ist selbstverständlich wichtig, sich diesem negativen Denken bei der Behandlung von Depression zuzuwenden.

BA setzt sich mit negativem Denken oder Grübeln in einer Weise auseinander, die mit behavioralen Prinzipien übereinstimmt. Man kann Denken so verstehen, dass es ähnlichen Prinzipien folgt wie offen gezeigtes Verhalten. Bestimmte Gedanken oder Denkweisen werden belohnt, während andere bestraft werden. Worte und Gedanken sind mit vielfältigen emotionalen Erfahrungen verbunden und können positive und negative Emotionen hervorrufen. Öffentlich ausgesprochene

Worte können klare Auswirkungen haben. Jemanden als »Idioten« zu bezeichnen, hat sowohl für den Sprecher als auch für den Empfänger emotionale Konsequenzen. Ähnlich erlebt man eine emotionale Wirkung, wenn man sich selbst innerlich einen »Idioten« nennt. Derartig offenes oder verdecktes Sprechen kann auch lange nach seinem Auftreten eine emotionale Wirkung haben. Es liegt in der Natur der Sprache, dass unsere Worte und die Geschichten, die wir uns selbst über unser Leben erzählen, es möglich machen, die Emotionen erneut zu erleben (Hayes et al. 2001).

Bei der Auseinandersetzung mit dem Prozess, in dem sich Patienten mit negativen Gedanken befassen, betont BA die vorausgehenden Bedingungen und die Konsequenzen von negativem Denken und den Kontext, in dem es auftritt. Bei BA fragt man beispielsweise: Was ist geschehen, bevor der Patient begonnen hat, so zu denken? Was geschah danach? Hat es zu effektiven Problemlösungen geführt (d. h. Bestimmung des Problems, Finden von Lösungen, Treffen einer Entscheidung, wie das Problem am besten angegangen werden kann)? Oder führt Grübeln dazu, dass man sich im Kreise dreht, d. h. das Problem passiv immer wieder durchgeht, ohne eine Lösung zu finden? Gibt es Umweltbedingungen, in denen derartige, wenig hilfreiche Denkmuster mit erhöhter Wahrscheinlichkeit auftreten? Alices Erfahrungen beim Abendessen waren sicher ein Beispiel für Denken, das nicht zu produktiven Lösungen führte. Sie dachte die ganze Zeit daran, wie viel mehr sie sich vergnügen konnte, bevor sie depressiv wurde. Statt ein Problem zu identifizieren und herauszuarbeiten, was sie zur Lösung tun könnte, ging sie in ihrem Kopf immer wieder durch, wie schlecht sie sich fühlte. Sie fragte sich, warum sie sich nicht mehr amüsieren konnte und sagte sich, dass sie zu einem einsamen unbefriedigenden Leben verurteilt war. Das ist ein wesentlicher Bestandteil eines Prozesses, den man Grübeln nennt.

Was genau ist Grübeln (in der Fachliteratur Rumination)? Der Begriff »Rumination« kommt aus dem Lateinischen und bedeutet Wiederkäuen. Er wird verwendet, um ein Denken zu beschreiben, das darin besteht, etwas immer und immer wieder durchzugehen. Es bedeutet, sich wiederholt auf das eigene Erleben der Depression zu fokussieren, einschließlich der Gründe und Konsequenzen der depressiven Stimmung (Nolem-Hoecksema 2000). Depressives Grübeln konzentriert sich typischerweise auf das Nachdenken über sich selbst und die Situation, in der man sich befindet, ist darauf fixiert, wie schlecht man sich fühlt. Man fokussiert repetitiv den eigenen negativen emotionalen Zustand, ohne Pläne zu machen, Probleme zu lösen oder Schritte zur Veränderung oder zur Linderung zu unternehmen (Nolen-Hoecksema et al. 1993; Nolen-Hoecksema et al. 1994). Depressives Grübeln ist auch stimmungsabhängig. Es intensiviert sich, wenn man sich niedergeschlagen fühlt.

Susan Noelen-Hoecksema (Nolen-Hoecksema et al. 1993), eine der in dem Bereich führenden Wissenschaftlerinnen, die an der Yale Universität arbeitet, hat die Muster von Grübelprozessen bei Menschen mit Depression genau untersucht. Sie und ihre Kollegen fanden heraus, dass Menschen mit einem passiven, grüblerischen Denkstil über längere Zeiträume depressiv waren und schwerere depressive Episoden erlebten als diejenigen, die einen aktiven problemlösenden Stil verwendeten. Frühere wissenschaftliche Arbeiten definierten Grübeln als ein einheitliches Phänomen. Spätere Arbeiten zeigten, dass es möglicherweise zwei Arten von Grübelprozessen gibt: Nachdenken und »Brüten« (Treynor et al. 2003). Beide sind nach innen gewandt, aber Nachdenken strebt kognitive Problemlösungen an, während »Brüten« repetitiv den Unterschied zwischen dem eigenen gegenwärtigen Zustand und dem optimalen Zustand durchgeht. Insbesondere »Brüten« ist mit einer zunehmenden Depression verbunden.

Watkins et al. (2008) haben die Unterschiede zwischen adaptiven und maladaptiven Formen von Grübelprozessen hervorgehoben. Die adaptive Form von Grübeln ist charakterisiert durch konkretes, prozessorientiertes, spezifisches Denken. Die zweite, nicht hilfreiche Form ist charakterisiert durch abstraktes, bewertendes Denken und führt typischerweise nicht zu Problemlösungen. Adaptives Grübeln kann bei jedem vorkommen, bei dem ein schwieriges Problem eine wiederholte mentale Bearbeitung nötig macht, bevor man zu einer vernünftigen Lösung kommt. Depressives Grübeln führt dagegen nur zu einer Vergrößerung der Dysphorie.

Der Prozess des Grübelns hält den Patienten in negativen Zuständen gefangen und führt zudem fast zwangsläufig zu einer Entkoppelung von der Umwelt. Diese Einschätzung ist in Übereinstimmung mit dem Konzept von Lewinsohn (2001), der annahm, dass Depression einen Fokus auf das eigene Selbst hervorruft, der repetitiv ist, aber nicht zu Problemlösungen führt. Patienten sind festgefahren und denken beispielsweise: »Heute fühle ich mich wieder niedergeschlagen. Warum passiert mir das? Werde ich das jemals überwinden? Das ist einfach zu viel.« Solche Gedanken haben selten einen Endpunkt, sie führen nicht zu effektiven Problemlösungen und die Gedanken wiederholen sich. Das Ergebnis ist ein sich selbst perpetuierender Prozess, der den betroffenen Patienten in einer festgefahrenen Lage hält. Es wird dann weniger wahrscheinlich, eine positive, aktive Problemlösung zu finden und wahrscheinlicher, sich von anderen Aktivitäten zurückzuziehen. Die fortgesetzte Fokussierung auf innere Zustände vermindert die Befriedigung, die aus Aktivitäten gezogen werden kann. Sie perpetuiert die Depression, weil eine Zielerreichung verhindert wird.

Diese Denkmuster waren Kenneth sehr vertraut, als er nach Monaten der Depression eine Therapie aufsuchte. Wie bei Alice begann die Depression nach dem Verlust des Arbeitsplatzes und Monaten der Arbeitslosigkeit. Er hatte sich immer als »Überlebenskünstler« angesehen und war sehr erstaunt, dass ein Psychiater bei ihm eine schwere depressive Episode diagnostizierte. Er nahm eine Arbeit als Maler an. Er verdiente weniger Geld als früher, konnte aber sich und seine Familie über Wasser halten. Dennoch hatte er das Interesse an fast allen Aktivitäten verloren, die ihm sonst Spaß gemacht hatten, wie Radtouren mit seinen Kindern oder Reparaturarbeiten im Haus. Er konnte sich auch bestimmte Aktivitäten nicht mehr leisten, wie zu einem Baseballspiel zu gehen. Er fühlte sich ständig müde. Wenn er von der Arbeit nach Hause kam, verbrachte er nur wenig Zeit mit seiner Familie. Er aß etwas und verbrachte dann seine Zeit mit Fernsehen. Er hatte im letzten Jahr 56 Pfund zugenommen und betrachtete sich selbst als »Trottel«.

Zu Beginn der Therapie entwickelten Kenneth und sein Therapeut einen Aktivierungsplan, um sein Erleben von Freude und eigenem Können zu vergrößern. Mit Plänen für Aktivitäten ausgerüstet verließ er die Sitzungen, aber er stellte fest, dass jede Aktivität, mit der er sich befasste, bei ihm Gedanken auslöste darüber, wie müde er war und wie sinnlos alles war. Am Morgen dachte er darüber nach, wie niedergeschlagen er sich fühlte. Wenn er bei der Arbeit war, dachte er darüber nach, dass er wegen seiner Depression eine so anspruchslose Arbeit machen musste und nicht länger in der Lage war, eine anspruchsvollere Position auszufüllen. Wenn er zuhause war, dachte er daran, wie sehr er es früher genossen hatte, Zeit mit seiner Frau und seinen beiden Töchtern zu verbringen. Nun sah es so aus, wie wenn ihm seine Familie gleichgültig wäre. Seine älteste Tochter war im letzten Jahr vor dem Abitur und Kenneth dachte darüber nach, wie sehr er den Kontakt mit ihr vermisste, jetzt wo sie in einem Jahr das Haus zum Studium verlassen würde. Er dachte daran, wie die Depression ihm die Lebenslust genommen hatte.

Was kann der Therapeut mit einem Patienten tun, der sich so wie Kenneth quält? Bei BA werden zwei wesentliche Techniken zum Umgang mit Grübelprozessen angewendet. In jedem Fall wird beim Bearbeiten der repetitiven Gedanken das Augenmerk auf den Prozess und nicht auf den Inhalt solcher Gedanken gerichtet. Der Therapeut untersucht nicht die Validität repetitiver Gedanken und fordert den Patienten auch nicht auf, die Angemessenheit seiner Überzeugungen zu überprüfen (wie das bei anderen Methoden wie der KVT üblich ist; Beck et al. 1979). Stattdessen bezieht sich der Therapeut auf den Prozess des repetitiven Denkens, auf den Kontext in dem es stattfindet, auf die vorangehenden Bedingungen und die Konsequenzen. Der Therapeut fokussiert insbesondere die Art und Weise, wie Situationen den Grübelprozess auslösen und welche Möglichkeiten dadurch verpasst werden. Grübelprozesse halten den Patienten in einem auf sich selbst fokussierten Zustand fest. Er ist vom Leben entkoppelt und gefangen in mentalen Schleifen, die zu keinem logischen Endpunkt führen. Wenn Patienten diese Konsequenzen bewusst werden, sind sie eher zu alternativen Verhaltensweisen bereit. Der Therapeut bearbeitet repetitives Denken, indem er eine genaue Verhaltensdiagnostik durchführt und eine Vielzahl von verhaltensbezogenen Strategien anwendet.

Verhaltensdiagnostik von Grübelprozessen

Verhaltensdiagnostik ist der erste Schritt, wenn man mit Patienten arbeitet, die grübeln. Der Therapeut vermutet Grübelprozesse besonders dann, wenn der Patient zwar von Aktivitäten berichtet, aber kein Vergnügen damit verbunden ist. In vielen Fällen ist es so, dass Patienten, die sehr aktiv sind, an der Oberfläche genau das tun, was sie im Sinne der Verhaltensaktivierung tun sollten. Sie sind aber nicht wirklich bei der Sache, weil ihre Gedanken woanders sind. Es ist sehr wichtig, die Unterschiede zwischen offen gezeigtem Verhalten und verdecktem Verhalten zu überprüfen. Der Patient kann nach außen beschäftigt wirken, obwohl er sich innerlich nicht auf die Aktivität einlässt, weil er mit Grübeln beschäftigt ist. Beispielsweise sieht es nach einer Aktivierung mit hohem Belohnungswert aus, wenn jemand als sichtbares Verhalten im Park seinem Hund einen Ball zuwirft. Wenn der

Patient jedoch berichtet, dass er keine Freude an der Aktivität hat, ist es wichtig, sowohl das beobachtbare als auch das verdeckte Verhalten zu überprüfen. So erhält man ein vollständiges Bild der Erfahrungen des Patienten. Hat er den Ball geworfen und dabei gedacht, dass er sich elend fühlt, dass er sich wohl niemals besser fühlen wird und dass es an diesem Tag so viel schlechter ist als an früheren Tagen, an denen er sich noch nicht so depressiv fühlte? Den Ball werfen und dabei grübeln, ist etwas ganz anderes, als den Ball werfen und dabei auf den Hund und die Details im Park achten. Dies erklärt auch das Empfinden von Unwirklichkeit, das viele Patienten beschreiben. In der Tat ist das normale Bewegungsverhalten vorhanden, aber das Gehirn ist mit einer anderen Aktivität beschäftig. Es lenkt dabei die Aufmerksamkeit weg von dem beabsichtigten Erleben. Um zu verstehen, wie Grübelprozesse wirkungsvoll angegangen werden können, muss der Therapeut zusammen mit dem Patienten zuerst die Kontingenzen durchgehen, die Grübeln aufrechterhalten. Diese Verhaltensdiagnostik leitet dann die Interventionen an. Hier ein Beispiel dazu:

BETH: *Alice, ich würde gerne so viel wie möglich über die Situation gestern erfahren. Sie sagten, Sie waren in Ihren Gedanken über die Arbeit festgefahren. Können Sie mir berichten, was in dem Moment passierte, als Sie den Gedanken hatten: ›Ich mache meine Arbeit nicht so, wie ich sollte.‹*
ALICE: *Ich war am Computer und habe E-Mails beantwortet.*
BETH: *Haben Sie aufgehört, E-Mails zu beantworten, als Sie mit dem Grübeln angefangen haben?*
ALICE: *Ich bin davon abgekommen. Ich habe fast eine Stunde für eine Aufgabe gebraucht, die man in 10 Minuten erledigen kann.*
BETH: *Haben Sie auch schon gegrübelt, bevor Sie mit dem Beantworten von E-Mails begonnen haben?*
ALICE: *Ja, eigentlich habe ich mit der Bearbeitung der E-Mails begonnen, weil ich dachte, dass das helfen könnte.*
BETH: *Das war ein guter Ansatz, aktiv zu werden, aber es sieht so aus, als hätte es gestern nicht geklappt. Was haben Sie gemacht, bevor Sie die E-Mails beantwortet haben?*
ALICE: *Fernsehen – so eine bescheuerte Talk Show, die am Vormittag läuft.*
BETH: *Haben Sie die Talk Show genau verfolgt?*
ALICE: *Am Anfang schon. Ich dachte, es wird für mich interessant. Ein Teil des Programms sollte über Leute gehen, die von zuhause aus arbeiten und ich dachte, das könnte mir helfen.*
BETH: *Wollten Sie sich das ansehen, um sich vom Grübeln abzulenken?*
ALICE: *Nein, es war alles o.k., bevor ich mir die Show angesehen habe.*
BETH: *Was geschah bei der Talk Show?*
ALICE: *Vor dem Teil über Heimarbeit gab es ein Interview mit einem Teenager, der ein Computergenie ist und der schon mit 17 Abitur gemacht hat. Das war es, was mich betroffen gemacht hat. Ich dachte daran, welch ein Glück dieser Teenager hat, so klug zu sein und dass er mit 17 diese Chance bekommen hat. Ich dachte, er ist so engagiert und ich bin so faul. Das hat mich traurig gemacht.*

BETH: Haben Sie dann weiter ferngesehen, bis der Teil über die Heimarbeit kam?
ALICE: Ja schon, aber ich kann mich nicht wirklich daran erinnern. Ich war komplett in meinen Gedanken gefangen und habe mich hundeelend gefühlt.
BETH: Also hat das Grübeln begonnen, als Sie das Interview in der Talk Show gesehen haben. Ist das so?
ALICE: Ja.
BETH: Die Show anzugucken, schien zuerst eine gute Idee zu sein, dann aber war es sehr schmerzhaft. Denken Sie, dass es manchmal schwierig ist, zu wissen, was hilfreich sein könnte und was nicht?
ALICE: Nun, ich glaube, dass das Ansehen einer Talkshow wahrscheinlich eine schlechte Idee ist. Talk Shows sind so konstruiert, dass ich mich dabei entweder über das Elend anderer Leute aufrege oder über mein eigenes.
BETH: Das wissen Sie nun. Möglicherweise ist das Ansehen von Talkshows ein Auslöser für Sie. Glauben Sie, es wäre für Sie einfacher gewesen, an Ihren E-Mails zu arbeiten, wenn Sie die Show nicht davor gesehen hätten?
ALICE: Das ist gut möglich.
BETH: Richtig, ganz sicher wissen wir das nicht. Ich frage mich, ob es helfen könnte, wenn wir weiter daran arbeiten würden, Aktivitäten zu planen wie das Arbeiten an den E-Mails. Sie sollten das nicht gerade dann machen, wenn Sie sich besonders niedergeschlagen fühlen und grübeln. Was halten Sie davon?
ALICE: Vielleicht ist das eine gute Idee.

Beth verfolgte die Kette der Ereignisse zurück, um zu herauszufinden, wann das Grübeln begonnen hat. Das Grübeln war mit einem bestimmten Kontext verbunden, nämlich dem Ansehen einer Talk Show. Die Strategie, die sich daraus logisch ergibt, ist eine Alternative zum Fernsehen während des Tages zu besprechen und zu verhindern, dass Alice wieder in dieselbe für sie problematische Situation kommt. Sofern Alice auch in anderen Situationen ins Grübeln kommt, würde die Therapeutin mit ihr noch weitere Möglichkeiten besprechen, wie sie auf das Grübeln reagieren kann. Diese weiteren Strategien werden in den folgenden Abschnitten dargelegt.

Häufig sind die Konsequenzen, die das Grübeln aufrechterhalten, genauso bedeutsam wie die vorangehenden Bedingungen, die das Grübeln auslösen. Kenneth grübelte unter anderem darüber, dass die Depression ihm das Leben stiehlt. Er glaubt in diesen Augenblicken, dass er etwas Sinnvolles gegen seine Probleme tue. In diesem Fall wurde deutlich, dass sein Grübeln ein Versuch war, Lösungen zu finden. Der Therapeut vermittelte Kenneth gezielt, wie er ein Problem identifizieren und durch Brainstorming Lösungen finden konnte. So wurde ihm geholfen, die Zeit, die er mit Grübeln verbrachte, zu reduzieren.

Bei einigen Patienten dient Grübeln dazu, das Erleben von Traurigkeit zu reduzieren. Marias Schwester war zwei Jahre vor Beginn der Therapie gestorben. Sie verbrachte einen großen Teil ihrer Zeit damit, darüber zu grübeln, warum ihre Schwester so jung gestorben war, welche negativen Folgen der Tod für die Kinder ihrer Schwester hatte und welche Leere sie in ihrem eigenen Leben ohne ihre Schwester verspürte. Der Psychologe Tom Borkovec (Borkovec et al. 2004) vermutet, dass bei Patienten mit Angstproblemen Sorgenprozesse deshalb aufrechterhalten werden, weil der linguistische Prozess des sich Sich-Sorgen-Machens (im Kern geht es ja darum, zu sich selbst zu sprechen) emotionale Verarbeitung vermindert. Marsha Linehan (1983) hat die negativen Auswirkungen einer gehemmten Trauer beschrieben. Auch dies kann bei einigen Patienten gegeben sein, die häufig grübeln. Diese Konzeptualisierungen legen nahe, dass Grübeln den Patienten auf der kognitiven Ebene beschäftigt hält und dabei das emotionale Erleben der Traurigkeit verhindert. Diese Theorie bedarf sicherlich noch der Bestätigung durch weitere Studien. Unsere praktische Erfahrung legt nahe, dass einige Patienten wie beispielsweise Maria deshalb grübeln, weil es den akuten Schmerz der Trauer vermindert. Ihr Therapeut arbeitete daran, Aktivitäten zu identifizieren, die es erlauben würden, sich dem emotionalen Erlebnis der Traurigkeit anzunähern. Dazu gehörten das Ansehen von Fotos ihrer Schwester, Gespräche über ihre Erkrankung und ihren Tod, Besuche bei ihren Nichten und Neffen und Aktivitäten, die sie früher zusammen mit ihrer Schwester unternommen hatte. Bei diesen Aktivitäten vergrößerte sich ihre Traurigkeit vorübergehend, aber Grübeln und andere depressive Symptome gingen zurück.

Manchmal ist es nicht klar, welche Funktion Grübeln hat. Bei manchen Patienten geht das Grübeln möglicherweise deshalb weiter, weil das Sprechen über Traurigkeit, Einsamkeit oder andere negative emotionale Zustände zeitweise belohnt wurde und zu einer Gewohnheit geworden ist, auch wenn es im gegenwärtigen Umfeld keinerlei Erleichterung bringt (Ferster 1974). Grübeln kann sich auch deswegen fortsetzen, weil keine alternativen Verhaltensfertigkeiten vorhanden sind. Einige Patienten sind für Grübeln aufgrund ihres kognitiven Stils anfällig.

In all diesen Fällen ist jedoch ein Teil der Aufgabe des Therapeuten, den Patienten dabei zu unterstützen, herauszufinden, wann Grübeln hilfreich ist und wann nicht. Wenn man dem Patienten vermitteln will, ob das Grübeln für ihn hilfreich ist oder nicht, kann man die »2-Minuten-Regel« von Addis und Martell (2004) anwenden. Dabei soll der Patient nach 2 Minuten Grübeln über ein Thema überprüfen, ob er einen Fortschritt Richtung Problemlösung gemacht hat oder eine neue Erkenntnis gehabt hat. Er soll sich auch fragen, ob er durch Grübeln weniger selbstkritisch oder weniger depressiv geworden ist (S. 97). Wenn die Antwort nicht auf wenigstens eine dieser Fragen »Ja« lautet, kann man das Denken als tatsächlich grüblerisch bewerten und eine alternative Technik empfehlen, um diese Muster zu unterbrechen.

Depressive Rumination bei BA angehen – Nicht nur reden, sondern machen!

Das BA Prinzip 9 »Nicht nur reden, sondern machen!« ist eine Leitlinie für alle Aspekte des Therapeutenverhaltens. Alle Sitzungen sollen einen Fokus auf Aktivierung haben und Gespräche über periphere Themen begrenzt werden. Es ist wichtig, Kurs zu halten, die Erfahrungen mit den Hausaufgaben durchzugehen, dabei beobachtete Probleme zu analysieren und zu lösen, neue Ziele zu vereinbaren und Pläne für neue Aktivitäten zu entwickeln. Natürlich ist ein gewisses Maß an Konversation über Alltagsdinge wichtig, damit sich der Patient mit dem Therapeuten verbunden fühlt und ein Übergang zu sensiblen Themen ermöglicht wird. Wenn sich der Therapeut zu sehr auf passive Konversation einlässt, kann der Erfolg der Therapie dadurch beeinträchtigt werden. Das gilt in besonderem Maße, wenn man mit Patienten arbeitet, die ausgeprägt grübeln. Wenn der Therapeut mit dem Patienten einfach über den Inhalt der Grübelprozesse spricht, ohne zur Handlung überzugehen, riskiert er, dass sich diese Verhaltensweisen perpetuieren. Viele Patienten möchten über ihr Leiden sprechen. Das bloße Sprechen über Probleme führt aber nur dazu, dass offen sichtbares Grübeln stattfindet. Diese Art der Interaktion hat keine hohe Wahrscheinlichkeit zu Lösungen zu führen.

Im Kontext des Aktivitätsaufbaus gibt es bei BA fünf Strategien, um depressives Grübeln zu beeinflussen: (1) das Herausarbeiten der Konsequenzen des Grübelns, (2) Problemlösen, (3) Achtsamkeit auf die unmittelbare Wahrnehmung der Gegenwart, (4) Ausrichtung der Aufmerksamkeit auf unmittelbar anstehende Aufgaben, (5) sich Ablenken vom Grübeln. Therapeuten können bei der Auswahl einer dieser Interventionen auf ihre Kenntnis des Patienten und die individuelle Verhaltensanalyse zum Grübeln zurückgreifen. Jede dieser Strategien wird im Folgenden detailliert besprochen.

Herausarbeiten der Konsequenzen des Grübelns

Die Konzeptualisierung der Grübelprozesse durch BA ist ein nützliches Werkzeug, wenn man die Konsequenzen dieses Verhaltens herausarbeiten möchte. Der Therapeut erklärt dem Patienten, dass Grübeln ein sekundäres Problemverhalten darstellt, das depressive Symptome verschlimmert und Probleme mit dem Umfeld intensiviert. Das Grübeln über die Ablehnung einer Einladung auf einen Kaffee, anstatt einen anderen Zeitpunkt vorzuschlagen oder jemand anderen zum Kaffee einzuladen, verschlechtert die Stimmung des Patienten und vergrößert seine soziale Isolation. Dies war bei Charlie der Fall. Er und sein Therapeut Tom besprachen die Konsequenzen seiner Grübelprozesse.

TOM: Was geschah, als Sie Melissa letzten Dienstag auf einen Kaffee einluden?
CHARLIE: Sie wies mich ab. Ich dachte, sie würde zustimmen. Ich konnte es nicht glauben. Die ganze Woche war verdorben.
TOM: Wie kam es, dass die ganze Woche verdorben war.
CHARLIE: Nun, ich bekam es nicht aus meinem Kopf. Es ging nur um eine Tasse Kaffee. Ich wollte mich ja nicht mit ihr verabreden oder sie heiraten – alles, was ich wollte, war ein netter Austausch, so wie Sie und ich es in der Therapie besprochen haben.
TOM: Sie haben es also immer wieder in ihrem Kopf durchgespielt.
CHARLIE: Ja, die ganze Woche.

TOM: Was war das Ergebnis davon, dass Sie das Ereignis immer wieder durchgegangen sind oder darüber gegrübelt haben?
CHARLIE: Ich habe mich definitiv schlechter gefühlt.
TOM: Das habe ich mir auch so vorgestellt, Charlie. Hat das Grübeln Sie von irgendetwas abgehalten, was Sie geplant hatten?
CHARLIE: Nun, wir hatten ja für den Fall, dass Melissa nicht konnte, einen Plan B besprochen, aber ich bin gar nicht so weit gekommen.
TOM: Weil Sie gegrübelt haben?
CHARLIE: Zunächst einmal habe ich sie nicht gefragt, ob wir das Kaffeetrinken verschieben können. Ich war so verletzt über ihre Absage. Als ich dann weitergrübelte, habe ich sogar aufgehört, ihr »Hallo« zu sagen, wenn ich an ihrem Schreibtisch vorbeikam. Ich habe auch niemand anderen angesprochen, um irgendetwas am Wochenende zu unternehmen. Ich blieb zuhause, fühlte mich elend und dachte darüber nach, dass ich nie Freunde haben werde, schon gar nicht weibliche Freunde.
TOM: Das hört sich wirklich hart an. Gleichzeitig gibt es da eine ganze Menge, was wir daraus lernen können. Es scheint ganz klar, dass Grübeln zu schlechterer Stimmung führte.
CHARLIE: Definitiv.
TOM: Beim Grübeln haben Sie sich interessanterweise noch mehr von anderen Menschen zurückgezogen. Sie fühlten sich noch stärker isoliert und fühlten sich noch schlechter.
CHARLIE: Ja, das stimmt. Ich denke auch, das ist ziemlich typisch, wie das abläuft.

In dieser Situation arbeitete Tom die negativen Konsequenzen des Grübelns heraus. Er unterstützte Charlie dabei, ganz genau die Art und Weise zu identifizieren, wie das Grübeln mit seiner Stimmung und seinem Lebenskontext verbunden ist. Bei anderer Gelegenheit wird sich der Therapeut dafür entscheiden, die Konsequenzen von fehlendem Grübeln herauszuarbeiten, und dabei hervorheben, wie Handeln im Gegensatz zu Grübeln zu besseren Problemlösungen, verlässlicher Zielerreichung und verbesserter Stimmungslage führt.

Das Hervorheben der Konsequenzen kann auch eine motivationale Funktion haben. Es ermutigt den Patienten, sich mit alternativen Verhaltensweisen zu Grübeln zu befassen. Es vermittelt auch eine Strategie zum Umgang mit Grübelprozessen. Es ist wichtig, den Patienten in den Prozess der Verhaltensdiagnostik mit einzubeziehen. Ihn zu ermutigen, sich selbst zu fragen: »Nützt mir diese Art zu denken im gegenwärtigen Augenblick?« – hilft das, die Konsequenzen der Grübelprozesse herauszuarbeiten. Meistens kann der Patienten erkennen, dass die Konsequenzen des Grübelns maladaptiv sind. Manchmal kann das Bewusstsein aversiver Konsequenzen schon das Verhalten formen und die Aktivierung steigern. Andere Patienten entwickeln zwar ein Bewusstsein für die negativen Konsequenzen des Grübelns, fühlen sich aber dennoch in endlosen mentalen Schleifen gefangen. Bei solchen Patienten müssen zusätzlich spezifische, aktive Verhaltensveränderungen angestrebt werden.

Problemlösen

Problemlösestrategien wurden in Kapitel 6 erörtert. Problemlösen ist ein natürliches Gegengewicht zu Grübelprozessen. Die Rolle des Therapeuten besteht darin, dem Patienten zu helfen, das Problem zu definieren, das im Fokus des Grübelprozesses steht, und Schritte in Richtung eines aktiven Problemlösens aufzuzeigen. Therapeut und Patient identifizieren gemeinsam das Thema und definieren daraus ein konkretes Problem, das gelöst werden muss. Dann generieren sie mögliche Lösungen und wählen spezifische Schritte aus, damit der Patient Veränderungsmöglichkeiten ausprobieren kann. Dabei arbeiten Therapeut und Patient an einer großen Bandbreite von möglichen Problemen, die von schwierigen interpersonellen Problemen bis zu Schwierigkeiten am Arbeitsplatz reichen können. Das Lösen von kontextuellen Problemen ist eine geschickte Reaktion auf Grübeln, da zugehörige Auslöser beseitigt werden. Manchmal legt eine sorgfältige Problemanalyse nahe, dass derzeit keine Lösung verfügbar ist und die beste Strategie darin besteht, sich in Akzeptanz des schwierigen Kontexts zu üben. Ein Beispiel ist, dass der Patient sich Sorgen über das Ergebnis einer medizinischen Untersuchung macht, das jeden Tag kommen könnte. Dieser Kontext ist nicht beeinflussbar. Der Therapeut kann dann Ideen für Aktivitäten generieren, die tröstend oder ablenkend wirken, um den Fokus auf beunruhigende Gedanken zu vermindern. In jedem Fall gehören Problemlösetechniken zu den primären Werkzeugen des Therapeuten bei der Anwendung von BA. Wenn bei dem Patienten Grübelprozesse zu beobachten sind, ist es als erster Schritt hilfreich, zu überlegen, welche Lösung möglich ist.

Achtsamkeit auf die Wahrnehmung

Viele zeitgenössische Psychotherapiemethoden haben einen Fokus auf der praktischen Anwendung von Achtsamkeitsübungen (z. B. Hayes et al. 1999; Linehan 1993; Segal et al. 2001). Achtsamkeit wird häufig definiert als »die Aufmerksamkeit im gegebenen Augenblick bewusst ausrichten ohne zu bewerten« (Kalbat-Zinn 1994, S. 4). Grübeln lenkt die Aufmerksamkeit vom gegenwärtigen Augenblick weg. Das Ziel von Achtsamkeit besteht darin, mit dem gegenwärtigen Augenblick in Kontakt zu bleiben. Achtsamkeit wurde bei Patienten mit einer Vorgeschichte von Depressionen angewendet, um zukünftigen Episoden vorzubeugen. In diesem Kontext wird Achtsamkeit mithilfe verschiedener formaler und informeller Meditationsübungen vermittelt (Segal et al. 2001).

Bei der Anwendung von BA werden keine Meditationsübungen vermittelt. Dennoch ist das Einüben der Konzentration auf das unmittelbare Erleben des gegenwärtigen Augenblicks zentral für den Umgang mit Grübelprozessen. Wir nennen diese Übungen »Aufmerksamkeit auf das gegenwärtige Erleben« (Martell et al. 2001). Wir bitten den Patienten, seine Aufmerksamkeit sowohl auf das äußere Geschehen als auch auf das innere Erleben zu richten. Dies steht im Gegensatz zu einem ständigen automatischen Fokus auf die Vorgänge im Kopf. Wir fordern den Patienten auf, visuelle Eindrücke, Geräusche, Gerüche und vieles mehr im gegenwärtigen Augenblick wahrzunehmen. Aufmerksamkeit auf das gegenwärtige Erleben beinhaltet auch, die Aufmerksamkeit immer wieder zurück auf die Elemente des gegenwärtigen Kontexts zurückzubringen. Die Aufmerksamkeit kann das eigene sensorische Erleben und die Wahrnehmung eigener Aktivitäten im gegenwärtigen Kontext einschließen.

Bei einigen Patienten mit sehr ausgeprägten Grübelprozessen kann die Integration formaler Achtsamkeitsübungen möglicherweise die Wirksamkeit der Behandlung mit BA erhöhen. Aus diesem Grund empfehlen wir Therapeuten, sich mit achtsamkeitsbasierten Methoden der Depressionsbehandlung vertraut zu machen (Segal et al. 2001; Williams et al. 2007). Der Therapeut kann seinen Patienten dazu anregen, Bücher zum Thema Achtsamkeit zu lesen, an Meditationsübungen oder Yoga-Kursen teilzunehmen. Einige Patienten werden das hilfreich finden. Sie werden sich wieder mehr mit der Gegenwart befassen, statt repetitiven Gedanken über die Vergangenheit oder die Zukunft nachzugehen.

Kenneth, von dem wir schon gesprochen haben, übte sich darin, während des Abendessens auf die visuellen, akustischen und olfaktorischen Wahrnehmungen in seinem Haus zu achten, statt zu grübeln, während er mit seiner Familie am Tisch saß. Sein Therapeut Miguel unterstützte ihn dabei, das Wahrnehmen einer Vielzahl von Moment-zu-Moment-Erfahrungen zu praktizieren. War der Raum ruhig? Kamen Geräusche von außen wie Verkehrslärm, Vogelgezwitscher oder Geräusche von Wind und Regen ins Haus? Wie roch das Essen, das auf dem Tisch stand? Wie schmeckte der erste Bissen von jedem Nahrungsmittel, das er aß? Er übte zunächst die Fähigkeit seine Aufmerksamkeit auf den Abendbrottisch zu lenken. Dann fügte er weitere Übungen für den Abend hinzu. Er unternahm Spaziergänge in der Nachbarschaft, bei denen er speziell auf die Gärten der Nachbarn und die Farben der Blumen achtete. Die Schlüsselinstruktion, nämlich genau auf sein Erleben zu achten, ergab eine Alternative zu dem »Sich-wie-ferngesteuert-Bewegen« bei solchen Aktivitäten, während er in wiederkehrenden mentalen Schleifen gefangen war.

Achtsamkeit auf das gegenwärtige Erleben und Problemlösen können sehr wirkungsvoll sein, aber sie sind wie alle Pläne zur Steigerung der Aktivität schwer in die Praxis umzusetzen. Wenn ein Patient die Sitzung mit einer Hausaufgabe verlässt, die Achtsamkeit auf das gegenwärtige Erleben beinhaltet, ist es von essentieller Bedeutung, die Komponenten wirkungsvoller Handlungspläne zu berücksichtigen. Wir haben über das Prinzip gesprochen, klein anzufangen. Der Therapeut von Kenneth dachte genau hieran, als er Übungen zur Achtsamkeit auf das gegenwärtige Erleben einführte.

MIGUEL: *Kenneth, wir haben viel darüber gesprochen, wie sehr Sie sich gefangen fühlen, wenn Sie grübeln. Trifft das so zu?*
KENNETH: *Ja, es ist schrecklich. Ich kann es nicht ändern – ich fühle mich einfach elend.*
MIGUEL: *Das kann ich verstehen. Wollen Sie nächste Woche mal etwas anderes ausprobieren?*
KENNETH: *Sicher, aber Sie wissen ja, dass ich nicht erwarte, dass es viel bringt.*

MIGUEL: *Auch das kann ich verstehen. Ich frage mich aber, ob Sie Ihre Vorbehalte kritisch überprüfen möchten.*
KENNETH: *Ja doch.*
MIGUEL: *Ich möchte Ihnen vorschlagen, dass Sie eine kurze Übung durchführen, die wir »Achtsamkeit auf das gegenwärtige Erleben« nennen. Die Idee dabei ist, dass Sie eine Alternative zu dem Gedankenkreisen entwickeln, in das Sie sonst geraten. Wenn wir Ihr Gehirn darin trainieren, sich wieder auf das Hier und Jetzt zu konzentrieren, statt auf die üblichen Schleifen, haben Sie eine größere Chance, sich über das zu freuen, was Sie haben. Sie könnten sich besser auf die Dinge konzentrieren, die wichtig für Sie sind, wie etwa Ihre Arbeit. Sind Sie bereit, sich auf einen Versuch einzulassen?*
KENNETH: *Von mir aus. Ich bin aber nicht ganz sicher, was Sie meinen.*
MIGUEL: *Gute Frage. Ich gebe Ihnen ein Beispiel. Eine mögliche Übung könnte darin bestehen, dass Sie sich auf die verschiedenen Farben hier im Raum konzentrieren. Schauen Sie sich um nach den Farben und den Mustern im Teppich und in den Bildern. Wir können das zusammen für ein bis zwei Minuten mal üben.*
KENNETH: *Sie wollen, dass ich mir eine Minute lang die Farben ansehe?*
MIGUEL: *Ja, ich merke schon, das hört sich für Sie ein bisschen eigenartig an, und wie bei allen neuen Aktivitäten kann es etwas dauern, bis man den Dreh heraus hat. Ihre Gedanken werden möglicherweise zu den üblichen Mustern zurückkehren. Das ist okay, wir befinden uns in einem Lernprozess. Wenn Ihre Gedanken plötzlich wo anders sind, holen Sie Ihre Aufmerksamkeit zurück zur Wahrnehmung der Farben und konzentrieren Sie sich auf das, was um Sie herum ist. Wenn Gedanken aufkommen, dass alles so schwer ist, das ist okay – wir fangen ja gerade erst damit an. Lenken Sie Ihre Aufmerksamkeit zurück zu den Farben hier im Raum.*
KENNETH: *Okay, Ich versuche es.*
(Der Patient übt etwa eine Minute lang)
MIGUEL: *Was haben Sie bemerkt.*
KENNETH: *Nun, ich habe bemerkt, dass da kleine grüne Farbtupfer im Teppich sind. Ich habe das noch nie bemerkt. Ich mag das Bild da an der Wand. Ich habe angefangen, zu überlegen, wer es gemalt hat. Ich glaube aber nicht, dass es das war, was Sie von mir wollten.*
MIGUEL: *Ja, wie gesagt, Sie müssen damit rechnen, dass Sie schnell von dem abgelenkt werden, was um Sie herum ist. Ihr Gehirn wird Sie in seine üblichen Denkgewohnheiten zurückbringen wollen. Das bedeutet auch, dass Sie schnell wieder bei der mächtigen Gewohnheit des Gedankenkreisens sind, sehr bald, nachdem Sie mit der Übung begonnen haben. Das ist in Ordnung, weil es darauf ankommt, dass Sie bemerken, dass Ihr Gehirn zu seiner alten, vertrauten Gewohnheit zurückgekehrt ist. Lenken Sie Ihre Aufmerksamkeit wieder auf das, was in Ihrer unmittelbaren Umgebung zuhause vorhanden ist, sobald Sie das bemerkt haben.*
KENNETH: *Oh je, ich werde mich oft zurückholen müssen!*
MIGUEL: *Das stimmt, so wird es sein! Erstaunlicherweise ist es dennoch eine gute Sache, weil es bedeutet, dass Sie Ihre Sache gut machen. Wenn Sie feststellen, dass Sie abgeschweift sind, werden Sie viel Übung darin bekommen, Ihre Auf-*

merksamkeit zurückzuholen. Mit fortschreitender Übung werden Sie Ihre Aufmerksamkeit immer besser auf das ausrichten können, was Sie wollen, statt auf das, wohin Ihr Gehirn gewohnheitsmäßig hingeht.
KENNETH: Hmmm. Könnte nützlich sein.
MIGUEL: Wie oft wollen Sie diese Übung nächste Woche durchführen?
KENNETH: Wenn ich das nur für ein paar Minuten mache, vielleicht drei Mal?
MIGUEL: Okay. Das hört sich gut an. Wann werden Sie das während der Woche tun? Wir sollten das so machen, dass Sie die Aktivität jeweils gemäß Ihrem Aktivitätsprotokoll anfangen können.

Miguel berücksichtigte das Prinzip, dass Veränderungen einfacher sind, wenn man klein anfängt. Statt Kenneth zu bitten, seine Aufmerksamkeit einen ganzen Nachmittag lang auf sein Erleben zu richten, beschränkt sich die Vereinbarung auf nur wenige Minuten. Die Übung soll zuhause durchgeführt werden. Dort ist es für Kenneth einfacher anzufangen, denn er fühlt sich an seiner Arbeitsstelle unglücklich und es wäre für ihn besonders schwer, dort seine Aufmerksamkeit aufrechtzuerhalten. Miguel geht mit Kenneths Zweifeln sachlich um. Er erläutert, wie die vorgeschlagene Strategie für ihn hilfreich sein kann. Achtsamkeit auf das gegenwärtige Erleben stellt für einige Patienten einen völlig anderen Zugang zum Leben als bisher dar. Möglicherweise kommt er ihnen etwas eigenartig vor. Miguel sagte vorher, dass Kenneth abgelenkt werden könnte und mit Grübeln beginnen könnte. Er schlug dazu eine Lösung vor. Er erklärte, dass wiederholte Übung erforderlich ist. Eine weitere Möglichkeit für Miguel wäre, Kenneth zu bitten, seine Beobachtungen aufzuschreiben und die Notizen zur Auswertung in die nächste Sitzung mitzubringen. Dies würde bei Kenneth das Gefühl von Verantwortung für die Durchführung der Aktivität steigern. Miguel schlug Kenneth auch vor, die Übung in sein Aktivitätsprotokoll einzutragen. Dies erhöht ebenfalls die Wahrscheinlichkeit, dass er sich an die Vereinbarung hält.

Ausrichtung der Aufmerksamkeit auf unmittelbar anstehende Aufgaben

Diese Strategie ist der Achtsamkeit auf die Wahrnehmung sehr ähnlich. Sie verlangt vom Patienten, dass er erkennt, wenn er sich aus einer gegebenen Aufgabe ausklinkt. Der Unterschied besteht darin, dass der Fokus hier nicht auf der sensorische Wahrnehmung im Hier und Jetzt liegt, sondern auf den einzelnen Schritten der Aufgabe. Jedes Mal, wenn der Patient erkennt, dass er über etwas anderes nachdenkt als über die gegebene Aufgabe, führt er seine Aufmerksamkeit ruhig auf ein Element der Aufgabe zurück. Dies ist oft einfacher mit Aufgaben, die kompliziert sind oder eine Reihe von Schritten beinhalten.

Elisabeth beispielsweise arbeitete als Hypothekenmaklerin. Sie war in ihrem Privatleben extrem isoliert. Aber ihre Arbeit erlebte sie als Befriedigung. Als die Depression schlimmer wurde, wirkte sich das auch auf die Arbeit aus. Sie klagte bei ihrer Therapeutin darüber, dass sie weniger produktiv und besorgt war, das einzige zu verlieren, was ihr im Leben etwas bedeutete, nämlich ihre Arbeit. Besonders schlimm war die Schwierigkeit, sich zu konzentrieren. Sie fühlte sich so schlecht, dass es ihr schwer fiel, am Morgen aufzustehen und rechtzeitig zur Arbeit zu kommen. Dort angekommen dachte sie darüber nach, wie depressiv sie war, weil sie sich nicht einmal mehr über ihre Arbeit freuen konnte. Sie war auch besorgt, dass sie nicht mehr wie früher Spitzenleistungen bringen würde und ihr Ruf in der Firma gefährdet wäre.

Elisabeth und ihre Therapeutin entschieden, dass die Behandlung der Grübelprozesse der Schlüssel zur Bewältigung der Depression war. Zum Einstieg plante Elizabeth viermal an jedem Arbeitstag 10-Minuten-Blöcke, in denen sie übte, ihre Gedanken wieder zurück zur gegebenen Aufgabe zu bringen. Bei der Überprüfung von Bilanzen führte sie ihre Aufmerksamkeit von ihrem inneren Zustand immer wieder zurück zu den spezifischen Berechnungen, die sie gerade durchführte. Sie stellte dabei fest, dass sie mehrfach durch Grübelprozesse abgelenkt wurde. Aber sie berichtete ihrer Therapeutin, dass sie sich während der Zeitabschnitte, in denen sie sich speziell auf die Übung konzentrierte, anders fühlte, nämlich ein klein wenig besser. Da sie viermal am Tag 10 Minuten geplant hatte, konnte sie die Übung bei verschiedenen Aufgaben durchführen. Wenn sie am Telefon war, hörte sie genau auf jedes Wort des Kunden und arbeitete daran, den Kern des Problems zu erfassen. Gelegentlich fragte sie bei den Kunden nach, wenn sie die Konzentration bei den Gesprächen für einen Moment verlor. Sie berichtete aber, dass sie bei der Übung wenigstens nicht darauf achtete, wie schlecht sie sich fühlte.

Die Art der Aktivität selbst ist ein wichtiger Faktor, den man bedenken muss, wenn man den Patienten dabei anleitet, sich wieder auf eine gegebene Aufgabe zu konzentrieren, um gegen Grübelprozesse vorzugehen. Für viele Patienten ist es einfacher, die Übung bei Aktivitäten anzuwenden, die einen hohen Belohnungswert haben. Es ist beispielsweise schwierig, beim Rollschuhfahren oder beim Skifahren in den Bergen zu grübeln. Mit Kindern und Freunden Plätzchen zu backen, ist eine von sich aus angenehme Aktivität. Es ist einfacher, voll und ganz in der Gegenwart zu bleiben, wenn Aufgaben konzentrierte Aufmerksamkeit erfordern. Beispiele sind, aufzupassen, dass die Kinder beim Backen die Küche in Ordnung halten oder körperlich anstrengende Spiele mit den Kindern zu spielen.

Addis und Martell (2004) schlagen das Akronym RCA vor, um sich daran zu erinnern, sich mit der anstehenden Aufgabe statt mit Grübeln zu befassen. Das Akronym RCA steht für »Grübeln (R – rumination) verlangt (C – cues) Aktionen (A – action)«. Wenn also der Patient bemerkt, dass er grübelt, kann er sich an »RCA« erinnern und einen Versuch unternehmen, sich mit einer anderen Aktivität zu befassen, die die Wahrscheinlichkeit erhöht, dass er nicht an negativen Gedanken haften bleibt.

Sich vom Grübeln ablenken

Die Achtsamkeit auf die unmittelbare Wahrnehmung der Gegenwart und die Ausrichtung der Aufmerksamkeit auf unmittelbar anstehende Aufgaben helfen, eigene seelische Abläufe von Grübelprozessen zu entkoppeln. Auch Ablenkung kann im Umgang mit Grübeln nützlich sein. Der Unterschied zwischen den bisher diskutierten Strategien und Ablenkung besteht darin, dass Ablenkung etwas Neues in die Umwelt des Patienten bringt. Wenn jemand beispielsweise während einer Autofahrt grübelt, würde Achtsamkeit auf die unmittelbare Wahrnehmung des Erlebens das Fühlen der Polsterung des Sitzes am Rücken, die Berührung der Hände mit dem Lenkrad, den Druck des rechten Fußes auf das Gaspedal oder die Bremse, die Unebenheiten der Straße, das Brummen des Motors oder die Farben der Umgebung einschließen. Ablenkung demgegenüber bedeutet, sich auf etwas Neues zu konzentrieren, das keine Beziehung zu der unmittelbaren Aufgabe hat. Man könnte das Radio anmachen, um sich vom Grübeln abzulenken. Man könnte ein Lied mit einem schwierigen Text singen. Beide Aktivitäten sind Ablenkung. Sie beinhalten nicht einfach eine intensive Auseinandersetzung mit der gegenwärtigen Situation. Sie fügen etwas hinzu, um die Gedanken von den Grübelprozessen wegzubringen. Alice grübelte typischerweise in der Nacht, wenn sie versuchte, einzuschlafen. Sie stellte fest, dass das Ausrichten der Aufmerksamkeit auf gelegentliche Verkehrsgeräusche dazu führte, dass sie sich in der Dunkelheit unwohl fühlte. Alice und Beth erörterten Ablenkung als Alternative. Wenn sie anfing, im Bett zu grübeln, sollte sie den Fokus ihrer Aufmerksamkeit auf folgende Übung richten: Sie sollte versuchen, alle Tiere aufzuzählen, die ihr einfielen und mit dem Buchstaben A beginnen. So sollte sie das ganze Alphabet abarbeiten. Alice berichtete in der nächsten Sitzung zufrieden, dass sie selten über den Buchstaben G hinauskam, bevor sie einschlief. Sie scherzten, dass der Gedanke an eine Giraffe kein schlechtes Bild vor dem Einschlafen ist. Für manche Patienten ist Ablenkung ein wirksames Gegenmittel zu Grübelprozessen. Tabelle 7.1 listet Interventionen auf, die Therapeuten zur Anwendung zur Verfügung stehen, wenn Grübeln bei einem Patienten ein Problem darstellt.

Tab. 7.1: Interventionen bei Grübelprozessen

Die nachfolgend aufgeführten Interventionen können angewendet werden, wenn der Therapeut festgestellt hat, dass der Patient viel Zeit mit Grübelprozessen verbringt, sich nicht auf die anstehenden Aufgaben einlässt, sondern repetitiven Gedanken nachgeht.

- Herausarbeiten der Konsequenzen des Grübelprozesses
  - Fragen Sie sich: Wie beeinflusst Grübeln meine Stimmung? Ist es hilfreich, zu grübeln? Hilft es mir auf irgendeine Weise, Probleme zu lösen? Hat es kurzfristige oder langfristige Vorteile, vermindert es beispielsweise unangenehme emotionale Erfahrungen wie Traurigkeit? Oder gibt es Nachteile?
- Problemlösen
  - Definieren Sie ein konkretes Problem, das gelöst werden soll. Generieren Sie mögliche Lösungen und wählen geeignete aus. Identifizieren Sie Schritte, die helfen, verändertes Verhalten zu erproben. Setzen Sie die Schritte um. Überprüfen Sie die Ergebnisse und mögliche Schwierigkeiten.
- Achtsamkeit auf die Wahrnehmung
  - Richten Sie Ihre Aufmerksamkeit wiederholt auf die unmittelbare Wahrnehmung der Gegenwart (Sehen, Hören, Riechen, Schmecken oder Berühren).

Tab. 7.1: Interventionen bei Grübelprozessen – Fortsetzung

- Ausrichtung der Aufmerksamkeit auf unmittelbar anstehende Aufgaben
  - Identifizieren Sie, welche spezifischen Schritte erforderlich sind, um eine Aufgabe zu erledigen. Lenken Sie Ihre Aufmerksamkeit jeweils auf einen Schritt.

- Sich vom Grübeln ablenken
  - Richten Sie Ihre Aufmerksamkeit wiederholt auf etwas, das Sie von Grübelprozessen ablenkt. Nutzen Sie hierzu körperliche (z. B. mit dem Haustier spielen, Sportübungen) oder mentale Aktivitäten (z. B. ein Lied singen, durch das Alphabet gehen und Buchstabe für Buchstabe Dinge aufzählen.)

Zusammenfassung

Grübelprozesse sind für depressive Patienten eine belastende und schwierige Erfahrung. Sie glauben möglicherweise, dass ihr Verstand ihr ärgster Feind ist. Da depressive Grübelprozesse oft die Beschäftigung mit Aktivitäten beeinträchtigen, können sie die angestrebte Aktivierung untergraben. Bei der Anwendung von BA setzt sich der Therapeut mit dem Prozess des repetitiven Denkens und nicht mit seinem Inhalt auseinander. Grübeln hat auch eine Funktion als Vermeidungsverhalten. Es schützt den Patienten davor, sich mit schwierigen Situationen auseinanderzusetzen. Der Therapeut unterstützt den Patienten dabei, Techniken zu erlernen, mit denen er sich wieder wichtigen Aktivitäten in seinem Leben zuwendet, anstatt in Grübeleien hängenzubleiben. Das Herausarbeiten der Konsequenzen des Grübelns wird als motivationale Strategie verwendet, um den Patienten zu ermutigen, das Grübeln zu unterbrechen. Die Techniken Problemlösen, Achtsamkeit auf die Wahrnehmung, Ausrichtung der Aufmerksamkeit auf unmittelbar anstehende Aufgaben und Sich-Ablenken stellen Alternativen zu depressiven Grübelprozessen dar und sollen vom Patienten geübt werden.

8 Umgang mit Problemen beim Aktivitätsaufbau

Große Werke werden nicht durch Stärke, sondern durch Beharrlichkeit vollbracht.
Samuel Johnson (1709–1784)

Alice fühlte sich entmutigt wegen ihrer Erfahrungen bei dem Abendessen. Nachdem sie mit Beth am Thema Grübelprozesse gearbeitet hatte, war sie jedoch daran interessiert, einige der neuen Strategien umzusetzen. Alice setzte sich als Übungsziel, einen Gottesdienst zu besuchen und anschließend dort noch zum Kaffeetrinken zu bleiben. Beth war gespannt etwas über die Erfahrungen bei dieser Aufgabe zu hören und war überrascht, als Alice nicht zum nächsten Termin erschien. Sie wartete 20 Minuten, dann rief sie Alice an und hinterließ eine Nachricht auf ihrem Anrufbeantworter. Sie erinnerte sie an ihre Verabredung und bekräftigte ihr Interesse am Befinden von Alice. Erst zwei Tage später hörte sie etwas von ihr. Alice rief Beth an und sagte, dass sie sich nach der Arbeit am Montag so niedergeschlagen gefühlt hatte, dass sie sich für die nächsten Tage in ihr Bett zurückgezogen hatte. Beth erwiderte: »Es tut mir leid, dass alles so schwer für Sie war, Alice. Aber es ist sehr gut, dass Sie heute anrufen. Ich weiß, wie schwer es sein kann, wenn man sich niedergeschlagen fühlt. Wir sollten einen neuen Termin vereinbaren, dann können wir herausfinden, was genau passiert ist und wie Sie wieder auf Kurs kommen. Was halten Sie davon?«

Alice kam am nächsten Tag zu einer Therapiesitzung. Beth und sie gingen die letzte Woche genau durch, um die Faktoren zu erkennen, die zur Verschlechterung der Depression bei Alice beigetragen hatten. Dabei wurde deutlich, dass ihre Stimmung bis Sonntagnachmittag ganz positiv gewesen war. Dann fühlte sie sich niedergeschlagener. Am Montagabend schließlich fühlte sie sich so depressiv wie nie zuvor während der Behandlung.

Beth fragte nach, was am Sonntag geschehen war, bevor sie sich so niedergeschlagen fühlte. Alice erwiderte: »Ich weiß nicht. Ich kann mich kaum erinnern, was ich an dem Tag gemacht habe.«

»Wenn ich mich richtig erinnere, wollten Sie an dem Morgen zur Kirche gehen. Können Sie sich erinnern, ob Sie hingegangen sind?«, fragte Beth.

»Oh ja. Ich bin hingegangen. Danke. Ich bin hin und bin sogar während des gesamten Gottesdienstes geblieben, aber nachdem ich den Pfarrer an der Tür begrüßt hatte, konnte ich einfach nicht zum Kaffeetrinken bleiben. Wir hatten ja auch vereinbart, dass ich daran teilnehme.«

Beth war sehr an Alices Erfahrung mit dieser Aufgabe interessiert. Sie sagte: »Ich möchte wirklich gerne wissen, wie es Ihnen während des Gottesdienstes ergangen ist. Ich weiß, dass Sie befürchteten, dabei viel zu grübeln. Ich bin auch neugierig, was in dem Moment passierte, als Sie sich entschieden, nicht am Kaffeetrinken teilzunehmen.«

Alice rief sich den Gottesdienst in Erinnerung. Als sie ganz genau über ihre Erfahrungen nachdachte, erklärte sie: »Nun, ich denke wirklich nicht, dass ich während des Gottesdienst viel gegrübelt habe, aber das stimmt nicht ganz. Ich habe mich mehrmals dabei ertappt, wie ich abgeschweift bin. Die Techniken aber, die wir in der letzten Sitzung besprochen hatten, waren wirklich hilfreich. Ich bemerkte, dass ich mich traurig fühlte. Dann dachte ich darüber nach, wie sehr ich mich danach sehnte, wieder Spiritualität erleben zu können. Es gab eine Menge Dinge um mich herum, auf die ich mich konzentrieren konnte, so wie Sie es vorgeschlagen hatten. Ich liebe diese Kirche schon wegen der Atmosphäre im Innenraum. Es gibt eine wunderschöne Rosette an der Stirnwand. Ich konzentrierte mich einfach auf die Farben des bunten Glases. Die Predigt war auch wirklich gut, es war gerade das, was ich an dem Tag hören wollte. Also habe ich meine Aufmerksamkeit immer wieder zurück auf die Rosette, den Chor oder die Predigt gelenkt.«

Beth war erfreut über den Bericht: »Das ist ja großartig, Alice! Sie haben wirklich umgesetzt, worüber wir gesprochen haben und es hat Ihnen geholfen. Das ist toll!« Beth wollte dann auch noch etwas über den Rest der vereinbarten Aufgabe hören. Sie bat Alice, etwas über das Kaffeetrinken zu erzählen. Alice erklärte: »Nun, ich hatte wirklich vor hinzugehen, genau bis zu dem Augenblick, als ich den Pfarrer begrüßte. Es gab einige Leute, die ich kannte, und sie sagten zu mir, dass es schön sei, mich zu sehen.«

Beth bemerkte, dass Alices Gesichtsausdruck an diesem Punkt sehr angespannt wurde. »Was geschah dann?«, fragte sie. Alice antwortete: »Ich weiß nicht. Ich fühlte mich plötzlich überfordert mit all dem. Ich konnte mir einfach nicht vorstellen, über meine Arbeit zu reden oder darüber, wo ich jetzt lebe – wissen Sie, all das Zeug, das ich an meinem Leben hasse. Es war, als würden mir meine Füße sagen: ›Geh weiter!‹ Draußen schien die Sonne und dann bin ich geradewegs rausgegangen.«

»Das ist eine sehr wichtige Information, Alice. Ich bin neugierig, was danach geschehen ist, weil Sie sagten, dass es am Montag richtig bergab ging.«

Alice erzählte, dass sie am Montagmorgen ursprünglich geplant hatte, zuhause zu bleiben und von zuhause aus am Computer zu arbeiten. Dann entschied sie sich aber, stattdessen ins Büro zu gehen. Sie war zunächst glücklich mit dieser Entscheidung. Sie war stolz auf sich, denn sie hatte zu einer vernünftigen Zeit das Haus verlassen und war zur Arbeit gegangen. Der Absturz kam, als sie im Büro feststellte, dass sie vergessen hatte, eine Arbeit zu erledigen, die dem Kunden schon für Freitag versprochen worden war. Auf ihrem Anrufbeantworter fand sie eine Nachricht des Kunden. Er war sehr verärgert und hatte sich bei ihrem Chef beschwert. Der Chef war ihr gegenüber höflich, aber direkt. Er sagte: »Diese Arbeit muss bis heute Abend fertig sein! Falls notwendig müssen Sie bis in den Abend hinein arbeiten.« Also blieb sie bis spät am Abend, sie erledigte die Arbeit und lieferte sie bei dem Kunden ab.

Am nächsten Morgen fühlte sich Alice erschöpft und schlief lange. Sie entschied sich, nicht ins Büro zu gehen und schlief ganze zwei Stunden länger als üblich. Sie stand auf, ging mit dem Hund eine kleine Runde, dann fühlte sie sich in der Lage,

Emails für ihre Arbeit zu beantworten. Es lag eine »Dankeschön« E-Mail des verärgerten Kunden vor, der noch hinzufügte: »Das Endergebnis dieser Angelegenheit ist gut. Die von Ihnen verursachte Verspätung hat aber die Markteinführung unseres Produkts um eine Woche verzögert.« Sie versandte eine E-Mail, in der sie sich noch einmal entschuldigte, schickte auch eine Kopie an ihren Chef. Wenige Minuten später erhielt sie eine Nachricht von ihm, in der er ihr untersagte, weitere Mails mit diesem Kunden auszutauschen. An diesem Punkt legte sich Alice wieder ins Bett. Es war ihr zum Weinen zumute. Sie grübelte über ihr Versagen. Sie blieb auch im Bett, als sie eigentlich zur Therapie sollte. Als sie die Nachricht von Beth auf dem Anrufbeantworter hörte, ging es ihr noch schlechter. Sie wartete noch zwei Tage, bis sie sich bei Beth meldete, weil sie sich für ihr Versagen bei der Arbeit und wegen des versäumten Termins schämte.

Als Alice diese Ereignisse in der Sitzung erzählte, sagte Beth: »Ich freue mich sehr, dass Sie heute hier sind, Alice. Was für eine schwere Woche! Es ist großartig, dass Sie angerufen haben und dass Sie heute gekommen sind. Ich weiß, dass das nicht leicht war.« Alice war überrascht, dass Beth wegen ihr nicht frustriert war. Beth lächelte warmherzig und fügte hinzu: »Vielleicht sollten wir das, was in der Kirche und auf der Arbeit passiert ist, auf die Tagesordnung setzen und weiter darüber sprechen?« Alice senkte ihren Blick und sagte: »Ich habe geahnt, dass Sie das sagen werden, aber ich glaube auch, dass wir es so machen sollten.«

Einführung

Bei der Aktivierung ergeben sich immer wieder Stolpersteine. Dieses Kapitel behandelt den Umgang mit solchen Situationen. Prinzip 10 besagt: »Hindernisse zur Aktivierung beheben.« Probleme zu identifizieren und zu beheben, ist essentiell, wenn man mit depressiven Patienten Aktivierungspläne entwickelt und implementiert. Es geht hier spezifisch um zwei Arten von Problemlösestrategien, wie sie in Kapitel 6 erörtert wurden. Es geht erstens darum, die Wahrscheinlichkeit zu maximieren, dass der Patient einen zuvor entwickelten Handlungsplan auch tatsächlich ausführt. Hierzu dient zusätzliche Verhaltensdiagnostik. Zweitens geht es darum herauszufinden, was passiert ist, wenn ein vereinbarter Aktivitätsplan nicht wie geplant funktioniert hat.

Der Kern des Umgangs mit Problemen ist die Durchführung einer Verhaltensanalyse und die Identifikation möglicher Lösungen. Diese kann der Patient in die nachfolgenden Aktivitätspläne einbauen. Diese Aufgaben stehen im Mittelpunkt dieses Kapitels. Stil und Haltung des Therapeuten beim Umgang mit Problemen stellen einen kritischen Faktor dar. Wir wenden uns deshalb zuerst der Art und Weise zu, wie der Therapeut aufkommende Probleme angehen kann.

Die Herausforderungen der Aktivierung

Der Therapeuten hat möglicherweise folgendes Idealbild vor Augen, wenn er mit seinem Patienten eine Hausaufgabe vereinbart. Der Patient kommt zur nächsten Sitzung und sagt: »Ich habe alle Hausaufgaben erledigt und wissen Sie was? Alle Ihre Interventionen und Aufträge waren hilfreich! Ich habe alle Aufgaben ausgeführt, ich habe mich bei der Umsetzung besser gefühlt und ich hatte eine hohe Motivation, am Ball zu bleiben. Ich bin bereit, mehr in Angriff zu nehmen!«

Das ist nicht die typische Erfahrung mit einem depressiven Patienten, insbesondere nicht in der Anfangsphase der Therapie. Näher an der Realität ist, dass der Patient Frustration und Entmutigung erlebt, wenn er versucht, unter diesen Umständen Verhaltensveränderungen umzusetzen. Der Patient fühlt sich schuldig oder schämt sich, wenn er seine Hausaufgaben nicht erledigt hat oder sich in einer Weise verhalten hat, die den Abmachungen entgegen läuft. Beispielsweise, wenn er nicht zur Arbeit gegangen ist. Dies gilt besonders dann, wenn es sich um wiederholte Versäumnisse handelt. Der Patient will sein Verhalten verändern, aber sein stimmungsabhängiges Verhalten gewinnt die Oberhand. Im Ergebnis hält er Vereinbarungen nicht ein, versäumt Therapiesitzungen, der Patient fühlt sich entmutigt oder beschämt wegen der Herausforderungen, denen er sich gegenüber sieht.

In dieser Situation kann stimmungsabhängiges Verhalten auch beim Therapeuten die Oberhand gewinnen. Er fühlt sich entmutigt oder frustriert, wenn der depressive Patient Vereinbarungen nicht einhält. Ganz besonders, wenn der Therapeut zuversichtlich ist, dass die Umsetzung der Vereinbarungen hilfreich wäre. Es ist leicht, dann dem Patienten die Schuld in die Schuhe zu schieben, beispielsweise indem man den fehlenden Fortschritt auf eine Persönlichkeitsstörung attribuiert oder den Patient als »hilferesistent« bezeichnet. Tatsächlich erfüllen viele Patienten die Kriterien einer Persönlichkeitsstörung. Die genaue Diagnose und die Implikationen von Komorbidität haben eine große Bedeutung für die Behandlung. Zugleich machen es sich manche Therapeuten in ihrem Gefühl von Frustration zu leicht, verfallen in nicht verhaltensorientierte Bewertungen, bezeichnen Patienten als manipulativ oder behaupten, dass sie depressiv bleiben wollen. Bedauerlicherweise verhindern solche Bewertungen nicht nur eine Problemlösung, unkontrollierter Pessimismus trägt auch beim Therapeuten zum Burnout bei.

Stil und Haltung des Therapeuten beim Umgang mit Problemen

Wenn man die Herausforderungen der Aktivierung betrachtet, ist ein Rückgriff auf die wichtigen stilistischen und strukturellen Strategien hilfreich, die in Kapitel 3 erörtert wurden. Strukturell betrachtet, hilft die Übereinstimmung zwischen Patient und Therapeut, dass das Depressionskonzept der BA zutreffend ist. Dies stellt sicher, dass der Patient Aktivitätspläne als stimmig erlebt. Die Einhaltung der Struktur der Sitzung mit einem Fokus auf Aktivierung trägt ebenfalls dazu bei, dass der Umgang mit Problemen angemessen stattfindet. Wenn der Patient die Gründe des Therapeuten für seine Auswahl der verschiedenen Interventionen versteht, kann das dazu beitragen, einen geeigneten Kontext herzustellen. Eine validierende Haltung des Therapeuten, der nicht bewertend, warmherzig und aufrichtig ist, wenn er dem Patienten bei Problemen mit der Aktivierung hilft, lässt diesen Prozess kollaborativ ablaufen. Weiterhin ist es bei der Problembewältigung wichtig, adaptives Verhalten weiterhin zu verstärken, auch wenn es subtil und scheinbar nicht signifikant ist. Auf diese Weise strebt der Therapeut an, Prinzip 8 umzusetzen (»Einen empirischen Problemlöseansatz betonen und würdigen, dass alle Ergebnisse von Verhaltensexperimenten nützlich sind.«): Er sieht alles, was im Verlauf der Behandlung geschieht, als Gelegenheit an, zu lernen und die Interventionen zu verfeinern.

Eine nicht bewertende Haltung ist essentiell, wenn der Patient Schwierigkeiten hat, die Vereinbarungen für Hausaufgaben einzuhalten, denselben Fehler mehrfach macht oder Problemverhalten zeigt. Eine nicht bewertende Antwort, die dieses Prinzip deutlich macht, könnte sein: »Hmm. Es sieht so aus, als hätten wir dieses Problem noch nicht gelöst. Lassen Sie uns näher betrachten, was dazwischen gekommen ist, und dann sehen, was wir daraus lernen können.« Oder: »Okay, es gibt sicherlich gute Gründe, warum das so passiert ist (oder nicht funktioniert hat). Wir müssen letzte Woche etwas übersehen haben, als wir diese Vereinbarung getroffen haben. Vielleicht ist auch ein neues Problem aufgetreten. Lassen Sie uns das mal genau ansehen und herausarbeiten, um was es sich handelt.«

Jede dieser Reaktionen teilt dem Patienten mit, dass der Therapeut ihm keine Vorwürfe macht, weil er die Aufgaben nicht erledigt hat. Der Therapeut bleibt optimistisch dabei, herauszufinden, was dazwischen gekommen ist. Genau dazu passt auch: »Was können wir hier lernen?« Bei solchen Reaktionen des Therapeuten entspannt sich der Patient normalerweise etwas. Er wurde schließlich für das Erleben von Schwierigkeiten nicht kritisiert! Dann kann eine produktive Verhaltensanalyse durchgeführt werden, um den Punkt zu untersuchen, an dem die Schwierigkeit mit der Hausaufgabe oder der Aktivität entstanden ist.

Wenn der Therapeut die Aktivitätsprotokolle mit dem Patienten durchgeht, ist ein nüchterner Tonfall entscheidend. Diese Aufzeichnungen gewähren einen privilegierten Blick in das Leben des Patienten, was manchmal unangenehm ist. Wenn geplante Aktivitäten nicht ausgeführt wurden, der Patient sich mit unproduktiven oder problematischen Aktivitäten befasst, ist es wichtig, dass der Therapeut dies kommentiert, ohne enttäuscht oder kritisch zu klingen. Dies kann erreicht werden, indem man einfache Antworten verwendet wie: »Ich stelle fest, dass Sie nicht dazu gekommen sind, das zu tun, was wir für Samstag geplant hatten. Wie ist dann der Nachmittag für Sie verlaufen?« Dadurch wird das Ereignis markiert, aber es bleibt Raum für den Patienten, offen über den Tag zu sprechen, ohne sich mit der Antwort auf eine Frage wie »Was ist schiefgelaufen?« rechtfertigen zu müssen.

Das Augenmerk bleibt so auch darauf fokussiert, Kontingenzen zu identifizieren, die mit der wirksamen Aktivierung interferiert haben. Der Therapeut kann

Anmerkungen machen wie »Oh, das ist gut zu wissen« [bezogen auf eine bestimmte Einzelheit] oder er validiert den Lernprozess, indem er beispielsweise sagt: »Das ist einfach keine geeignete Tageszeit für Sie, oder? Wir wollen mal sehen, ob wir einen besseren Zeitraum für diese Aktivität finden können. Dann überprüfen wir nächste Woche, ob Sie mit dieser Vereinbarung besser zurechtkommen.« Durch das Vorgehen des Therapeuten lernt der Patient, dass Verhalten durch Kontingenzen kontrolliert wird. Bewertungen wie »Faulheit« sind nicht hilfreich und verhindern effektives Problemlösen, statt es voranzubringen. Sobald wichtige Variablen aufgedeckt und validiert wurden, können Problemlösetechniken verwendet werden, um den Aktivitätsplan so zu modifizieren, dass sich ein Fortschritt in Richtung des angestrebten Ziels ergeben kann.

Ein nüchterner Tonfall ist ebenfalls entscheidend, wenn man Probleme analysiert, die sich aus Aktivitätsplänen ergeben. Ein Patient sagt beispielsweise: »Ich weiß auch nicht, was los war. Ich habe genau das Gegenteil von dem gemacht, was wir für diese Woche vereinbart hatten.« Ein Therapeut, der einen nüchternen Stil verwendet, kann darauf einfach antworten: »Erzählen Sie mir das bitte ganz genau!« und auf diese Weise geradlinig Interesse bekunden.

Ebenfalls wichtig ist es, dass der Therapeut eine optimistische Haltung einnimmt, wenn er auf Probleme reagiert, die im Verlauf der Aktivierung auftreten. Wie in Kapitel 6 besprochen, begreift der Therapeut bei der Anwendung von BA jedes Problem als Ausgangspunkt für die Entwicklung einer Lösung oder Bewältigungsstrategie. Verhaltenswissenschaftler wissen, dass Veränderung von Verhalten schwierig ist und häufig wiederholte Versuche erfordert. Verhaltensveränderungen vollziehen sich oft nicht linear. Der Patient macht manchmal zwei Schritte nach vorne und dann einen zurück. Ein Therapeut, der angesichts von Rückschlägen optimistisch bleibt, ist damit für seinen Patienten außerordentlich hilfreich. Das Prinzip 8, dass »alle Ergebnisse nützlich sind«, und der Standpunkt, dass Verhaltensänderungen einem Puzzle gleichen, das man zusammenfügen muss, sind für Patient und Therapeut ein guter Ausgangspunkt. So kann sich der Patient auch angesichts von Hindernissen weiter in Richtung seiner Ziele bewegen.

Optimismus fördert auch die Entwicklung von Beharrlichkeit. Der Therapeut nimmt folgende Haltung ein: »Wenn man beim ersten Versuch erfolglos ist, versucht man es wieder und wieder.« Häufig muss man Verhaltensanalysen oder Problemlösetechniken viele Male durchführen. Fehlendes Durchhaltevermögen, wenn der Patient eine Aufgabe nicht erledigt, kann dazu führen, dass der Therapeut ungewollt Vermeidungsverhalten verstärkt oder sich von der Hoffnungslosigkeit des Patienten anstecken lässt. Das Versäumnis, die Ergebnisse einer Hausaufgabe weiter zu verfolgen, kann dazu führen, dass man die Gelegenheit verpasst, eine aufgetretene Veränderung zu verstärken. Bei der Arbeit mit depressiven Patienten ist es wichtig, dass der Therapeut nach jeder Gelegenheit Ausschau hält, Anzeichen von Fortschritt zu verstärken. Wenn der Therapeut aufhört, sich weiter nach den Hausaufgaben zu erkundigen oder direkt die aufgetretenen Hindernisse anzusprechen, wird er gleichzeitig anfangen zu glauben, dass der Patient auf diese Weise zu keiner Veränderung in der Lage ist, dies gilt besonders, wenn es schon mehrere Versuche gegeben hat. Auch wenn diese Erklärung möglicherweise zutrifft, liefert sie keine verhaltensbezogene Information darüber, was tatsächlich geschehen ist und was den Fehlschlag erklären könnte. Ohne diese Informationen ist es nahezu unmöglich, weitere Probleme zu lösen. Die Folge ist, dass die Therapie vom Kurs abkommt. Die Ursache ist nicht, dass Veränderung unmöglich ist. Vielmehr werden Problemlösungen aufgrund fehlender sorgfältiger Verhaltensanalysen verpasst, da der Therapeut durch das Verhalten des Patienten frustriert oder entmutigt ist.

Depressive Patienten sind ganz besonders überzeugt, dass sie schuld sind, wenn irgendetwas nicht funktioniert. Wenn man die Haltung einnimmt, dass es für jedes Verhalten eine nachvollziehbare Erklärung gibt, kann das zu effektivem Problemlösen führen. Der Therapeut betont bei der Anwendung von BA die Auswirkungen von Lernprozessen oder biologischen Faktoren. Er hebt hervor, dass Fertigkeitendefizite oder Dispositionen in diesen Bereichen mit dem Erfolg therapeutischer Interventionen interferieren können. Dieser Ansatz hilft, Gefühle von Schuld, Scham oder Ärger und darauf bezogenes Verhalten zu reduzieren. Dies würde noch zusätzlich mit effektivem Problemlösen interferieren. Der Therapeut korrigiert eine problematische Haltung von persönlichem Versagen. Er erinnert den Patienten daran, dass weiter daran gearbeitet werden muss, um das Rätsel zu lösen, was als nächstes zu verändern ist, damit Erfolg möglich wird.

Der Therapeut arbeitet auf Augenhöhe mit seinem Patienten zusammen. Er bleibt offen für die Möglichkeit, dass er die Aufgabe nicht angemessen abgestuft oder Hindernisse nicht ausreichend berücksichtigt hat. Er denkt darüber nach, ob genügend Möglichkeiten in Betracht gezogen wurden, bevor eine Lösung versucht wurde, oder ob die an den Patienten gerichteten Vorschläge zu kompliziert waren. Darüber mit dem Patienten kritisch nachzudenken, fördert das Gefühl, ein Team zu sein und hilft, den Selbstbeschuldigungen entgegenzuwirken. So kann der Therapeut auch zur Planung der Aktivitäten für die nächste Woche überleiten. Therapeut und Patient können besprechen, welche Hindernisse in der nächsten Woche auftreten und den Patienten daran hindern können, die geplante Aktivität auszuführen. Es ist hilfreich, verschiedene Arten von Hindernissen zu betrachten. Ein Beispiel für ein externes Hindernis wäre, zu planen, im Garten zu arbeiten, aber dann die ganze Woche heftigen Regen zu haben. Eine innere Barriere wäre, aufzuwachen und »sich einfach nicht danach fühlen.« Wenn der Patient immer auch einen alternativen Plan hat, steigt die Erfolgswahrscheinlichkeit.

Wir empfehlen, dass der Therapeut den Patienten bei der Festlegung der zwischen den Sitzungen vorgesehenen Aktivitäten immer auch nach Problemen oder Sachverhalten fragt, die bei der Erledigung der Aufgabe dazwischen kommen können. Es kann sehr schwierig sein, diese im Vorhinein zu identifizieren. Die folgenden Aktivitätsprotokolle zeigen die Probleme auf, die aufgetreten sind oder mit der Vereinbarung interferiert haben. In unserem Beispiel hatte Alice geplant, Mulch für ihren Garten zu kaufen. Sie hatte aber Probleme, die Säcke zu tragen. Sie musste einen Weg finden, um Unterstützung zu bekommen. Möglichkeiten waren, jemanden im Laden um Hilfe zu bitten oder jemanden aus der Gartengemeinschaft zu fragen, ob er die Säcke für sie aus dem Kofferraum ihres Autos heben könnte. Wenn sie bereits vorher jemanden fragt, wird es weniger wahrscheinlich, dass sie die Aktivität aufschiebt. Es ist wichtig, die Selbstverpflichtung auf die Durchführung des Aktivitätsplans zu maximieren. Oft genügt es zu sagen: »Okay, wir sind uns also einig, dass Sie Ed am Montag anrufen und ihn fragen, ob er mit Ihnen am Mittwoch nach dem Abendessen an dem Zaun arbeiten kann?« Bei anderen Gelegenheiten ist mehr Diskussion erforderlich. Therapeut und Patient können eine Liste mit den Vorteilen der Aktivität erstellen. Der Patient geht diese später durch, um sich dazu zu motivieren, die Aktivität auszuführen. Der Therapeut kann den Patienten als eine zusätzliche Möglichkeit zur festen Verpflichtung auch bitten, ihn anzurufen, wenn er die Aktivität ausprobiert oder erledigt hat.

Herausfinden, was schief laufen könnte oder schief gelaufen ist

Das hervorragende, nunmehr in der 8. Auflage erschienene Buch (mit dem Titel *Self-Directed Behavior*) beschäftigt sich damit, wie Menschen ihr eigenes Verhalten durch Techniken der Verhaltensmodifikation verändern können. Watson und Tharp (2002) betonen dabei, dass eine erfolgreiche Verhaltensänderung gute Selbstbeobachtung, einen Handlungsplan und die Fähigkeit erfordert, den Plan ganz oder teilweise zu verändern, wenn er nicht funktioniert. Diese Art von Flexibilität ist auch bei BA nötig.

Kontinuierliche Verhaltensdiagnostik ist erforderlich, um bereits zum Zeitpunkt der Vereinbarung vorherzusehen, was einen Aktivitätsplan zum Scheitern bringen kann oder später zu identifizieren, was einen versuchten Plan erfolglos sein ließ. Dies erfordert das Testen von Hypothesen darüber, was die Depression aufrechterhält, und welches Verhalten die Stimmung oder die Lebenssituation verbessern könnte (▶ **Kap. 4**). Wenn die Therapie nicht funktioniert, werden folgende Aspekte Teil des Problemlöseprozesses: Verfeinern des Verständnisses des Problems; erneute Evaluation der Lerngeschichte des Patienten mit besonderer Aufmerksamkeit auf den Erwerb von Fertigkeiten; Verbesserung des Verständnisses der Konsequenzen, die unerwünschtes Verhalten beim Patienten verstärken oder erwünschtes Verhalten bestrafen.

Watson und Tharp (2002) betrachten die Suche und Löschung von Fehlern als Optimierungsprozess. Optimierung bedeutet, dass möglicherweise nur kleine Veränderungen erforderlich sind, sobald ein grundlegender Aktionsplan vorhanden ist. Und dennoch können auch kleine Veränderungen entscheidend sein. Typischerweise führt die Verhaltensdiagnostik nicht zu der Schlussfolgerung, dass es schon nach einem ersten Versuch notwendig ist, die Lösung im Ganzen aufzugeben. Vielmehr sind Modifikation und Beharrlichkeit angezeigt. Dieser Ansatz stimmt damit überein, dass wir den Patienten vermitteln, dass sie Veränderungen im Laufe der Zeit in kleinen Schritten vornehmen sollen und zu neuen Gewohnheiten machen sollen, bevor sie entscheiden, ob die Veränderung ein Erfolg oder ein Fehlschlag war. Bei der Verhaltensdiagnostik können Therapeut und Patient

Hindernisse identifizieren, auf die sie bei der Implementierung der Lösung gestoßen sind, oder Aspekte der Lösung, die nicht funktioniert haben.

Wenn Hindernisse identifiziert wurden, wird der bisherige Plan so optimiert, dass eine Strategie vorhanden ist, mit der die Barrieren überwunden werden können. Dieser Prozess zeigt, wie die Verhaltensdiagnostik während der therapeutischen Interventionen kontinuierlich fortgesetzt wird. Alle Vereinbarungen zur Aktivierung werden als kleine Experimente betrachtet. Der Patient probiert den neuen Plan aus. Beim Durchgehen des Aktivitätsprotokolls während der nächsten Sitzung bespricht der Patient mit dem Therapeuten, welche Aspekte erfolgreich waren und welche nicht, um dadurch den Plan weiter zu optimieren.

Verhaltensdiagnostik beinhaltet auch immer die Betrachtung der kontextuellen Faktoren der Aktivität: Zeit, Ort, die anderen beteiligten Personen und die Konsequenzen des Verhaltens des Patienten, die das Verhalten verstärken oder abschwächen. Jede Menge Hindernisse, die Aufgabe zu erledigen, können identifiziert werden und es gibt eine Reihe charakteristischer Probleme, die wir beobachtet haben. Erstens verstehen Patienten manchmal die Aufgabe, mit der sie beginnen sollen, nicht vollständig. Zweitens fehlen dem Patienten manchmal die erforderlichen Fertigkeiten, um die Aufgabe zu erledigen. Drittens bemerken Therapeuten immer wieder, dass die Aufgabe nicht ausreichend abgestuft war, obwohl sie ursprünglich dachten, sie wäre für den Patienten umsetzbar. Viertens kann es sein, dass der Patient seine Aktivitäten nicht gut genug oder nur teilweise beobachtet und protokolliert, so dass keine ausreichenden Informationen über Stimmung und Emotionen vorhanden sind, um Barrieren angemessen zu identifizieren. Fünftens fehlen in der Umwelt des Patienten möglicherweise Stimuli, die ihn an die eingegangenen Verpflichtungen erinnern. Sechstens können die Bedingungen so sein, dass die Wahrscheinlichkeit, den Plan durchzuhalten vermindert statt erhöht wird. Schließlich können in der Umwelt des Patienten klassisch konditionierte Stimuli vorhanden sein, die Emotionen oder Verhalten auslösen, dessen er sich nicht bewusst ist. Diese charakteristischen Probleme und ihre Lösungen werden im Folgenden besprochen. Die vorgeschlagenen Lösungen sind dazu gedacht, Therapeuten bei der Unterstützung ihrer Patienten bei der Bewältigung verschiedener Hindernissen zu helfen. Sie umfassen aber sicherlich nicht alle Möglichkeiten.

Allgemeine Probleme bei der Aktivierung

Das Erleben der Depression ist bei jedem Patienten sehr unterschiedlich. Dennoch gibt es gemeinsame Probleme, die sichtbar werden, wenn der Patient und der Therapeut den Prozess der Aktivierung beginnen. Wiederholte Verhaltensdiagnostik hat uns verschiedene Punkte gezeigt, an denen selbst der beste Aktivitätsplan scheitert. Bestimmte Probleme haben die Tendenz, immer und immer wieder aufzutreten. Deshalb ist es nützlich, einige dieser Probleme zu antizipieren. Der vorgewarnte Therapeut kann dann einen Umgang mit diesen Problemen entweder bereits bei der

Vereinbarung der Aufgabe entwickeln oder später wenn sie bei der Umsetzung der Aufgabe entdeckt werden. Diese Hindernisse und der wirkungsvolle Umgang mit ihnen stehen jetzt in unserem Fokus.

Probleme beim Verständnis der Vereinbarung oder der Aufgabe

Es ist naheliegend sicherzustellen, dass der Patient die Aufgabe verstanden hat, bevor er die Therapiesitzung verlässt. Trotzdem kommt dieses Problem nach unseren Erfahrungen häufig vor. Wenn eine Aufgabe nicht vollständig erledigt wurde, ist es zunächst logisch, zu klären, ob sie vorher hinreichend klar vermittelt wurde. Eine Möglichkeit, das Auftreten von Verwirrung zu verhindern, besteht darin, den Patienten zu bitten, die Vereinbarung noch einmal selbst zusammenzufassen, nachdem sie vereinbart wurde. Die genaue Wortwahl ist hier aus zwei Gründen von Bedeutung: Erstens können dieselben Worte für verschiedene Menschen eine unterschiedliche Bedeutung haben. Und zweitens schämen sich Patienten manchmal nachzufragen, wenn sie etwas nicht verstanden haben. Je konkreter und spezifischer die Vereinbarung ist, desto besser. Wenn man sagt: »Okay, Sie setzen sich gegenüber ihrem Chef diese Woche wenigstens einmal durch«, ist das sehr viel weniger konkret und spezifisch, als wenn man sagt: »Lassen Sie uns eine Möglichkeit überlegen, wie Sie Ihre Bedürfnisse gegenüber Ihrem Chef diese Woche geltend machen können. Sie sagten, Sie wünschten sich eine genauere Anweisung bezüglich Ihrer Aufgaben mit der Unternehmenssoftware. Können Sie sich vorstellen, dass Sie ihn bitten, sich in dieser Woche für Sie etwas Zeit zu nehmen, um die Sache genauer durchzugehen?« Das letztere ist offensichtlich sehr viel spezifischer im Hinblick darauf, sich gegenüber dem Chef mehr zu behaupten. Mehr Spezifität könnte auch darin bestehen, die beste Möglichkeit zu erörtern, wie der Patient den Chef fragen könnte (z. B. per E-Mail, über die Mailbox oder persönlich) und wann. Es ist eine gute Idee, den Patienten zu bitten, zusammenzufassen, was er geplant hat, um sicherzustellen, dass die Vereinbarung auch genau verstanden wurde.

Probleme mit Fertigkeitendefiziten

BA stützt sich nicht auf ein formales Fertigkeitentraining. Trotzdem ist es wichtig, mithilfe der Verhaltensdiagnostik herauszufinden, ob spezifische Fertigkeitendefizite die Depression aufrechterhalten oder mit einem erfreulichen oder belohnenden Leben interferieren. Dies ist ein weiterer Problembereich, den man leicht übersehen kann. Patienten sind sich in der Regel ihrer Fertigkeitendefizite nicht bewusst. Auch Therapeuten übersehen Fertigkeitendefizite, weil sie annehmen, dass die erforderliche Fertigkeit bei den meisten Erwachsenen im üblichen Repertoire vorhanden ist. Beispiele für Fertigkeitendefizite reichen von der fehlenden Fertigkeit, sein Geld einzuteilen, bis zur fehlenden Fertigkeit, sich gegenüber dem Chef zu behaupten. Es kann auch Fertigkeitendefizite in der Emotionsregulation, der Steuerung von regelmäßigen Abläufen oder beim Problemlösen selbst geben. Wenn man eine Hausaufgabe vereinbart, ist es hilfreich, zu prüfen, ob der Patient Erfahrungen oder Kenntnisse mit den nötigen Schritten hat. Wenn der Patient dies bejaht, aber die Vereinbarung doch nicht ausführt, sollte der Therapeut mit dem Patienten genau durchgehen, was er tatsächlich gemacht hat, oder versucht hat zu tun, um zu sehen, ob Fertigkeitendefizite vorhanden sind oder nicht.

Manchmal zeigt sich das Fertigkeitendefizit auch erst nach mehreren Fehlschlägen bei der Umsetzung von vereinbarten Aufgaben. Das typische Beispiel dafür ist ein Patient, der sich wiederholt zu etwas verpflichtet, einen Plan hat, wie er es umsetzen will, und anscheinend die zugehörigen Fertigkeiten hat, der aber dann wiederholt scheitert und keine genügenden Fortschritte macht. Grundlegende Selbstmanagementfertigkeiten sind ein häufiges Ziel bei BA. Aufgaben in kleine Schritte zu zerlegen, sie in eine Reihenfolge zu bringen, die Zeit zu schätzen, die zur Umsetzung benötigt wird, Listen zu erstellen und die Ergebnisse zu verfolgen, sind kritische Themen bei BA mit depressiven Patienten. Wenn trotz wiederholter Unzulänglichkeiten in der Ausführung immer wieder die gleiche Aufgabe vereinbart wird, zeigt dass, das womöglich wiederholte Versäumnisse zu berücksichtigen sind, dass die Dinge mehr Zeit zur Erledigung benötigen als ursprünglich vorgesehen war. Wenn wiederholte Versuche jedoch zu ähnlichen Ergebnissen führen, sollte der Therapeut überlegen, ob ein Fertigkeitendefizit darin besteht, einzuschätzen, was realistisch in einem bestimmten Zeitrahmen erreicht werden kann. Der Weg der Bewältigung bei diesem weit verbreiteten Problem besteht darin, den Patienten dabei zu unterstützen, genug Zeit für Unvorhergesehenes einzuplanen und sich mehr Zeit für die Erledigung jeder Aufgabe einzuräumen (weil die Dinge immer länger dauern, als man denkt).

Bei depressiven Patienten sind auch interpersonelle Fertigkeiten ein primäres Ziel. Manche Patienten wissen beispielsweise nicht, wie sie sich in das Gespräch einer Gruppe einbringen können oder wann am Morgen eine gute Zeit ist, Leute anzurufen. Sie haben oft Schwierigkeiten, ihre Wünsche vorzutragen oder wichtige Bezugspersonen angemessen um etwas zu bitten. Therapiesitzungen mit solchen Patienten sollten sich darauf konzentrieren, zu üben, wie man im Umgang mit anderen wirkungsvoll auftritt, sich insbesondere gegenüber Menschen im Umfeld behauptet. Bei einigen Patienten besteht eine Soziale Phobie. Sie muss behandelt werden, damit der Patient entsprechende Fertigkeiten üben kann.

Schließlich fehlt es einigen Patienten an Fertigkeiten in der Emotionsregulation. Sie machen die Erfahrung, dass Übererregung sie daran hindert, mit bestimmten Situationen angemessen umzugehen. Ein Patient beispielsweise ärgerte sich während einer Diskussion mit einem Verwandten so sehr, dass er nicht mehr in der Lage war, der Logik des Gesprächs zu folgen und eine Lösung zu besprechen. In diesem Zusammenhang sollten Emotionsregulationsfertigkeiten wie Durchatmen, Entspannung, oder vorübergehender Rückzug aus einer überstimulierenden Umgebung, vermittelt werden, um eine Überreaktion zu vermindern. Umgekehrt haben sich einige Patienten von ihrem emotionalen Erleben über einen so langen Zeitraum zurückgezogen, dass sie Schwierigkeiten haben zu identifizieren, welche Emotion sie in einem bestimmten Moment erleben. Diese Gruppe verpasst entscheidende Informationen, die sonst in eine angemessene Reaktion einfließen würden. Psychoedukation über die Natur und Erkennungszeichen verschiedener Emotionen sind hier nützlich. All diese Probleme können als Fertigkeitendefizite konzeptualisiert werden und im Kontext von BA mit entsprechenden Trainings angegangen werden.

Probleme mit der Abstufung von Aufgaben

Wenn man sicherstellen will, dass Patienten die nötigen Fertigkeiten haben, um Aufgaben erledigen zu können, ist es erforderlich, ihnen neue Verhaltensweisen zu vermitteln und sie mit den einfacheren Aspekten von komplexen Aktivitäten beginnen zu lassen. Die vereinbaren Aufgaben müssen im Kontext der Lebenserfahrungen des Patienten realistisch sein. Prinzip 5 besagt: »Veränderung ist einfacher, wenn man klein anfängt.« Der Patient kann an vereinbarten Aufgaben scheitern, wenn diese nicht angemessen in kleine Schritte zerlegt wurden. Zwei Möglichkeiten, die der Therapeut verwenden kann, um sicherzustellen, dass eine Vereinbarung umsetzbar ist, bestehen darin, die Aufgabe genau genug abzustufen (wie in Kapitel 5 beschrieben) und ein Bewusstsein dafür zu entwickeln, dass Verhaltensveränderungen schwer sind und der Fortschritt klein sein kann. Patienten überschätzen aus verschiedenen Gründen oft, was sie schaffen können, und in dem Maße, in dem der Therapeut hervorhebt, wie wichtig es ist, klein anzufangen, werden sie mit größerer Wahrscheinlichkeit in ihren Anstrengungen erfolgreich sein. Erfolg verstärkt die Bemühungen des Patienten und des Therapeuten und ermutigt, weitere Schritte in Richtung positiver Veränderungen zu machen.

Am Anfang erkennt der Patient nicht immer, dass eine Aufgabe zu schwierig ist oder ihn überfordert. Diese Angelegenheit ist der Fehlerteufel hinter unvollständig ausgeführten Aufgaben. Aus diesem Grund können Hypothesen zu unvollständig ausgeführten Aufgaben nur geprüft werden, indem man mit der Abstufung der Aufgabe »experimentiert«, zu einer neuen Vereinbarung kommt und überprüft, ob der Patient so mehr Erfolg hat oder nicht. Der Therapeut ist sich bei der Anwendung von BA stets dessen bewusst, dass einige depressive Patienten die Erwartung an sich haben, dass sie noch viel mehr tun sollten. Einige Patienten romantisieren auch ihr Leben vor der Depression. Sie behaupten, damals viel mehr getan zu haben, als es in Wahrheit der Fall war. Sie nehmen auch unfaire Vergleiche zwischen sich und anderen vor, von denen sie glauben, dass sie viel mehr erreichen. Solche Vergleiche sind häufig noch mit der Annahme verbunden, dass diejenigen, die anscheinend ein riesiges Pensum erledigen, dies mit Leichtigkeit erreichen und ohne negative Konsequenzen wie Stress, Sorgen und Beeinträchtigung anderer Lebensbereiche. Der Therapeut stellt bei der Anwendung von BA die Validität dieser Annahmen nicht in Frage. Er konzentriert sich darauf, die Aufgabe angemessen abzustufen, indem er zu dem Patienten sagt: »Wenn wir sagen, dass Veränderungen in kleinen Schritten vor sich gehen, dann meinem wir wirklich klein. Ich möchte, dass Sie bei dieser Aufgabe möglichst viel Erfolg haben. Deshalb lassen Sie uns auch wirklich klein beginnen. Es wäre o.k., wenn Sie mehr erreichen. Ich möchte nur sicher sein, dass Sie wissen, dass Sie bei dieser Aufgabe erfolgreich sind, wenn Sie den ersten Schritt schaffen.« Hinweise auf Probleme bei der Abstufung der Aufgabe ergeben sich, wenn sich der Patient überfordert oder entmutigt fühlt, verschiedenartige Fehler macht oder Versuche wiederholt scheitern. Im Zweifel schadet es nicht, eine Vereinbarung in noch kleinere Schritte zu zerlegen, besonders dann, wenn es die Wahrscheinlichkeit erhöht, dass der Patient mit einen messbaren Erfolg zur nächsten Sitzung kommt.

Fehlende oder unvollständige Aktivitätsprotokolle

Anfänglich können bei der Umsetzung der Vereinbarung, ein Aktivitätsprotokoll zu führen, verschiedene Probleme auftreten. Manchmal füllen Patienten den Bogen gar nicht aus. Das gibt dem Therapeuten Gelegenheit, eine Verhaltensanalyse durchzuführen, um zu verstehen, was mit der Vereinbarung interferiert hat, und dazu eine spezifische Lösung zu entwickeln. Nicht Ausfüllen ist ein Problem, das direkt und sofort angegangen werden muss. Entscheidend ist, eine Verhaltensdiagnostik der Faktoren durchzuführen, die dazu beigetragen haben, dass der Patient sein Aktivitätsprotokoll nicht ausgefüllt hat.

Manchmal sagen Patienten: »Ich möchte meine Gefühle nicht mit dem Mikroskop untersuchen. Dann fühle ich mich viel schlechter, warum um alles in der Welt sollte ich das dann tun?« Diese Perspektive erscheint erst einmal logisch. Es ist aber auch ein Beispiel dafür, kurzfristig etwas Aversives zu vermeiden, das ihren langfristigen Interessen dienen würde. Ein kollaborativer Ansatz kann dieses Dilemma auflösen. Der Patient kann sich so auf einen Prozess der Selbstbeobachtung einlassen, der ihn nicht überwältigt. Dies kann erreicht werden, indem man die Aufgabe entweder in kleine Schritte zerlegt oder sie dahingehend verändert, dass das Augenmerk zunächst mehr auf das Protokollieren der Aktivitäten und weniger auf negative Gefühle gerichtet ist. Es ist auch möglich, sich mit dem Patienten auf seltenere oder kürzere Beobachtungsperioden zu verständigen und auf diese Weise die Aufgabe herunterstufen. In der Folgezeit, wenn er mit dem Prozess der Selbstbeobachtung vertrauter geworden ist und er ihm weniger bedrohlich erscheint, kann der Patient dazu angeregt werden, seine Aktivität und Stimmung vollständig zu protokollieren.

Für den Therapeuten ist es wichtig, sich bewusst zu machen, dass er kein »spezifisches« oder »vorgeschriebenes« Format für ein Aktivitätsprotokoll und die Selbstbeobachtung des Patienten verwenden *muss*. Vielmehr geht es darum, kollaborativ ein Werkzeug zu entwickeln, um den Zusammenhang zwischen Kontext, Aktivität und Stimmung zu verstehen. So können emotionale Probleme untersucht und Verbesserungsprozesse eingeleitet werden. Die Patienten können wieder mehr in Kontakt mit positiven Verstärkern in ihrem Leben kommen. Einigen Patienten kommt das Arbeiten mit Papier wie Schularbeiten vor oder sie fühlen sich dadurch eingeschüchtert. Wenn Patienten nicht gerne Formulare ausfüllen, können sie und der Therapeut andere Möglichkeiten besprechen, wie die Daten festgehalten werden können, wenn sie ihr Verhalten beobachten oder Aktivitäten planen. Manche Patienten ziehen es vor, in ein kleines Diktiergerät zu sprechen, oder sogar einen Handzähler zu benutzen, wenn sie Daten über die Häufigkeit eines bestimmten Verhaltens sammeln. Es gibt keine einfache Lösung, die bei allen funktioniert. Der

Therapeut sollte kreativ mit seinem Patienten zusammenzuarbeiten, um eine Methode zu finden, die sowohl effektiv als auch akzeptabel ist.

Unvollständige Informationen über Stimmung und Emotionen

Eine weitere häufiger vorkommende Situation ist, dass Patienten mit einem nur teilweise ausgefüllten Aktivitätsprotokoll in die Sitzung kommen. Sie protokollieren ihre Aktivitäten mit sehr wenig Varianz in der Stimmung oder Informationen über die Stimmung fehlen. In solchen Fällen berichtet der Patient häufig: »Ich bin die ganze Zeit über depressiv. Es gibt nichts, was mir ein gutes Gefühl gibt.« Der Therapeut könnte hervorheben, dass während einer Depression subtile Veränderungen in der Stimmung oft unbemerkt bleiben. Dies ist ein gut bekanntes Problem bei der Behandlung von Depressionen. Selbstbeobachtung ist ein exzellentes Gegenmittel, weil der Beobachtungsprozess selbst das Bewusstsein des Patienten für sein eigenes Erleben intensivieren kann. Die Beobachtung von Verhalten hat auch eine Wirkung auf das Verhalten selbst, weil Verhalten oft durch die Beobachtung beeinflusst wird (Mace & Kratochwill 1985). Der Therapeut könnte sagen: »In einem depressiven Zustand passiert es, dass man kleine Veränderungen im emotionalen Zustand nicht bemerkt, weil alles so grau aussieht. Ich weiß aus Erfahrung, dass es hilfreich ist, einmal den ganzen Tag genau unter die Lupe zu nehmen. Das könnte Ihnen helfen, auch subtile Veränderungen wahrzunehmen. Wir können dann auf diese kleinen Veränderungen aufbauen, indem wir diejenigen Verhaltensweisen intensivieren, die Ihre Stimmung tendenziell verbessern, und diejenigen abschwächen, die davon wegführen.« In dieser Situation ist es nützlich, Übungen mit Beobachtungsaufgaben innerhalb der Sitzung durchzuführen. Man bittet den Patienten, die Stunden unmittelbar vor der Therapie durchzugehen, Aktivitäten und damit verbundene Veränderungen in der Stimmung zu identifizieren.

Probleme mit Hinweisreizen

Das Vergessen der Hausaufgaben ist ein großes Problem. Es kann darauf zurückgeführt werden, dass während der Woche Hinweisreize fehlen, sich mit dem geplanten Verhalten zu befassen. Mit anderen Worten: Die vereinbarte Aktivität wurde nicht deshalb versäumt, weil der Patient apathisch war, sondern einfach weil es in seiner Umwelt nichts gab, was ihn daran erinnert hätte. Das Nichtausfüllen des Aktivitätsprotokolls oder anderer Selbstbeobachtungsaufgaben, Unpünktlichkeit oder Fernbleiben von Verabredungen sind wichtige Beispiele für dieses Problem.

Der Therapeut sollte fragen, was bei der vereinbarten Aktivität dazwischen gekommen ist. Er sollte darauf verzichten, Zuschreibungen auf irgendwelche negativen Motive vorzunehmen. Der Patient weiß anfänglich oft nicht, warum etwas geschieht oder nicht. Er sagt »Ich weiß nicht. Ich habe es einfach nicht gemacht.«

oder er fühlt sich verpflichtet, eine Erklärung oder ein Motiv vorzubringen, da er annimmt, dass das erwartet wird.

Man ist auf der sicheren Seite, wenn man eine Kettenanalyse für den Zeitraum durchführt, in dem die Aufgabe *hätte* erledigt werden können. Eine einfache Möglichkeit, damit zu beginnen, besteht darin, den Patienten zu fragen, ob er während der letzten Woche irgendwann über die Hausaufgabe nachgedacht oder sich daran erinnert hat. Dies ist besonders dann wichtig, wenn es die erste vereinbarte Aufgabe war oder der Patient neu bei der Therapie ist. Häufig stellt der Patient dann fest, dass er nach Verlassen des Büros des Therapeuten zu keiner Zeit daran gedacht hat, die Vereinbarung auszuführen.

Je nachdem, was der Patient für hilfreich hält, kann entweder ein visueller Hinweis (z. B. ein Klebezettel an der Tür, am Bett, am Schreibtisch oder an einem anderen markanten Punkt) oder ein akustischer Hinweis (z. B. sich selbst auf den Anrufbeantworter sprechen, ein Erinnerungssignal auf dem Smartphone einstellen) zur Erinnerung an die Aufgabe verwendet werden. Es kann notwendig sein, dass Therapeut oder Patient die Vereinbarung während der Sitzung schriftlich festhält. So können Missverständnisse ausgeschlossen und Vergesslichkeit minimiert werden. Ein Patient, der häufig Vereinbarungen wegen seines vollen Terminkalenders und leichter depressionsbedingter Konzentrationsprobleme vergaß, fing an, sich selbst während der Therapiesitzung von seinem Smartphone an wichtige Dinge erinnern zu lassen. Für sehr schwer depressive Patienten kann ein kurzer Telefonkontakt hilfreich sein, um sicherzustellen, dass die während der Sitzungen besprochenen Pläne mental präsent bleiben. Dies erhöht die Wahrscheinlichkeit der Ausführung der Aufgabe. Der Telefonkontakt dient einem doppelten Zweck, nämlich das Gedächtnis zu unterstützen und es wahrscheinlicher zu machen, dass die Aktivität ausgeführt wird.

Probleme mit dem Kontingenzmanagement

Ein fehlendes Verständnis der vorangehenden Bedingungen und der Konsequenzen des Verhaltens stellt ein weiteres bekanntes Problem dar, das gut gemeinten Aktivitätsplänen im Wege stehen kann. Unzureichende Spezifizierung des Verhaltens und unzureichende Verhaltensdiagnostik können hier das Thema sein. Kontingenzmanagement bedeutet nichts anderes als die unmittelbare Umwelt so zu gestalten, dass die Wahrscheinlichkeit erwünschter Konsequenzen maximal ist.

Hierzu folgendes Beispiel: Eine Therapeutin geht mit ihrer Patientin das Aktivitätsprotokoll durch und sieht, dass die Patientin eine Verbesserung ihrer Stimmung erfährt, wenn sie einen Schaufensterbummel macht. Eine naheliegende, zu überprüfende Hypothese ist, dass »Schaufensterbummel« ein Verhalten ist, dass intensiviert werden sollte, vorausgesetzt, dass es wahrscheinlich die Stimmungslage verbessert und zukünftige Ausflüge dies ebenfalls tun. Sie bespricht diese Möglichkeit mit der Patientin. Sie vereinbaren, dass die Patientin im Verlauf der nächsten Woche dreimal einen Schaufensterbummel machen wird. Die Patientin kommt beim nächsten Termin mit ihrem Aktivitätsprotokoll, das zeigt, dass sie die Vereinbarung umgesetzt hat, sich ihre Stimmung aber bei jedem Schaufensterbummel verschlechtert hat. Dieses Mal überprüft die Therapeutin den Kontext der Aktivität sorgfältiger. Sie achtet auf die Tageszeit und darauf, was nach der Rückkehr in ihr häusliches Umfeld geschah. Die Therapeutin erfährt, dass die Patientin anders als in der Woche davor, den Schaufensterbummel am Abend unternommen hat. Dies führte zu einer Verzögerung des Abendessens, das sie um diese Zeit üblicherweise für ihre Familie zubereitete. Als sie nach Hause kam, waren ihre Kinder schlecht gelaunt und sie fühlte sich müde und überfordert. Durch diesen Lernprozess über Kontext und Konsequenzen bekamen die Therapeutin und die Patientin Informationen, die sie dazu verwenden konnten, eine angemessenere Tageszeit für die Aktivität festzulegen. Die Patientin konnte so Überforderung und Konflikte in der Familie vermeiden. Dieses Beispiel zeigt, dass die genaue Planung und die Antizipation möglicher Probleme helfen, sicherzustellen, dass die Konsequenzen einer Aktivität für den Patienten tatsächlich belohnend sind. Das Vorwegnehmen von Problemen bei dieser Vereinbarung besteht in diesem Fall ganz einfach darin, zu fragen: »Kann etwas dazwischen kommen, wenn Sie einen Schaufensterbummel machen? Gibt es irgendetwas, dass die Umsetzung dieser Aktivität leichter oder schwerer macht, wenn Sie sie zu dem Zeitpunkt unternehmen, den wir geplant haben?« Hieraus können sich auch neue Aktivitäten ergeben, die ausprobiert werden können. Andere Aktivitäten müssen möglicherweise verändert werden, da sie nicht mit Wohlbefinden oder den Zielen vereinbar sind.

Manchmal treten Probleme aufgrund von Kontingenzen auf, die einen »Krankheitsgewinn« beinhalten. Diese sind dem Therapeuten möglicherweise nicht bekannt. Noch nicht beendete Prozesse vor Gericht oder Anträge auf Anerkennung als Behinderter fallen in diese Kategorie. Wenn man die Schwierigkeiten mit dem sich ergebenden Zielkonflikt bespricht (z. B. sich emotional besser fühlen versus eine Entschädigung erhalten), kann das helfen, die Auswirkungen des Konflikts zu vermindern. Ein Patient, der sich in einem solchen Dilemma befindet, führt seinen Therapeuten nicht notwendigerweise absichtlich in die Irre. Der Patient selbst überblickt oft nicht alle Kontingenzen, die mit einem gegebenen Verhalten in Verbindung stehen. Interpersonelle Beziehungen, in denen der Patient zusätzliche Aufmerksamkeit von seinem Partner für ein Verhalten bekommt, das ansonsten problematisch ist (wie im Bett bleiben), sind ein Beispiel dafür dar, wie Kontingenzen einer Veränderung entgegenstehen können, sich dabei aber außerhalb des Bewusstseins befinden. Deshalb laden Therapeuten gelegentlich den Partner zu einigen Sitzungen ein, um genau dieses Thema zu besprechen und um seine Hilfe bei der Veränderung der Kontingenzen zu werben.

Probleme mit klassisch konditionierten Verhaltensweisen

Viele Patienten, die mit einer Depression in die Behandlung kommen, haben schwerwiegende Verluste erlitten, die manchmal auch traumatischen Charakter haben. Eine bekannte Folge von Traumatisierung ist, dass gegenwärtige Situationen, die Hinweisreize auf das traumatische Ereignis beinhalten, vermieden werden. Jede Art von Verhalten kann dabei mit jeder Art von Hinweisreizen verbunden sein, was zu Vermeidungsverhalten und einem eingeschränkten Verhaltensrepertoire führt. Der Drang, Alkohol zu trinken, ist beispielsweise häufig konditioniert auf Stimuli wie bestimmte Personen, Plätze oder Situationen. Die sorgfältige Analyse der vorausgehenden Bedingungen und der Konsequenzen eines Verhaltens deckt auf, ob ein Verhalten eine automatische Reaktion auf einen bestimmten Stimulus darstellt. Eine Patientin begann jedes Mal eine längere Episode von Alkoholmissbrauch, wenn sie mit bestimmten Kolleginnen zum Essen in eine bestimmte Gaststätte ging. Exzessives Trinken wird möglicherweise durch den damit verbundenen Rausch oder intensive Gefühle von Wärme und Anerkennung durch die ebenfalls trinkenden Freundinnen positiv verstärkt. Negative Verstärkung kann hier ebenfalls ins Spiel kommen. Trinken ermöglicht die Vermeidung von aversiven inneren Zuständen oder im äußeren Umfeld negative interpersonelle Interaktionen. Wenn der Therapeut sich bewusst ist, dass ein problematisches Verhalten automatisch als Reaktion auf eine bestimmte Konstellation von Reizen oder Hinweisen im Umfeld auftritt, dann versetzt ihn das in die Lage, Problemlösungen zu finden. Er kann versuchen, herauszufinden, ob die Hinweisreize durch einen Prozess wie Desensibilisierung modifiziert werden können oder ganz und gar vermieden werden müssen, um funktionales Verhalten zu ermöglichen.

Tab. 8.1: Umgang mit Problemen

Wenn bei BA Probleme auftreten, sollte der Therapeut die folgenden Richtlinien beachten:

- Beibehalten einer nicht bewertenden Haltung, wenn Patienten Probleme mit der Aktivierung haben

- Beachtung von kontextuellen Faktoren, die Aktivitäten beeinflussen und Hindernisse für den Erfolg darstellen

- Mögliche Probleme bei der Aktivierung, die überprüft werden sollen:
  - Der Patient hat die vereinbarte Aufgabe nicht verstanden.
  - Der Patient braucht eine weitere Abstufung der Aufgabe in für ihn zu bewältigende kleine Schritte, so dass er die ersten Schritte zur Veränderung unternehmen kann.
  - Der Patient braucht ein Fertigkeitentraining, bevor er eine neue Aufgabe angeht (z. B. Selbstbehauptung, Zeitmanagement).
  - Der Patient braucht ein spezifisches Training, um seine Selbstbeobachtungsaufgaben zu erledigen (z. B. ausreichend genau beobachten; identifizieren von spezifischen Emotionen oder Intensitäten der Stimmung).
  - Der Patient hat nicht genug Hinweisreize für die vereinbarte Aktivität.
  - Bei dem Patienten bestehen konkurrierende Kontingenzen, die der Ausführung der Aufgabe im Wege stehen.
  - Bei dem Patienten bestehen konditionierte Reaktionen, die mit der Ausführung der Aufgabe interferieren (z. B.: Der Patient hatte eine schwierige Trennung von jemandem aus einem bestimmten Viertel. Er fühlt sich plötzlich emotional überfordert, wenn er versucht eine Vereinbarung auszuführen, die beinhaltet, an einem Kurs teilzunehmen, der in einem Gebäude in eben diesem Viertel angeboten wird. Dieses Viertel selbst ist ein konditionierter Stimulus für Traurigkeit geworden und ruft Erinnerungen an den Verlust hervor.).

- Erfordern die Pläne eine Optimierung?

Zusammenfassung

Es ist zu erwarten, dass während der Therapie Probleme mit der Aktivierung auftreten. Diese werden als Gelegenheiten angesehen, mehr über den Patienten zu erfahren. Tabelle 8.1 listet Vorschläge für den Therapeuten bezüglich des Umgangs mit den Problemen auf, die im Verlauf der Therapie auftreten. Nach unserer Erfahrung sind die Probleme, die in diesem Kapitel beschrieben werden, häufig. Sie können aber wirkungsvoll angegangen werden, wenn sie einer Verhaltensdiagnostik unterzogen wurden. Ohne sorgfältige Diagnostik werden diese Probleme leicht übersehen, was dazu führt, dass Aktivierungspläne nicht funktionieren. Probleme zu antizipieren und zugehörige erfolgreiche Lösungen für den Patienten zu entwickeln, kann sehr zeitaufwändig sein.

9 Beendigung der Therapie und Rückfallprävention

Die Vergangenheit kann man nicht ändern. Die Zukunft steht noch in unserer Macht.
Mary Pickford (1892–1979)

Nach 18 Therapiesitzungen begannen Alice und Beth über die Beendigung der Therapie zu sprechen. Von Anfang an hatte Beth hervorgehoben, wie wichtig es ist, Strategien zu erlernen und Veränderungen im Leben vorzunehmen, die helfen, sich gegenwärtig besser zu fühlen und sich vor einer erneuten Depression zu schützen. Jetzt trat der Fokus darauf, wie Alice langfristig am besten für sich sorgen könnte, noch mehr in den Vordergrund.

Beth und Alice gingen die Aufzeichnungen über die Intensität ihrer Depression seit dem Beginn der Therapie noch einmal durch. Die Ausprägung der Depression war im Verlauf der Therapie erheblichen Schwankungen unterworfen. Für die letzten drei Sitzungen lagen die Werte des Beck Depressionsinventar aber durchgehend im nicht depressiven Bereich. Ihre Werte auf der Angstskala waren noch leicht erhöht. Alice war aber zuversichtlich, mit den Ängsten zurechtzukommen. Sie machte häufig Gebrauch von den als Alternative zum Grübeln erlernten Fertigkeiten. Alles in allem berichtete Alice, dass sie eine Linderung der Depression verspürte und besser in der Lage war, schlechte Tage zu bewältigen. Sie hatte in ihrem Leben wichtige Veränderungen vorgenommen. Sie hatte häufigere Kontakte zu ihren Freundinnen. Eine Freundin und sie planten sogar gemeinsam in ein besseres Wohnviertel zu ziehen. Um mit anderen in Kontakt zu bleiben, verbrachte sie mehr Zeit an ihrer Arbeitsstelle, anstatt von zuhause aus Telearbeit zu machen. Alice hielt ihren Haushalt in Ordnung und machte täglich Spaziergänge mit ihrem Hund. Sie hatte Strategien zur direkten Kommunikation mit ihrem Chef entwickelt, anstatt ängstlich Konflikte zu vermeiden. Die Arbeit war ein Hauptproblem. Alice wünschte sich weiterhin eine bessere langfristige Arbeitssituation. Deshalb brachten Alice und Beth in den letzten Sitzungen ihre Bewerbungsunterlagen auf den neuesten Stand und führten ein Brainstorming zu möglichen Wegen zu einem neuen Arbeitsplatz durch.

Mit Blick auf ihre Zukunft äußerte sich Alice vorsichtig optimistisch. Auf der anderen Seite war ihr bewusst und bereitete ihr Sorgen, dass Menschen, die eine depressive Episode hatten, wahrscheinlich weitere erleben würden. In der Abschlussphase der Therapie rückten die Themen Rückfall und Prävention in den Mittelpunkt. Beth und Alice gingen genau durch, was in der Therapie hilfreich gewesen war, welche neuen Fertigkeiten sie erlernt hatte und welche Veränderungen sie in ihrem Leben vorgenommen hatte. Bei der Betrachtung möglicher zukünftiger Entwicklungen, identifizierten sie Gefährdungsbereiche und zugehörige wirksame Bewältigungsmöglichkeiten.

Einführung

BA hat eine logische zeitliche Struktur. In den ersten Sitzungen konzentriert sich der Therapeut darauf, das Behandlungsmodell vorzustellen, ein individuelles Fallkonzept zu erstellen und weiterzuentwickeln. Ein weiterer Schwerpunkt ist die Schulung von Selbstbeobachtung, vor allem die Anwendung von Aktivitätsprotokollen und Stimmungsprotokollen durch den Patienten. Therapeut und Patient bilden aktiv Hypothesen, welche Verhaltensweisen antidepressiv sein könnten und konzentrieren sich darauf, den Patienten mit positiven Verstärkern in seinem natürlichen Umfeld in Verbindung zu bringen. Auf diese Weise gehen Therapeut und Patient sekundäre Probleme wie Rückzug und Vermeidung direkt an, die häufig die Depression aufrechterhalten oder verschlimmern. Sekundäre Probleme werden zuerst angegangen, da dies den Patienten in die Lage versetzt, den Teufelskreis der Depression zu durchbrechen. Dies erleichtert den Umgang mit primären Problemen. Bei einigen Patienten können die sekundären Probleme auch der alleinige Gegenstand der Behandlung sein. Bei den meisten Patienten werden jedoch auch primäre Probleme, wie die Suche nach einem neuen Arbeitsplatz, in Angriff genommen.

Während des Therapieprozesses verhält sich der Therapeuten wie ein »Trainer«. Er begleitet den Patienten während des gesamten Prozesses der Identifizierung und Lösung von Problemen und von Veränderungen der Lebensgestaltung. Gemeinsam strukturieren und planen Therapeut und Patient Aktivitäten, die Potenzial für antidepressive Konsequenzen haben. Es ist unausweichlich, dass auch Hindernisse im Veränderungsprozess auftauchen. Beispiele sind, die menschliche Neigung zu vermeiden oder zu grübeln. Der Therapeut begreift solche Herausforderungen als Gelegenheiten für weiteres Lernen und nimmt eine nicht bewertende lösungsorientierte Haltung ein. BA beinhaltet die wiederholte Anwendung folgender Elemente: Selbstbeobachtung, Strukturierung und Planung von Aktivitäten, Identifizierung und Lösung von Problemen.

Unsere Therapiestudien zeigen, dass diese Behandlungsphasen üblicherweise nicht mehr als 24 Sitzungen benötigen. Andere mit BA verwandte Modelle sehen einen noch kürzeren Behandlungszeitraum vor, etwa 8–15 Sitzungen (Hopko et al. 2003). Es ist sehr wichtig, im Verlauf der Behandlung die Wahrscheinlichkeit zu maximieren, dass der Patient auch nach der Behandlung die neuen Muster von Aktivierung und Engagement beibehält. Gegen Ende der Therapie ist es förderlich, rückblickend festzuhalten, was hilfreich war, und zukünftige Herausforderungen, die das Risiko eines Rückfalls beinhalten, zu antizipieren.

Die Bedeutung der Rückfallprävention

Depression ist von ihrer Natur her eine rezidivierende Erkrankung. Alle Therapien haben deshalb das Ziel, nicht nur das aktuelle Leiden zu lindern, sondern auch einen Schutz vor Rückfall aufzubauen. Aus diesem Grund ist Rückfallprävention bei BA von Anfang an einprogrammiert und rückt gegen Ende der Behandlung zunehmend in den Mittelpunkt der Sitzungen. In diesem Abschnitt geben wir einen Überblick über die Schlüsselkomponenten, die für die Rückfallprävention relevant sind. Erstens erörtern wir die Bedeutung des Transfers in den Alltag, ein Thema das unauflöslich mit dem Gefüge jeder einzelnen BA Sitzung verwoben ist. Zweitens erörtern wir die spezifischen Strategien, die der Therapeut anwenden kann, wenn er Rückfallprävention direkt angeht. Viele dieser Strategien stimmen mit den Prinzipien der Rückfallprävention überein, die Marlatt und Gordon (1985) für Drogenmissbrauch formuliert und die später auch für Depression angepasst wurden (Wilson 1992). Schlüsselstrategien sind die Identifikation der Bestandteile antidepressiver Verhaltensweisen, die Ausdehnung der Aktivierung auf weitere Lebensbereiche, die Identifikation und Vorbereitung auf Risikosituationen und Therapiesitzungen zur Auffrischung und Stabilisierung der Ergebnisse von BA.

Transfer in den Alltag

Der Transfer der Trainingsergebnisse in den Alltag – auch »Generalisierung« genannt – stellt einen wichtigen Faktor bei jeder verhaltensorientierten Behandlung dar. Wenn eine Fertigkeit, die in einem bestimmten Kontext trainiert wurde, generalisiert, bedeutet das, dass sie auf andere Kontexte übertragen wird. Das Vermitteln der Fertigkeit, das Gelernte von einem Kontext auf einen anderen zu übertragen, ist eine kritische Komponente bei jedem Plan zur Rückfallprävention. Es befähigt den Patienten, wirkungsvoll zu reagieren, wenn er einer neuen Situation begegnet, die bisher eine Depression ausgelöst hätte.

Behavioristen unterscheiden zwischen zwei Arten der Generalisierung: Reizgeneralisierung und Reaktionsgeneralisierung (Sulzer-Azaroff & Maxer 1991). Reizgeneralisierung liegt vor, wenn die gleiche Reaktion bei verschiedenen kontextuellen Faktoren auftritt. William – als Beispiel – hat eine milde Ausprägung einer sozialen Phobie. Wenn er die Fertigkeit entwickelt, selbstbewusst mit dem Therapeuten zu sprechen, sich dann ähnlich auch mit seinen Kollegen verhält und zuletzt ungezwungen auf einer Party mit verschiedenen Leuten redet, würden wir sagen, dass sein selbstbewusstes Verhalten auf verschiedene Reize generalisiert hat. Die zweite Art der Generalisierung, Reaktionsgeneralisierung, bezieht sich auf Situationen, in denen sich das Verhalten selbst im Laufe der Zeit und in verschiedenen Kontexten verändert. So könnte William, wenn sein Verhalten generalisiert, zu seinem Therapeuten beispielsweise sagen: »Ich hätte lieber einen Termin um 15.00 Uhr statt um 09.00 Uhr«, weil das besser in seinen Plan passt. Später könnte er zu seinem Kollegen sagen: »Ich möchte Sie bitten, meine Schicht am Donnerstag zu übernehmen.« Gegenüber dem Therapeuten verhielt sich William direkt und äußerte einen präzisen Wunsch. Dieses selbstbewusste Verhalten generalisierte auf den Umgang mit dem Kollegen. Zu seinem Kollegen war er etwas weniger direkt, aber dennoch selbstbewusst. Er verhielt sich in ähnlicher Weise selbstbewusst, als er sich den Gästen auf einer Party vorstellte. Somit generalisierte sein Verhalten auf verschiedene Reize – den Therapeuten, den Kollegen und die Partygäste – aber die Topographie des Verhaltens generalisierte auch und präsentierte sich in verschiedenen Zusammenhängen unterschiedlich.

Es gibt verschiedene Methoden, um Generalisierung in ein verhaltensbezogenes Trainingsprogramm einzubauen (Stokes & Baer 1977). Ein kritisches Element ist dabei, verschiedene Trainingsmodalitäten in verschiedenen Settings und mit verschiedenen Personen zu verwenden. Solche Methoden begünstigen eine Generalisierung zu naturalistischen Settings (z. B. Martell 1988). Da die Therapie in einem therapeutischen Setting und nicht in einem naturalistischen Umfeld stattfindet, ist es schwierig, ein derartiges Training anzubieten. Aus diesem Grund legt die Verhaltenstherapie großen Wert auf die Durchführung von Hausaufgaben durch Patienten. Die Aufmerksamkeit ist bei BA mehr auf das gerichtet, was der Patient in seinem Alltag tut, als auf das, was im Büro des Therapeuten geschieht. Durch den Einsatz von Hausaufgaben umfasst BA multiple Trainingssettings. Der Patient wird gebeten, spezifische Aktivitäten in verschiedenartigen Kontexten zu üben. Generalisierung erfolgt am wahrscheinlichsten dann, wenn Aktivitäten in verschiedenen Kontexten ausgeführt werden (z. B. zu verschiedenen Tageszeiten, in verschiedenen Settings, mit verschiedenen Menschen). Zusätzlich kann die Integration neuer Verhaltensweisen in neue Gewohnheiten die Generalisierung erleichtern. Unsere Erfahrung mit BA zeigt, dass die Wahrscheinlichkeit von Rückfällen sinkt, wenn der Patient in der Lage ist, adaptive Verhaltensweisen zu generalisieren.

Auch Familienmitglieder und wichtige andere Personen können die Generalisierung unterstützen. Generalisierung erfolgt mit größerer Wahrscheinlichkeit, wenn das neue antidepressive Verhalten (z. B. mit Freunden ausgehen oder Arbeiten im Haushalt erledigen) durch wichtige andere Personen verstärkt wird und depressionstypische Verhaltensweisen (z. B. im Bett bleiben) gelöscht werden.

Bestandteile von antidepressivem Verhalten

Wenn der Patient ein persönliches Handbuch erstellt mit dem, was er bei BA gelernt hat, beugt das einem Rückfall vor. Wir konzeptualisieren dies als Auflistung der Bestandteile des persönlichen antidepressiven Verhaltens. Für viele Patienten besteht dieses Handbuch aus einem Blatt Papier mit den Aktivitäten, die für sie im Laufe der Behandlung hilfreich waren. Manche Patienten legen eine Mappe mit ihren Aktivitätsprotokollen an. Patienten, die während der Therapiesitzungen mitschreiben, können diese Notizen zusammenzufassen und ihrem Handbuch beizufügen. Die Anhänge 2 und 3 beinhalten Beispiele für Fragen, die dem Patienten helfen können, zusammenzufassen, was sie im Verlauf der Behandlung gelernt haben und was ihnen helfen kann, mit dem Risiko von Depression in der Zukunft umzugehen. Die Liste von Alice beinhaltet die wesentlichen Techniken der Aktivierung, die sie im Verlauf der Therapie durchgeführt hatte (▶ **Abb. 9.1**) Die

- Welche Kontexte erhöhen meine Anfälligkeit für Depressionen?
    In einer Umgebung leben, die ich nicht mag
    Mich vom Kontakt mit Freunden zurückziehen
    Langweilige Arbeit, für die ich überqualifiziert bin
    An schwierige Zeiten denken, die in der Vergangenheit liegen und die ich nicht ändern kann

- Welche Verhaltensweisen tragen dazu bei, den Teufelskreis der Depression aufrechtzuerhalten?
    Freundinnen nicht anrufen oder zurückrufen
    Meine sportlichen Aktivitäten reduzieren und mir sagen »Ich bin zu müde.«
    Die Hausarbeit vernachlässigen, besonders das Reinigen meiner Wohnung
    Mir selbst mehrfach am Tag sagen »Das ist eine totale Überforderung.«
    Zwischenmenschliche Aktivitäten vermeiden, beispielsweise zur Kirche gehen
    Zu viele Tage am Stück von zuhause aus arbeiten
    Leute vermeiden, wegen denen ich frustriert bin

- Welche antidepressiven Verhaltensweisen sollte ich beibehalten oder intensivieren?
    Das Wichtigste ist zwischenmenschliches Engagement: Ich muss mit meinen Freunden in Kontakt bleiben, auch wenn ich mich nicht so gut fühle, wenn ich eine Freundin anrufe, und wenigstens ein paar Minuten mit ihr reden. Ich muss nicht über meine Depression sprechen, aber ich kann sie fragen, wie es bei ihr läuft. Ich kann sagen, dass ich eine schwere Zeit durchmache, aber ich brauche keine Details auszubreiten.
    Sportlich aktiv bleiben und Dinge tun, die mir Spaß machen, ist sehr wichtig – mit dem Hund spazieren gehen, im Garten arbeiten
    Außerdem muss ich meine Wohnung sauber halten
    Gelegentlich zur Kirche gehen, ist auch gut für mich
    Zum Arbeiten ins Büro gehen, ist auch besser für mich als von zuhause aus zu arbeiten, wenn ich mich niedergeschlagen fühle oder dahin abzugleiten beginne
    Problemlösetechniken anwenden, wenn bei der Arbeit Konflikte entstehen, oder die Sache mit einer Freundin besprechen
    Aufgaben, die mich zu überfordern scheinen, in kleine Schritte zerlegen und dann einen Schritt machen
    Wenn ich ängstlich bin, ist es hilfreich erst nachzudenken, bevor ich rede

- Was kann ich tun, um die Chance zu erhöhen, dass ich bei meinen antidepressiven Verhaltensweisen bleibe?
    Weiterhin jeden Morgen einen Tagesplan erstellen, in den ich die wichtigen Aktivitäten eintrage; und dass ich diese während des Tages auch umsetze und meine gute Stimmung halte
    Einen Kurs im Sportverein buchen, damit ich bei meinem Bewegungsplan bleibe
    Meinem Chef mitteilen, dass ich jetzt jeden Tag zur Arbeit gehe, auch wenn Telearbeit für mich ok ist
    Jeden Tag mindestens 5 Stunden arbeiten, damit die Arbeit sich nicht aufhäuft
    Jede Woche einen Termin mit meinem Chef vereinbaren, so dass die Möglichkeit besteht, über mögliche Konfliktbereiche zu sprechen
    Jede Woche mindestens einen Kontakt mit einer Freundin vereinbaren. Zwei Freundinnen mitteilen, dass ich mich dazu verpflichte und sie bitten, mich anzurufen, wenn ich das nicht einhalte
    Im Frühling, Sommer und Herbst gehe ich wenigstens einmal in der Woche in meinen Kleingarten, sofern das Wetter es erlaubt

Abb. 9.1: Alices Notizbuch und ihr Plan für die Zeit nach der Therapie

Handbücher sollten individuell auf den jeweiligen Patienten angepasst sein. Das Beispiel in Anhang 3 sollte ausgefüllt und ergänzt werden, damit es den Bedürfnissen und Vorlieben des Patienten entspricht. Die Hauptaufgabe des Therapeuten besteht darin, mit dem Patienten die Bestandteile der Behandlung durchzugehen, die für den Patienten hilfreich waren. Dazu gehören die Prinzipien, die in Kapitel 2 erörtert wurden, spezifische Strategien wie die Anwendung der ABC-Analyse, um die vorangehenden Bedingungen und die Konsequenzen von Verhalten zu verstehen, wie das Handeln »von-außen-nach-innen« anstatt nach Stimmung zu handeln sowie die Bekämpfung von Vermeidung und Grübeln durch spezifische Aufgaben.

Erweitern der Aktivierung auf neue Lebenskontexte und Ziele nach Ende der Behandlung

Die wesentlichen Elemente von BA sind es, dem Patienten zu vermitteln, dass es hilfreich ist, sich trotz einer Depression zu aktivieren, Vermeidungsverhalten zu erkennen und zu verändern und gesunde Gewohnheiten beizubehalten. Es schützt Patienten vor Rückfällen, wenn sie Veränderungen vornehmen, die zu einem antidepressiven Lebensstil führen. Viele Patienten leisten diese Arbeit im Verlauf der Therapie. Dennoch stehen wichtige Veränderungen auch nach dem Ende der Therapie im Mittelpunkt der Bemühungen.

Wenn der Patient eine Linderung seiner Symptome erlebt, seine Aktivitäten intensiviert und sein Vermeidungsverhalten modifiziert, ist er möglicherweise auch bereit, größere Probleme in seinem Lebenskontext anzugehen. Beispielsweise haben Alice und ihre Therapeutin schon am Anfang der Therapie erkannt, dass die Vermeidung von Aktivitäten Schuldgefühle und Isolation verschlimmerten. Im Verlauf der Therapie lernte Alice, dass im depressiven Zustand kleine Schritte in Richtung wichtiger Ziele besser sind als überhaupt keine Schritte. Sie entwickelte die neue Gewohnheit, kleine Spaziergänge mit ihrem Hund zu unternehmen und dabei mit anderen Hundebesitzern in der Nachbarschaft zu reden, sie begann, Freundinnen anzurufen, um sich einfach nur kurz zu melden. Auf diese Weise arbeitete Alice daran, ihr Problem von Isolation und Einsamkeit zu verändern, das für ihr zwischenmenschliches Leben typisch war. Mit voranschreitender Therapie begann sie, die Probleme mit ihrer Arbeit anzugehen. Beth half Alice herauszufinden, welche Arbeitsplätze für sie wünschenswert wären, welche Gehaltsstufen, es ihr ermöglichen würden, in ein Viertel umzuziehen, das sie mochte, welche preiswerten Optionen für Lehrgänge zur Verfügung stehen, um ihre beruflichen Fähigkeiten auf dem aktuellem Stand zu halten und ihre Qualifikation für eine interessante Arbeit verbessern würden. Alice begann mit dieser Arbeit erst in der letzten Phase der Therapie. Dennoch war es für Beth wichtig, Alice dabei zu unterstützen, dass sie diese Bemühungen auch nach Ende der Therapie fortsetzte.

Es ist wichtig, dass der Therapeut seinen Patienten dabei unterstützt, herauszufinden, welche Veränderungen in seinen vielfältigen Lebenszusammenhängen erforderlich sind, um positive Stimmung und Wohlbefinden dauerhaft aufrechtzuerhalten. Die Bereiche zwischenmenschliche Beziehungen, Arbeitsbedingungen, Freizeit, Kindererziehung, finanzielle Bedingungen und Wohnsituation sollten betrachtet werden. Der Therapeut kann dem Patienten dabei helfen, wichtige Ziele und Schritte zu deren Erreichung zu identifizieren. In ihren letzten Therapiesitzungen haben Beth und Alice beispielsweise wichtige Schritte definiert, die erforderlich waren, um den von ihr angestrebten Arbeitsplatz zu finden, und diese Richtung nach dem Ende der Therapie beizubehalten. Sie begannen auch zu untersuchen, welche langfristigen Veränderungen sich Alice in ihren zwischenmenschlichen Beziehungen wünschte. In welcher Hinsicht war sie zufrieden oder unzufrieden mit ihrem sozialen Leben? Alice sprach über ihre Hoffnung, eines Tages einen Partner zu finden, vielleicht zu heiraten und Kinder zu haben. Diese Möglichkeit lag für Alice noch sehr weit in der Zukunft. Sie beschrieb aber, dass sie sich manchmal einsam fühlte, wenn sie Familien sah, die ihre gemeinsame Zeit im Park oder im Restaurant genossen. Sie brachte ihr Empfinden zum Ausdruck, dass sie sich nach einer intimen Beziehung in ihrem Leben sehnte. »Ich weiß, dass ich da noch nicht bin«, erklärte sie Beth, »aber wenn ich erst mal all das andere auf der Reihe habe – meine Arbeit, meine Wohnung, alles, woran ich gearbeitet habe – weiß ich, dass ich dann auch eine Familie haben möchte.« Gemeinsam untersuchten sie, wie Alice die neu gelernten Verhaltensweisen im Umgang mit ihren Freundinnen, dem Arbeitgeber und den Kollegen auch auf ihr Ziel intimer Beziehungen anwenden könnte.

Risikosituationen identifizieren und darauf vorbereiten

Bei der Vorbereitung auf das Therapieende ist es wichtig, mögliche Situationen zu identifizieren, die das Rückfallrisiko des Patienten in der Zukunft erhöhen. Fragen nach Situationen sind: »Unter welchen Umständen würde das höchstwahrscheinlich passieren?« »Was können Sie tun, um das zu verhindern?«, »Wenn es trotzdem geschieht, was sind mögliche Konsequenzen und was können Sie tun, um die Auswirkungen zu verringern?« (Wilson 1992, S. 147).

Ein Rückgriff auf das persönliche Fallkonzept kann eine enorme Unterstützung in dem Prozess sein, Hochrisikosituationen zu identifizieren. Lebensereignisse, die früheren depressiven Episoden vorangingen, liefern Hinweise für zukünftige Risikosituationen. Betrachten wir die Erfahrungen von Alice. Drei ihrer Depression vorausgehende Erfahrungen waren der Verlust des Arbeitsplatzes, Wechsel auf einen schlechter gestellten Arbeitsplatz, den sie als langweilig erlebte, und der Umzug in eine kleine Wohnung. Diese Situationen legen nahe, dass Alice anfällig für Situationen ist, die mit Statusverlust, möglicher Kritik von Freundinnen und Verwandten oder einer Verminderung ihrer Möglichkeit, durch Anstrengung Belohnung zu erreichen, verbunden sind (z. B. wenn sie krank oder verletzt wäre und damit weniger in der Lage, im Garten zu arbeiten oder Spaziergänge zu machen). Sie war auch unglücklich über ihre Wohnsituation. Ihr Apartment war klein, lag in einem unattraktiven Viertel und erinnerte sie an einen Ort, an dem sie während ihrer Studienzeit gelebt hatte. Alles fühlte sich wie ein Schritt zurück an. Daneben könnten für sie schließlich solche Situationen ein hohes Risiko beinhalten, die sie stark an Ereignisse aus ihrem früheren Leben erinnern, beispielsweise an intensive Emotionen in Bezug zu ihrer früheren Beziehung zu ihrer Mutter. Alice und Beth identifizierten ihre Anfälligkeit für diese Art von Kontext. Sie arbeiteten die möglichen Risikosituationen heraus, die zu ähnlichen Verlustsituationen führen und ähnlich negative Auswirkungen in der Zukunft haben könnten.

Während einer typischen Behandlung mit BA erhält der Patient eine große Menge Informationen, die Antworten dazu liefern, wie er mit Depression in Zukunft umgehen kann. Eine Durchsicht der Aktivitätsprotokolle lässt Situationen sichtbar werden, die besonders eng mit depressiver oder anderweitig negativer Stimmung verbunden sind. Diese Daten können von großem Nutzen sein, wenn man für die Zukunft plant. Der Therapeut kann einige dieser Situationen in den letzten Sitzungen als Erinnerung für den Patienten noch einmal ansprechen. Beispielsweise kann ein Patient, dessen Aktivitätsprotokolle durchgängig depressive Stimmung Mittags an Wochenenden aufzeigten, wenn er alleine zuhause war und fernsah, als Risikosituation ›unstrukturierte Freizeit‹ auflisten.

Der Therapeut kann den Verlauf der Symptome durch Fragebögen wie das Beck Depressionsinventar (BDI-II) erfassen. Dann kann er die Ergebnisse graphisch darstellen und die im Verlauf der Behandlung beobachteten Muster besprechen. Abbildung 9.2 stellt Alices BDI-II Werte für 18 Therapiesitzungen dar. Beth zeigte ihr die Darstellung. Sie diskutierten kurz über das Muster der Werte, über die spezifischen Zeitpunkte, zu denen sich ihre Stimmung während der Behandlung verschlechtert hatte und was man daraus für die Vorhersage zukünftiger Risiken und hilfreicher Strategien lernen kann.

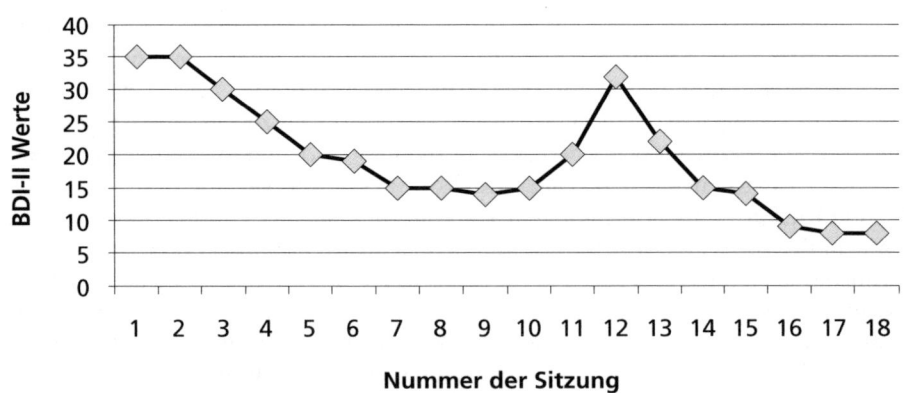

Abb. 9.2: Alices BDI-II Werte bis zur Sitzung 18

BETH: *Ich habe in diese Graphik die Werte aus dem Fragebogen eingetragen, den Sie vor jeder unserer Sitzungen ausgefüllt haben. Ich wüsste gerne, was Ihre Eindrücke sind, wenn Sie das so sehen.*

ALICE: Es sieht sehr viel besser aus als zu der Zeit, als ich zu Ihnen gekommen bin.
BETH: Stimmt. Es gibt eine große Veränderung im Laufe der Zeit. Stellen Sie irgendetwas Besonderes fest, das Sie überrascht, wenn Sie auf die Muster während des Verlaufs unserer Zusammenarbeit schauen?
ALICE: Nichts, was mich überrascht, aber es sieht so aus, als wäre es zwischendurch mal eine zeitlang schlechter gewesen.
BETH: Das ist mir auch aufgefallen. Ich habe da mal in meine Notizen gesehen, bevor wir uns heute getroffen haben. In der Zeit, als Ihre Werte am höchsten waren, so um die 12. Sitzung herum, hatten Sie berichtet, dass Sie sich fühlten als würden Sie fremdgesteuert und Sie haben vermieden, zu verschiedenen Ereignissen zu gehen.
ALICE: Ich kann mich erinnern. War das nicht auch, als ich eine Sitzung versäumt habe?
BETH: Ja, das war, als Sie ein stressiges Erlebnis bei der Arbeit hatten und einen Tag im Bett geblieben sind.
ALICE: Das war wirklich hart. Ich fuhlte mich zu der Zeit wirklich sehr schlecht.
BETH: Ja, ich denke, dass eine Sache, die wir aus der Graphik lernen können, darin besteht, dass wir spezifische Gelegenheiten erkennen, bei denen Ihre Stimmung anfällig ist, und was wir dagegen tun können.
ALICE: Ja, ich denke das war, als mein Chef mich harsch behandelt hat, nachdem ich bei einem Projekt Mist gebaut habe.
BETH: Also könnte es sein, dass Sie besonders verletzlich sind, wenn Sie wichtige Ziele nicht erreichen und von anderen ein negatives Feedback bekommen. Wollen Sie sich eine Liste dazu anlegen? Warum schreiben Sie sich das nicht auf?
ALICE: Das ist eine gute Idee. Wissen Sie, es ist doch so, dass zuhause zu bleiben und die Therapie zu versäumen, dann auch nicht die beste Idee war.
BETH: Das denke ich auch. Wir haben ja viel darüber gesprochen, wie Rückzug und Vermeiden einen Teufelskreis der Depression auslösen und sie über die Zeit aufrechterhalten können. Ich denke, dass Sie sich wahrscheinlich schlechter fühlen, wenn Sie im Bett bleiben und zwischenmenschliche Verpflichtungen vermeiden – wie damals die Therapie, aber es könnten auch Pläne mit Freundinnen oder Kollegen sein, stimmt's?
ALICE: Ich denke, das ist wahrscheinlich so. Ich erinnere mich, dass ich mich depressiver gefühlt habe, nachdem ich diese Dinge versäumt habe.
BETH: Dies könnte also etwas sein, was Sie für die Zukunft im Bewusstsein behalten sollten. Wenn Sie in einem verletzlichen Zustand sind, also beispielsweise eine kritische Rückmeldung bekommen, ist es noch wichtiger, dass Sie weiterhin aktiv bleiben statt zu vermeiden. Wir sollten über die spezifischen Aktivitäten sprechen, die Sie in solchen Zeiten als nützlich erwiesen haben. Fallen Ihnen welche ein?
ALICE: Ja, vielleicht in kleinen Schritten vorgehen.
BETH: Absolut! Selbst wenn Sie die Aktivität in kleinste Schritte zerlegen müssen, ist das besser als vollständig zu vermeiden. So können Sie verhindern, dass Sie in eine depressive Stimmung zurückfallen. Ich denke, auch das, was wir über Achtsamkeit auf das unmittelbare Erleben anstelle von Grübeln gesagt haben, könnte in Zeiten helfen, in denen sie sich wie fremdgesteuert fühlen.
ALICE: Ja, stimmt. Ich schreibe das auch mit auf.

Anschließend arbeiten Therapeut und Patient gemeinsam daran, Möglichkeiten zu finden, wie die antidepressiven Aktivitäten umgesetzt werden können. Bei vielen Patienten ist das aktive Problemlösen ein Schlüsselbestandteil. Mit diesem Thema haben sie sich ja während der Therapie durchgehend befasst. Es ist nicht erforderlich, Patienten zu bitten, sich jedes mögliche schmerzliche Ereignis vorzustellen. Wenn es aber begründete Hinweise gibt, dass bestimmte Ereignisse eintreten werden, sollten Bewältigungsstrategien und Möglichkeiten, die Auswirkungen des Ereignisses zu vermindern, geplant werden. Der Plan sollte so spezifisch wie möglich sein und von dem getragen werden, was während der Therapie funktioniert hat. So kann über die Zeit das Wohlbefinden aufrechterhalten und das Risiko eines Rückfalls verringert werden.

Sitzungen zur Stabilisierung und Auffrischung

Patienten empfinden es als hilfreich, wenn sie für einige Therapiesitzungen zurückkommen können, die dazu dienen, einen depressiven Rückfall aufgrund von Rückkehr zu alten Mustern zu verhindern. Insbesondere wenn der Patient beginnt, sich zurückzuziehen, das Interesse an Aktivitäten verliert und bemerkt, dass er das nicht aufhalten kann, ist es an der Zeit, mit dem Therapeuten wieder kurz Kontakt aufzunehmen. Dann sollten mehrere Therapiesitzungen geplant werden, um aktuellen Stressoren zu besprechen, sich die Strategien wieder vor Augen zu führen, die während der ersten Behandlungsphase geholfen haben, und einen Plan zur Bewältigung zu überlegen.

Es kann auch nützlich sein, regelmäßige Therapiesitzungen zur Stabilisierung zu planen. Für BA gibt es allerdings hierzu noch keine Daten. Andere verhaltenstherapeutische Methoden haben jedoch regelmäßige Therapiesitzungen zur Aufrechterhaltung des Therapieerfolgs mit guten Ergebnissen durchgeführt (Jarret et al. 2008). Aus diesem Blickwinkel kann es hilfreich sein, die Abstände zwischen den Sitzungen gegen Ende der Behandlung zu vergrößern. Dies gibt dem Patienten die Möglichkeit, die als hilfreich erkannten Strategien anzuwenden und dann zurückzukommen, um mit dem Therapeuten die dabei erlebten Schwierigkeiten durchzugehen. Ein größerer Abstand zwischen den Sitzungen führt auch dazu, dass der Patient einen breiteren Bereich von Situationen bewältigen muss. Er ermöglicht eine Auffrischung bei der Planung von Strategien, um aktiv zu bleiben, anstatt schwierige Situationen zu vermeiden oder sich von ihnen zurückzuziehen.

Wie geht es weiter?

Das Interesse an BA und ähnlichen Behandlungsmethoden hat in den letzten Jahren rapide zugenommen. Klinische Studien zu BA haben zusätzliche Evidenz ergeben, dass der ursprüngliche Ansatz von Lewinsohn (1974) und seinen Kollegen

(Lewinsohn et al. 1985) in der Depressionsbehandlung auf der richtigen Spur war. Da Replikationen das Markenzeichen für solide Forschung sind, ist es bemerkenswert, dass die Ergebnisse der Komponentenanalysestudie von Jacobson und Kollegen (1996) durch die Untersuchung von Dimidijan und Kollegen (2006) zur Behandlung von Depressionen repliziert werden konnten. Das Vertrauen in die Wirksamkeit von BA kann noch verbessert werden, wenn sich diese Ergebnisse auch in weiteren Settings, mit anderen Therapeuten und Patienten und durch Wissenschaftler, die nicht an der Entwicklung der Behandlung beteiligt waren, replizieren lassen.

Viele wichtige Fragen zu BA müssen in zukünftigen wissenschaftlichen Studien angegangen werden. Eine zentrale Hypothese beispielsweise ist, dass BA leichter zu erlernen und in der Praxis zu implementieren ist, weil es weniger Techniken enthält als andere Behandlungsmethoden für Depression. Eine empirische Studie hierzu steht aber noch aus. Wir wissen auch nur wenig darüber, wie BA wirkt. Der Mechanismus der Veränderung ist nicht leicht zu identifizieren. Möglicherweise erlernt der Patient neue Regeln wie »Wenn ich mich depressiv fühle, sollte ich aktiv werden, statt zu vermeiden«. Vielleicht lernt der Patient bei BA, sein Leben auf eine Weise aktiv zu steuern, die unmittelbar nützlich ist und ihn über die Zeit schützt. Die Entwicklung weiterer Fertigkeiten, wie sich Ziele setzen und Aufgaben in kleine Schritte zu zerlegen, könnte entscheidend sein. Es ist auch möglich, dass kognitive Veränderungen entscheidend sind und die beste Möglichkeit zur Veränderung einer Überzeugung im Sammeln von Erfahrungen und Verhaltensänderungen besteht (Bandura 1977; Hollon 2001). Ohne Zweifel hat BA auch Auswirkungen auf neuronale und andere biologische Parameter. Dies sollte durch zukünftige wissenschaftliche Studien untersucht werden.

Es gibt eine Reihe von weiteren möglichen Anwendungen von BA. Zurzeit werden Pilotstudien zur Anwendung von BA bei der Posttraumatische Belastungsstörung (Jakupcak et al. 2006; Wagner et al. 2007) und als transdiagnostische Intervention durchgeführt. Weitere Studien untersuchen die Anwendung von BA in einem multikulturellen Rahmen. Gegenwärtig wird BA für die Arbeit mit Menschen mit lateinamerikanischem kulturellen Hintergrund adaptiert (Santiago-Rivera 2008). Das Handbuch von Addis und Martell (2004) wurde ins Schwedische, Dänische und Niederländische übersetzt. Die grundlegenden Prinzipien und Strategien von BA gelten über verschiedene Kulturen hinweg. Es ist jedoch entscheidend, die Notwendigkeit für kulturelle Spezifikationen in der Gestaltung der therapeutischen Beziehung zu untersuchen. Die dabei verwendeten Konzepte sowie ein individualisiertes bzw. kollektivistisches Grundverständnis können in diesem Kontext unterschiedlich sein. Einige Studien untersuchen BA in verschiedenen Lebensabschnitten und haben das Manual für die Verwendung mit Jugendlichen bzw. mit älteren Menschen modifiziert.

BA ist auch als Gruppentherapie interessant. Das gruppentherapeutische Setting hat Kosten- und Effizienzvorteile und ist deshalb für gemeindebasierte Gesundheitsversorgung attraktiv. Eine kleine Studie hat gezeigt, dass BA in diesem Setting umgesetzt werden kann (Houghton et al. 2008). Die Behandlung basierte im Wesentlichen auf einer Adaptation eines BA Selbsthilfehandbuches (Addis & Martell 2004) und zusätzlich auf einer Sitzung, bei der die Identifikation von Werten im

Mittelpunkt stand. Das Handbuch von Addis und Martell (2004) diente auch bei anderen Adaptationen für Gruppentherapie als Grundlage. Zukünftige Studien werden möglicherweise eine Vielzahl von Anwendungen des grundlegenden BA Modells untersuchen.

Wir befinden uns in spannenden Zeiten für Therapieforscher, weil Fragen sowohl von praktischer als auch von theoretischer Bedeutung untersucht werden müssen. Die Praktiker, die BA anwenden, können sich auf der sicheren Seite fühlen. BA hat eine lange Tradition, die bis in die 1970er Jahre zurückreicht. Der Wert von Aktivitätsaufbau wurde über die Zeit durch die Anwendung in zahlreichen Psychotherapiemethoden untermauert. Die Prinzipien und Strategien, die wir dargestellt haben, sind sicherlich nützlich für Therapeuten, die BA in seinem Standardformat für depressive Patienten implementieren wollen. Für Therapeuten, die andere Behandlungsmethoden nutzen wollen, haben die von uns erörterten Elemente von BA ebenfalls eine gewisse Relevanz und Anwendbarkeit. So ist beispielsweise Aktivitätsaufbau ein Kernelement der Kognitiven Therapie. Der Therapeut kann Aktivitätsaufbau betonen und sicher sein, dass das, was er macht, eindeutig KVT ist. Therapeuten, die Akzeptanz- und Commitment-Therapie anwenden, werden Elemente finden, die ihren Patienten helfen, werteorientierte Aktivitäten umzusetzen. Therapeuten, die Dialektisch-Behaviorale Therapie anwenden, werden im Bereich Verhaltensdiagnostik, entgegengesetztes Handeln und Problemlösetechniken viele Ähnlichkeiten zwischen BA und grundlegenden DBT-Strategien auffallen.

Während der Teilnahme an Workshops zu BA erkennen Therapeuten häufig eigene Verhaltensweisen wieder. Vielleicht haben auch die Leser dieses Buches eigene therapeutische Strategien wiedererkannt, die sie Tag für Tag verwenden. BA als alleinige Methode kann die Behandlung der Wahl bei vielen depressiven Patienten sein. Für andere Therapeuten dienen die dargestellten Prinzipien als Erinnerung daran, verhaltensorientierte Aspekte der Behandlung in einer Vielzahl von zurzeit gebräuchlichen Therapien zu betonen.

Synthese

In diesem Buch haben wir die zentralen Prinzipien und Strategien von BA dargestellt. Wenn wir gefragt würden: »Was ist die eine Sache, von der Sie hoffen, dass Psychotherapeuten sie bei dem Gedanken an BA erinnern?«, dann ist unsere Antwort schlicht und einfach: ACTIVATE (Im Anhang 4 findet sich dazu eine Kurzfassung für Therapeuten.). Dieses Akronym repräsentiert die Prozesse, die für BA essentiell sind und von Therapeuten während des gesamten Therapieprozesses beachtet werden: Verhaltensdiagnostik der Faktoren, die zu der Depression des Patienten beitragen (A – assess); strukturierte Aktivität und effektives Problemlösen, um Vermeidungsverhalten entgegenzuwirken (C – counter); ausreichend Zeit einplanen, um spezifisch zu arbeiten (T – time); Selbstbeobachtung verwenden (I – include); validieren (V – validate); Aktivitäten planen und vereinbaren (A – assign); Probleme identifizieren und lösen (T – troubleshoot); Ermutigung (E – encourage). Diese Strategien müssen nicht in der Reihenfolge angewandt werden, in der sie hier aufgelistet sind. Die Durchführung von BA ist nicht starr und rigide. Therapeuten werden die Interventionen, die durch die 10 zentralen Prinzipien vorgegeben sind, durchgehend während der Therapie anwenden. Die notwendige Flexibilität wird auch durch die Tatsache deutlich, dass die zentralen Prinzipien von BA, die in Tabelle 2.1 aufgelistet sind, nicht in derselben Reihenfolge stehen wie die Interventionen, die mit dem Akronym ACTIVATE gelistet sind. Sie sind vielmehr miteinander verwoben. Wir betrachten jede der Interventionen nacheinander.

A: *Assess* – Verhaltensdiagnostik

Die Bedeutung von Verhaltensdiagnostik während des gesamten Therapieprozesses bei BA kann nicht genug betont werden. Dieses Element wurde durchgängig in diesem Buch und auch in anderen Publikationen über BA hervorgehoben (z. B. Martell et al. 2001). Verhaltensdiagnostik steht im Mittelpunkt der ersten Sitzungen und setzt sich während der Behandlung fort. Verhaltensdiagnostik bezieht sich auf die Häufigkeit und das Spektrum der Aktivitäten des Patienten und auf deren Funktion. Das Verständnis der Lebensumstände, die zur Depression des Patienten beigetragen haben, liefert eine erste Erkenntnis für die möglichen Ansatzpunkte der Behandlung (Prinzipien 2 und 3). Eine genaue Erfassung der vorangehenden Bedingungen und der Konsequenzen führt zu einem genaueren Wissen darüber, welche Bereiche man beim Aktivitätsaufbau angehen kann.

C: *Counter* – Strukturierte Aktivität und effektives Problemlösen um Vermeidungsverhalten entgegenzuwirken

Depression resultiert oft aus nachvollziehbaren Reaktionen auf negative Lebensereignisse, die Kontingenzen verändern, den Kontakt mit Verstärkern reduzieren oder Lebensprobleme vergrößern. Vermeidung und Rückzug sind oft kurzfristig sinnvolle Reaktionen. Emotionen haben eine starke Eigendynamik. Negative Stimmung zieht den Patienten nach unten. Sie löst den Versuch aus, Gefühle oder überwältigende Lebenssituationen zu vermeiden. Das Problem besteht darin, dass Vermeidungsverhalten und sozialer Rückzug die Situation langfristig noch schlimmer machen. Die negative Stimmung wird langfristig aufrechterhalten oder verschlechtert sich weiter. Hier greifen wir auf Prinzip 1 zurück – man kann ändern, wie man sich fühlt, indem man ändert, was man tut. Prinzip 4 ist hier ebenfalls zentral – Aktivitäten strukturieren und festlegen, die einem Plan, nicht der Stimmung folgen. BA arbeitet daran, den Patienten dabei zu unterstützen, durch strukturierte Aktivität und effektives Problemlösen dem Vermeidungsverhalten entgegenzuwirken. Patienten lernen, ihre Vermeidungsmuster zu erkennen und alternative Bewältigungsstrategien aufzubauen, um Annäherungsverhalten und Engagement zu entwickeln.

T: *Time* – Ausreichend Zeit einplanen, um spezifisch zu arbeiten

Die Bedeutung verhaltensbezogener Spezifität kann nicht genug betont werden. Therapeuten helfen bei der Anwendung von BA dem Patienten dabei, spezifisches Verhalten zu identifizieren, das intensiviert oder abgeschwächt werden soll. Verhalten, das intensiviert werden soll, bringt den Patienten wahrscheinlich wieder mit positiven Verstärkern in seiner Umwelt in Kontakt. Verhalten, das abgeschwächt werden soll, würde sein Leben langfristig schwieriger machen.

I: *Include* – Selbstbeobachtung verwenden

Die Selbstbeobachtung von Aktivitäten ist eine zentrale Stütze von BA. Das Aktivitätsprotokoll ist das wichtigste Instrument, das benutzt wird, um Aktivitäten, den Kontext, die Stimmung oder Emotionen und deren Intensität zu beobachten. Selbstbeobachtung hilft, zu klären, in welchem Kontext Verhalten mehr oder weniger wahrscheinlich auftritt und die Konsequenzen des Verhaltens klar zu machen. Diese Zusammenhänge zu identifizieren, ist ein kritisches Element von BA. Selbstbeobachtung hilft auch beim Aufstellen von Aktivitätsplänen. Anderenfalls ist es sehr schwer oder sogar unmöglich, wirkungsvolle Ziele für die Aktivierung zu identifizieren. Selbstbeobachtung zeigt dem Therapeuten und dem Patienten auch, ob die Aktivitätspläne wirksam waren, und sie liefert die nötigen Informationen, Pläne auf maximale Wirksamkeit zu optimieren. Schließlich kann Selbstbeobachtung selbst dabei helfen, Verhaltensveränderung in Gang zu bringen. Während der gesamten Behandlung wird deshalb Selbstbeobachtung als zentraler Bestandteil verwendet.

V: *Validate* – Validieren

Depressiv sein fühlt sich so an, als wäre man an einem dunklen Ort gefangen mit nur wenig Möglichkeiten und kaum Hoffnung, zu entkommen. BA zeigt für viele Menschen, die an Depressionen leiden, eine Möglichkeit auf, wie sie einen Weg aus dem Dunkel finden, sich wieder engagieren und ein von ihnen gewünschtes Leben aufbauen können. Während dieses Prozesses ist es entscheidend, dass der Therapeut den Patienten validiert, indem er Verständnis für sein Erleben und die Herausforderungen der Veränderung zeigt. Validierung besteht darin, zu kommunizieren, dass, wie sich der Patient fühlt und wie er handelt, Sinn ergibt, *und* dass Anstrengungen, sich zu verändern, entscheidend sind, wenn man sich besser fühlen möchte. Somit begleitet der Therapeut den Patienten dabei, mit verschiedenen Möglichkeiten der Aktivierung und des Engagements zu experimentieren, die den Kontakt zu Belohnung in seinem Leben steigern und aversive Konsequenzen vermindern. Das alles soll in einem Kontext von Akzeptanz, Wärme, Zusammenarbeit und Ermutigung geschehen.

A: *Assign* – Aktivitäten planen und vereinbaren

Aktivitäten zu planen und zu strukturieren, sind wichtige Ingredienzien von BA. Die Bedeutung der Planung und Vereinbarung von Aktivitäten spiegelt sich in vielen zentralen Prinzipien von BA wider. Prinzip 4 besagt, dass das Planen der Aktivitäten zu einem klaren Fahrplan führt, dem der Patient folgen kann, anstatt stimmungsabhängig zu handeln. Das Planen von Aktivitäten führt dazu, dass sich der Patient mit der Welt auseinandersetzt. Es ermöglicht zugleich einen besseren Kontakt mit positiver Verstärkung in der Umwelt und bietet Gelegenheiten, Stressfaktoren zu beeinflussen. Prinzip 5 impliziert, dass Aktivitäten in kleinen Schritten abgestuft festgelegt werden müssen, um die Erfolgswahrscheinlichkeit für den Patienten zu erhöhen. Es ist hilfreich, die Aktivitäten zu identifizieren, die in der Umwelt des Patienten natürliche Verstärkung finden und die einen hohen Belohnungswert haben. Prinzip 6 hebt hervor, dass Konzentration auf diese Aktivitäten das größte Potenzial für Veränderungen hat. Um den Therapeuten an die Bedeutung der Aktivierung zu erinnern, besagt Prinzip 9 schlicht und einfach: Nicht nur reden, sondern machen.

T: *Troubleshoot* – Identifizierung und Lösung von Problemen

Die meisten Patienten erleben bei der Implementierung von Aktivierungsplänen Schwierigkeiten. Hindernisse tauchen auf. Frustration kann entstehen. Damit die Therapie auf Kurs bleibt, erinnert Prinzip 10 die Therapeuten an Folgendes: »Hindernisse zur Aktivierung beheben«. Identifizierung und Lösung von Problemen sind notwendig, um die typischen Schwierigkeiten anzugehen, die auftreten, wenn man mit depressiven Patienten Aktivierungspläne entwickelt und implementiert. So können Aktivierungspläne verbessert und genau angepasst werden. Der Patient selbst lernt, Probleme zu identifizieren und zu lösen. Der Rat aus Prinzip 8 »Einen empirischen Problemlöseansatz betonen und würdigen, dass alle Ergebnisse von Verhaltensexperimenten nützlich sind«, ist hier ebenfalls erhellend und relevant. Die Identifizierung und Lösung von Problemen hilft, den bestmöglichen Nutzen aus der Anstrengung des Patienten zur Aktivierung zu ziehen, und sie sorgt dafür, dass die Therapie sich weiterhin in Richtung der Ziele des Patienten bewegt.

E: *Encourage* – Ermutigen

Die meisten depressiven Patienten suchen sich an dem Punkt professionelle Hilfe, wenn sie sich entmutigt und demoralisiert fühlen. Eine der Möglichkeiten des Therapeuten den Behandlungserfolg zu maximieren, besteht darin, konsistent ein

Gefühl der Hoffnung, des Optimismus und ein Bekenntnis zur Relevanz von Veränderungen zu artikulieren. Prinzip 7 stellt kühn fest, dass der Therapeut als Trainer für seinen Patienten handelt. Er soll alle Zeichen von Fortschritt auf Seiten des Patienten hervorheben. Er soll den Patient ermutigen, aktiv zu werden, sich zu engagieren und Probleme zu lösen.

Zusammenfassung

BA ist sinnvoll. Die Geschichte der Anwendung dieser gradlinigen Strategie umfasst jetzt eine Spanne von fast vier Dekaden, seitdem Lewinsohn (Lewinsohn & Graf 1973) zum ersten Mal über »pleasant events« und Depression schrieb. BA wird sich ohne Zweifel weiterentwickeln und zukünftige Studien werden die Grenzen dieser Methode mit neuen Populationen und Problemen testen. Als Therapeuten können wir aber schon heute darauf vertrauen, dass BA eine bewährte und wirksame Methode darstellt, um Patienten zu helfen, die Abwärtsspirale der Depression zu überwinden. BA gründet sich auf bewährte verhaltenstheoretische Prinzipien.

Wir haben 10 zentrale Prinzipien für BA als Leitlinie vorgestellt. BA ist eine evidenzbasierte Psychotherapiemethode. Wir hoffen, dass Therapeuten BA so wie es hier vertreten wird, modellgetreu umsetzen, aber auch die Flexibilität und Möglichkeit zur individuellen Ausgestaltung nutzen. Der Therapeut kann sich auf die individuelle Situation des Patienten einstellen und gleichzeitig auf Aktivierung fokussiert bleiben. Er lässt sich dabei durch die zentralen Prinzipien und Strategien leiten. Der Therapeut in seiner Rolle als Trainer und der Patient, der die wichtige Arbeit der Aktivierung leistet, profitieren beide davon, sich an diese Prinzipien zu halten. Die Behandlung mit BA muss in einem kollaborativen Stil durchgeführt werden. Der Therapeut macht Vorschläge und hilft dem Patienten, zu erkennen, wann Vermeidung, Verstärkung des depressiven Verhaltens oder Entkoppelung von der Umwelt antidepressives Verhalten verhindern.

BA ist pragmatisch. Der Therapeut erkennt möglicherweise seine üblichen Vorgehensweisen auf den Seiten dieses Buches wieder. Das ist die Eleganz dieses Ansatzes. Wir glauben, dass BA leicht zu erlernen ist, weil es konsistent ist mit dem üblichen Vorgehen vieler Psychotherapeuten, die mit depressiven Patienten arbeiten. BA ist gradlinig. Das Ziel, den Patienten dabei zu unterstützen, sich mit seiner Umwelt auseinanderzusetzen, ist während der gesamten Behandlung konstant. Wenn man sich dieses eine Ziel bewusst macht, während man zusammen mit dem Patienten mögliche, die Depression aufrechterhaltende Faktoren und Hindernisse für eine Veränderung herausarbeitet, verhindert das, dass die Therapie in die verschiedensten Richtungen auseinanderdriftet.

Im Mittelpunkt stehen die Auseinandersetzung mit der Umwelt und die Verhaltensänderung. Der Therapeut kann leicht erkennen, dass es ein wichtiger erster Schritt bei der Behandlung ist, dem Patienten dabei zu helfen, seine Aktivität zu steigern. Die zunehmende Evidenz für BA legt nahe, dass es möglicherweise für viele

Patienten auch ein hinreichender Schritt ist. Der Therapeut nimmt eine aktive Rolle als Trainer ein, folgt den hier vorgestellten Prinzipien und baut eine intensive therapeutische Beziehung auf. So bestehen Therapeut und Patient das schwierige Unterfangen, einen Kontext für nachhaltige Veränderungen im Leben des Patienten zu schaffen.

Anhang

Anhang 1

Schaubilder und Arbeitsblätter für depressive Patienten

Nachfolgend sind Schaubilder dargestellt, die für den Therapeuten bei seiner Arbeit mit depressiven Patienten hilfreich sind.

In Anhang 1a ist ein Schaubild zum Fallkonzept wiedergegeben, das Therapeut und Patient verwenden können, um ein individuelles Fallkonzept zu entwickeln. Anhang 1b ist ein Beobachtungsbogen für Aktivitäten und Emotionen. Der Patient wird gebeten, das erlebte Gefühl und seine Intensität zu notieren. Anhang 1c ist ein Selbstbeobachtungsbogen für Aktivitäten und Stimmungslagen. Dieses Protokoll wird verwendet, um die Intensität der Depression des Patienten zu beobachten. Anhang 1d ist ein Protokoll zur Selbstbeobachtung oder Planung von Aktivitäten verbunden mit einer Einschätzung des Ausmaßes der erlebten Kompetenz und Freude. Die Anhänge 1e und 1f liefern Formulare für das Planen und die Einteilung von Aktivitäten. Ein Protokoll zum Aufspüren von Fallen ist in Anhang 1g wiedergegeben: Es ist dazu gedacht festzuhalten, wie Patienten Vermeidung erleben. Sie können sich für eine alternative Bewältigungsstrategie entscheiden, um der Vermeidung entgegenzuwirken. Anhang 1h ist ein Arbeitsblatt zum Acronym ACTION, das Patienten als Hilfe bei der Einschätzung der Funktion ihres Verhaltens und bei der Wahl eines Handlungsplans verwenden können.

Anhang 1a

Das Störungsmodell der Depression von Behavioral Activation

Dieses Schaubild wird verwendet, um nachzuvollziehen, wie sich Veränderungen im Leben (1) darauf auswirken, wie belohnend oder belastend das Leben ist (2). Wie haben Sie darauf reagiert (3)? Was tun Sie zur Bewältigung (4)? Welche Auswirkungen haben diese Verhaltensweisen auf die Belohnungen oder Stressoren in Ihrem Leben (5)?

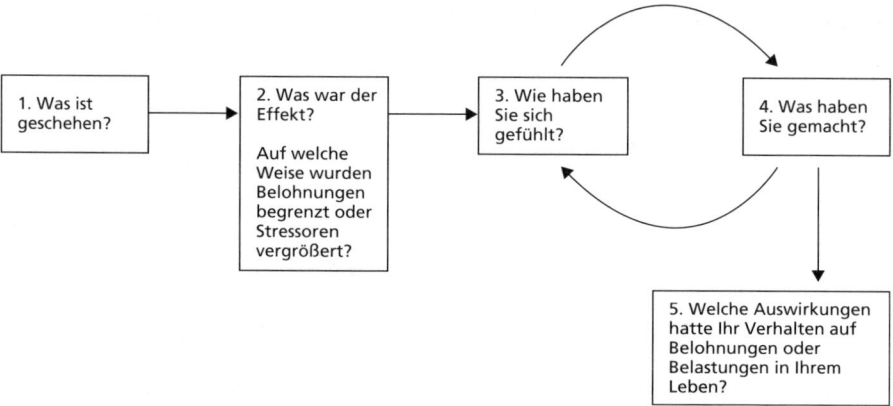

Anhang 1b

Selbstbeobachtungsprotokoll – Aktivitäten und Emotionen

Anleitung: Tragen Sie Ihre Aktivitäten in jeder Stunde des Tages ein (was haben Sie gemacht, mit wem, wo usw.). Tragen Sie ein Gefühl ein, das mit der jeweiligen Aktivität verbunden ist (z. B. traurig, froh, ängstlich, ärgerlich, beschämt, angeekelt, erstaunt). Schätzen Sie die Intensität des Gefühls auf einer Skala von 1 bis 10 ein mit »1 = überhaupt nicht intensiv« und 10 »sehr intensiv«.

	SO	MO	DI	MI	DO	FR	SA
5 Uhr – 7 Uhr							
7 Uhr							
8 Uhr							
9 Uhr							
10 Uhr							
11 Uhr							
12 Uhr							
13 Uhr							
14 Uhr							
15 Uhr							
16 Uhr							
17 Uhr							
18 Uhr							
19 Uhr							
20 Uhr							
21 Uhr							
22 Uhr							
23 Uhr – 5 Uhr							

Anhang 1c

Selbstbeobachtungsprotokoll – Aktivitäten und Stimmung

Anleitung: Tragen Sie Ihre Aktivitäten in jeder Stunde des Tages ein (was haben Sie gemacht, mit wem, wo usw.). Schätzen Sie Ihre Stimmung (wie depressiv Sie sind) auf einer Skala von 1 bis 10 ein mit »1 = überhaupt nicht deprimiert« und 10 »extrem deprimiert«.

	SO	MO	DI	MI	DO	FR	SA
5 Uhr – 7 Uhr							
7 Uhr							
8 Uhr							
9 Uhr							
10 Uhr							
11 Uhr							
12 Uhr							
13 Uhr							
14 Uhr							
15 Uhr							
16 Uhr							
17 Uhr							
18 Uhr							
19 Uhr							
20 Uhr							
21 Uhr							
22 Uhr							
23 Uhr – 5 Uhr							

Anhang 1d

Selbstbeobachtungsprotokoll – Gefühl von Kompetenz und Freude

Anleitung: Tragen Sie Ihre Aktivitäten in jeder Stunde des Tages ein (was haben Sie gemacht, mit wem, wo usw.). Schätzen Sie jeweils die Freude (F) ein, die Sie daran hatten, und schätzen Sie Ihre Kompetenz ein, das heißt, wie gut Sie die Aktivität bewältigen konnten (K). Beides auf einer Skala von 1 bis 10 mit »1 = gering/wenig« und »10 = viel/sehr gut«

	SO	MO	DI	MI	DO	FR	SA
5 Uhr – 7 Uhr							
7 Uhr							
8 Uhr							
9 Uhr							
10 Uhr							
11 Uhr							
12 Uhr							
13 Uhr							
14 Uhr							
15 Uhr							
16 Uhr							
17 Uhr							
18 Uhr							
19 Uhr							
20 Uhr							
21 Uhr							
22 Uhr							
23 Uhr – 5 Uhr							

Anhang 1e

Aktivitätsprotokoll – Geplante Aktivitäten

Anleitung: Tragen Sie in die Zeilen (Aktivitäten 1–4) die spezifischen Aktivitäten ein, die Sie mit Ihrem Therapeuten vereinbart haben und die Sie in dieser Woche ausführen wollen. Sie müssen nicht in alle Zeilen etwas eintragen und Sie können Zeilen hinzufügen je nach den spezifischen Aktivitäten, die Sie für diese Woche geplant haben. Machen Sie an jedem Tag einen Haken, um zu kennzeichnen, wenn Sie die Aktivität umgesetzt haben. Schätzen Sie in der letzten Zeile Ihre Stimmung ein. Die Stimmung kann zwischen 1 und 10 liegen mit »1 = überhaupt nicht deprimiert« und »10 = extrem deprimiert«.

	SO	MO	DI	MI	DO	FR	SA
Aktivität 1:							
Aktivität 2:							
Aktivität 3:							
Aktivität 4:							
Tägliche Einschätzung der Stimme							

Anhang 1f

Aktivitätsprotokoll – Geplante Aktivitäten für _____

(Tag der Woche/Datum)

Anleitung: Tragen Sie die spezifischen Aktivitäten, die Sie und Ihr Therapeut für diese Woche vereinbart haben in die Spalte »Aktivität« ein. Setzen Sie einen Haken in die Spalte »erledigt«, wenn Sie die geplante Aktivität ausgeführt haben. Schätzen Sie in der letzten Spalte Ihre Stimmung im Anschluss an die Aktivität ein. Die Stimmung kann zwischen 1 und 10 liegen mit »1 = überhaupt nicht deprimiert« und »10 = extrem deprimiert«.

	Aktivität	Erledigt	Stimmung
5 Uhr – 7 Uhr			
7 Uhr			
8 Uhr			
9 Uhr			
10 Uhr			
11 Uhr			
12 Uhr			
13 Uhr			
14 Uhr			
15 Uhr			
16 Uhr			
17 Uhr			
18 Uhr			
19 Uhr			
20 Uhr			
21 Uhr			
22 Uhr			
23 Uhr – 5 Uhr			

Anhang 1g

Wie Sie aus einer Falle herauskommen

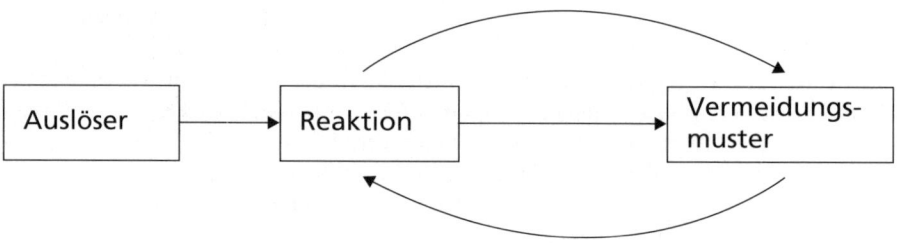

Und wieder auf Kurs kommen

Anhang 1h

ACTION – Patientenversion

Assess – Diagnostik: Beurteilen Sie die Funktion des Verhaltens. Wozu dient Ihnen dieses Verhalten?

Was sind die Konsequenzen? Macht Sie das Verhalten depressiv? Steht es langfristigen Zielen entgegen? Wirkt das Verhalten antidepressiv? Stimmt es mit langfristigen Zielen überein?

_____

_____

_____

Choose – Auswählen einer Handlung: Welche Handlung haben Sie ausgewählt?

_____

_____

_____

Try – Das gewählte Verhalten ausprobieren: Notieren Sie die Einzelheiten Ihres Vorhabens, um die neuen Verhaltensweisen umzusetzen.

_____

_____

_____

Integrate – Einbauen des Verhaltens in eine neue Gewohnheit: Wenn Sie etwas Neues ausprobieren oder entgegengesetzt handeln, ist es wichtig, mehr als einen Versuch damit zu machen. Um zu sehen, ob es hilfreich ist oder nicht, müssen Sie es in eine neue Gewohnheit einbauen. Wie kann das gehen?

_____

_____

_____

Observe – Beobachten der Ergebnisse: Wie sieht das Ergebnis aus? Fühlen Sie sich besser oder schlechter, nachdem Sie die gewählte Handlung ausgeführt haben? Hat die Handlung Sie Ihren Ziele näher gebracht? Haben Sie eine neue Gewohnheit entwickelt? Welche Veränderungen haben Sie festgestellt?

_____

_____

_____

Never Give Up – Niemals aufgeben: Wiederholen Sie die oben beschriebenen Schritte. Neue Gewohnheiten bei Aktivität und Engagement erfordern wiederholte Anstrengungen. Mit der Zeit automatisieren sich diese antidepressiven Verhaltensweisen sogar dann, wenn Sie sich niedergeschlagen fühlen.

_____

_____

Anhang 2

Notizbuch und wöchentlicher Therapieplan

Diese Blätter können Sie während der Therapie oder nach Ende der Therapie zur Selbsthilfe verwenden.

Datum der Sitzung: _____

- Welche Probleme wurden heute in der Therapie besprochen?

  Was habe ich über die Zusammenhänge zwischen meinen Emotionen und Aktivitäten gelernt?

  Welches Verhalten, das bei mir antidepressiv wirkt, muss ich intensivieren?

  Wann werde ich dieses Verhalten ausführen?

- Habe ich das Verhalten in kleine Schritte aufgeteilt, die ich auch umsetzen kann?

  – Wenn ja, welche sind die Schritte?

- Welche Aktivitäten haben vermutlich einen so starken Einfluss auf mich, dass ich darin aufgehe?

- Gibt es Verhalten, das ich zu vermeiden versuche?

- Gibt es Verhalten, das ich abschwächen muss, weil es eine depressive Wirkung hat und nicht mit meinen langfristigen Zielen übereinstimmt?

- Auf welche Reize oder Aktivitäten sollte ich achten, um nicht in eine innere Blockade zu geraten?

- An welcher Stelle werde ich mich wahrscheinlich besonders schwer tun?

- Was kann ich tun, damit ich alles bewältige?

Anhang 3

Notizbuch und Plan für die Zeit nach der Therapie

Beantworten Sie die folgenden Fragen, die Ihnen helfen können, Ihre Emotionen zu managen und nach Beendigung der Therapie engagiert zu bleiben.

- Welche Umstände erhöhen meine Anfälligkeit für Depressionen?

- Welches Verhalten trägt dazu bei, den Kreislauf der Depression aufrechtzuerhalten?

- Welches antidepressive Verhalten sollte ich beibehalten oder intensivieren?

- Was kann ich tun, um bei meinem antidepressiven Verhalten zu bleiben?

Anhang 4

ACTIVATE Therapeutenversion

Assess – Diagnostische Einschätzung
Führen Sie Verhaltensdiagnostik zu den Lebenssituationen durch, die mit der Depression in Verbindung stehen. Hat sich ein sekundäres Problemverhalten als Bewältigungsstrategie entwickelt?
Führen Sie Verhaltensdiagnostik zu aktuellem Verhalten durch. Verwenden Sie dazu die Selbstbeobachtungsprotokolle und führen Sie Verhaltensanalysen durch.

Beachten Sie folgende Prinzipien:

- Veränderungen im Leben können zu Depression führen. Kurzfristige Bewältigungsstrategien können dazu führen, dass man in der Depression gefangen bleibt. (Prinzip 2)
- Um herauszuarbeiten, welches Verhalten für einen bestimmten Patienten antidepressiv wirkt, ist entscheidend, was wichtigen Verhaltensweisen vorausgeht und was auf sie folgt. (Prinzip 3)

Counter – Nutzen Sie strukturierte Aktivierung und effektives Problemlösen, um Vermeidung entgegenzuwirken
Die typische Funktion des Verhaltens depressiver Patienten besteht in Vermeidung. Wenn man stattdessen dem Patienten eine Problemlösungsstrategie vermittelt, dann ist das die wirksamste Möglichkeit, der Vermeidung entgegenzuwirken.

Beachten Sie folgende Prinzipien:

- Der Schlüssel zur Veränderung der Emotion ist die Veränderung des Verhaltens. (Prinzip 1)
- Planen Sie Aktivitäten entlang einer zeitlichen Struktur und nicht nach Stimmung! (Prinzip 4)

Time – Ausreichend Zeit einplanen, um spezifisch zu arbeiten
Definieren und beschreiben Sie Verhalten in spezifischen Details.
Definieren Sie Probleme verhaltensbezogen.
Seien Sie konkret.

Include – *Selbstbeobachtung verwenden*
Verwenden Sie Selbstbeobachtungsprotokolle für Aktivität und Stimmung, um das Verhalten und den Fortschritt des Patienten nachzuvollziehen.
Vermitteln Sie dem Patienten, sein eigenes Verhalten zu beobachten, indem er schriftliche Protokolle oder andere geeignete Methoden verwendet.

Validate – Validieren

Der Therapeut validiert die Erfahrungen und das Erleben des Patienten. Er vermittelt Verständnis für dessen Verhalten und Emotionen.
Der Therapeut reagiert einfühlsam auf den Patienten.
Der Therapeut ist nichtbewertend und hat eine sachliche Haltung.

Assign – Aktivitäten planen und vereinbaren

Vereinbaren Sie Aktivitäten. Verwenden Sie dazu die Aktivitätsprotokolle.
Legen Sie mit dem Patienten Ziele fest.
Vereinbaren Sie Aktivitäten in kleinen Schritten.

Beachten Sie folgende Prinzipien:

- Planen Sie Aktivitäten entlang einer zeitlichen Struktur und nicht nach der Stimmung! (Prinzip 4)
- Veränderung ist einfacher, wenn man klein anfängt. (Prinzip 5)
- Aktivitäten betonen, die mit natürlichen Verstärkern verbunden sind! (Prinzip 6)
- Nicht nur reden, sondern machen! (Prinzip 9)

Troubleshoot – *Identifizierung und Lösung von Problemen*

Bei Veränderungsprozessen treten Hindernisse auf. Der Therapeut identifiziert und löst Probleme während der Sitzung. Damit hilft er, Hindernisse zu überwinden, und er vermittelt dem Patienten, wie man Probleme lösen kann.

Beachten Sie folgende Prinzipien:

- Einen empirischen Problemlöseansatz betonen und würdigen, dass alle Ergebnisse von Verhaltensexperimenten nützlich sind. (Prinzip 8).
- Hindernisse zur Aktivierung beheben. (Prinzip 10).

Encourage – Ermutigen

Der Therapeut ermutigt den Patienten »von außen nach innen« zu arbeiten.
Der Therapeut bleibt optimistisch.

Beachten Sie folgendes Prinzip:

- Die Rolle eines Trainers einnehmen! (Prinzip 7)

Literatur

Addis ME, Martell CR (2004) Overcoming depression one step at a time: The new behavioral activation treatment to getting your life back. Oakland, CA: New Harbinger.
American Psychiatric Association Workgroup on Major Depressive Disorder (2000) Practice guideline for the treatment of patients with major depressive disorder. Washington DC: American Psychiatric Association. www.psych.org/psych_pract/treatg/pg/Depression2e.book.cfm.
Antony MM, Orsillo SM, Roemer L (2001) Practitioner's guide to empirically based measures of anxiety, New York: Kluwer Academic/Plenum.
Bandura A (1977) Social learning theory. Englewood Cliffs, NJ: Prentice-Hall.
Bandura A, Schunk DH (1981) Cultivating competence, self-efficacy, and intrinsic interest through proximal self-motivation. Journal of Personality and Social Psychology 41 (3):586–598.
Barlow DH, Allen LB, Choate ML (2004) Toward a unified treatment of Emotional disorders. Behavior Therapy 35:205–230.
Beck AT, Epstein N, Brown G, Steer RA (1988) An inventory for measuring clinical anxiety. Journal of Consulting and Clinical Psychology 56:893–897.
Beck AT, Rush AJ, Shaw BF, Emery G (1979) Cognitive therapy of depression. New York: Guilford Press.
Beck AT, Steer RA (1987) Beck Depression Inventory: Manual. San Antonio, TX: Psychological Corporation.
Beck JS (1995) Cognitive therapy: Basics and beyond. New York: Guilford Press.
Biglan A, Dow MG (1981) Toward a second-generation model: A problem-specific approach. In: LP Rehm (Hrsg.) Behavior therapy for depression: Present status and future directions (S. 97–121). New York: Academic Press.
Blustein DL (2008) The role of work in psychological health and wellbeing. American Psychologist 63:228–240.
Bongar B (2002) The suicidal patient: Clinical and legal standards of care (2. Aufl.). Washington, DC: American Psychological Association.
Borkovec TD, Alcaine OM, Behar E (2004) Avoidance theory of worry and generalized anxiety disorder. In: RG Heimberg, CL Turk, DS Mennin (Hrsg.) Generalized anxiety disorder: Advances in research and practice (S. 77–108). New York: Guilford Press.
Brown JD, Siegel JM (1988) Attributions for negative life events and depression: The role of perceived control. Journal of Personality and Social Psychology 54(2):316–322.
Brown WJ, Ford JH, Burton NW, Marshall AL, Dobson AJ (2005) Prospective study of physical activity and depressive symptoms in middle-aged women. American Journal of Preventive Medicine 29(14):265–272.
Caldwell LL (2005) Leisure and health: Why is leisure therapeutic? British Journal of Guidance and Counselling 33(1):7–26.
Chomsky N (1959) A review of B. F. Skinner's Verbal Behavior. Language 35:26–58.
Chung JCC (2004) Activity participation and well-being of people with dementia in long-term-care settings. OTJR: Occupation, Participation, and Health 24(1):22–31.
Dahl JC, Plumb JC, Stewart1, Lundgren T (2009) The art and science of valuing in psychotherapy: Helping clients discover, explore, and commit to valued action using acceptance and commitment therapy. Oakland, CA: New Harbinger.

DeRubeis RJ, Hollon SD, Amsterdam JD, Shelton RC, Young PR, Salomon RM et al. (2005) Cognitive therapy vs. medications in the treatment of moderate to severe depression. Archives of General Psychiatry 62:409–416.

DeRubeis RJ, Siegle GJ, Hollon SD (2008) Cognitive therapy versus medication for depression: Treatment outcomes and neural mechanisms. Nature Reviews Neuroscience 9, Art. 10. (Zugriff am 13. März 2009, www.nature.com/nrn/journal/v9/n10/index.html.)

Dimidjian S (2000, Juni 2) Skepticism, compassion, and the treatment of depression. Prevention and Treatment 3, Art. 26. Zugriff am 10. März 2009, journals.apa.org/pt/prevention/volume3/pre0030026c.html.)

Dimidjian S, Hollon SD, Dobson KS, Schmaling KB, Kohlenberg RJ, Addis ME et al. (2006) Randomized trial of behavioral activation, cognitive therapy, and antidepressant medication in the acute treatment of adults with major depression. Journal of Consulting and Clinical Psychology 74(4): 658–670.

Dimidjian S, Martell CR, Addis ME, Herman-Dunn R (2008) Behavioral activation for depression. In: DH Barlow (Hrsg.) Clinical handbook of psychological disorders (4. Aufl.): A step-by-step treatment manual (S. 328–364). New York: Guilford Press.

Dishman RK, Berthoud HR, Booth FW, Cotman CW, Edgerton VR, Fleshncr MR et al. (2006) Neurobiology of exercise. Obesity 14:345–356.

Dobson KS, Hollon SD, Dimidjian S, Schmaling KB, Kohlenberg RJ, Gallop RJ et al. (2008) Randomized trial of behavioral activation, cognitive therapy, and antidepressant medication in the prevention of relapse and recurrence in major depression. Journal of Consulting and Clinical Psychology 76(3):468–477.

Dunn AL, Trivedi MH, Kampert JB, Clark CG, Chambliss HO (2005) Exercise treatment for depression: Efficacy and dose-response. American Journal of Preventive Medicine 28 (1):1–8.

D'Zurilla TJ, Goldfried MR (1971) Problem solving and behavior modification. Journal of Abnormal Psychology 78:107–128.

D'Zurilla TJ, Nezu AM (1982) Social problem solving in adults. In: PC Kendall (Hrsg.) Advances in cognitive-behavioral research and therapy (Bd. 1, S. 201–274). New York: Academic Press.

D'Zurilla TJ, Nezu AM (1999) Problem-solving therapy: A social competence approach to clinical intervention (2. Aufl.). New York: Springer.

Elkin I, Shea T, Watkins JT, Imber SC, Sotsky SM, Collins JF et al. (1989) NIMH Treatment of Depression Collaborative Research Program. Archives of General Psychiatry 46:971–982.

Ferster CB (1973) A functional analysis of depression. American Psychologist 28:857–870.

Ferster CB (1974) Behavioral approaches to depression. In: RJ Friedman, MM Katz (Hrsg.) The psychology of depression: Contemporary theory and research (S. 29–45). Washington, DC: New Hemisphere.

Fossati P, Ergis AM, Allilaire JF (2001) Problem-solving abilities in unipolar depressed patients: Comparison of perfomance on the modified version of the Wisconsin and the California sorting tests. Psychiatry Research 104:145–156.

Fuchs CZ, Rehm LP (1977) A self-control behavior therapy program for depression. Journal of Consulting and Clinical Psychology 45:206–215.

Furmark T, Tillfors M, Marteinsdottier I, Fischer I-J, Pissiota A, Långström B et al (2002) Common changes in cerebral blood flow in patients with social phobia treated with citalopram or cognitive-behavioral therapy. Archives of General Psychiatry 59:425–433.

Goldapple K, Segal Z, Garson C, Lau M, Bieling P, Kennedy H et al. (2004) Modulation of cortical-limbic pathways in major depression. Archives of General Psychiatry 61:34–41.

Gollwitzer PM (1999) Implementation intentions: Strong effects of simple plans. American Psychologist 54:493–503.

Gollwitzer PM, Brandstätter V (1997) Implementation intentions and effective goal pursuit. Journal of Personality and Social Psychology 73:186–199.

Gortner ET, Gollan JK, Dobson KS, Jacobson NS (1998) Cognitive-behavioral treatment for depression: Relapse prevention. Journal of Consulting and Clinical Psychology 66(2):377–384.

Gotlib IH, Asarnow RF (1979) Interpersonal and impersonal problem-solving skills in mildly and clinically depressed university students. Journal of Consulting and Clinical Psychology 47:86–95.

Gray J (1982) The neuropsychology of anxiety: An enquiry into the functions of the septo-hippocampal system. Oxford, UK: Oxford University Press.

Hayes SC, Barnes-Holmes D, Roche B (2001) Relational frame theory: A post-Skinnerian account of human language and cognition. New York: Kluwer Academic/Plenum.

Hayes SC, Brownstein AJ (1986) Mentalism, behavior-behavior relations, and a behavior-analytic view of the purposes of science. The Behavior Analyst 9:175–190.

Hayes SC, Luoma JB, Bond FW, Masuda A, Lillis J (2006) Acceptance and commitment therapy: Model, process and outcomes. Behaviour Research and Therapy 44:1–25.

Hayes SC, Strosahl KD, Wilson KG (1999) Acceptance and commitment therapy: An experiential approach to behavior change. New York: Guilford Press.

Hollon SD (2001) Behavioral activation treatment for depression: A commentary. Clinical Psychology: Science and Practice 8(3):271–274.

Hollon SD, Jarrett RB, Nierenberg AA, Thase ME, Trivedi M, Rush AJ (2005) Psychotherapy and medication in the treatment of adult and geriatric depression: Which monotherapy or combined treatment? Journal of Clinical Psychiatry 66:455–468.

Hollon SD, Stewart MO, Strunk D (2006) Enduring effects of cognitive behavior therapy in the treatment of depression and anxiety. Annual Review of Psychiatry 57:285–315.

Hollon SD, Thase ME, Markowitz JC (2002) Treatment and prevention of depression. Psychological Science in the Public Interest 3:39–77.

Hopko DR, Bell JL, Armento MEA, Hunt MK, Lejuez CW (2005) Behavior therapy for depressed cancer patients in primary care. Psychotherapy: Theory, Research, Practice, Training 42:236–243.

Hopko DR, Lejuez CW (2007) A cancer patient's guide to overcoming depression and anxiety: Getting through treatment and getting back to your life. Oakland, CA: New Harbinger.

Hopko DR, Lejuez CW, Hopko SD (2004) Behavioral activation as an intervention for co-existent depressive and anxiety symptoms. Clinical Case Studies 3:37–48.

Hopko DR, Lejuez CW, LePage JP, Hopko SD, McNeil DW (2003) A brief behavioral activation treatment for depression: A randomized trial within an inpatient psychiatric hospital. Behavior Modification 27:458–469.

Hopko DR, Lejuez CW, Ruggiero KJ, Eifert GH (2003) Contemporary behavioral activation treatments for depression: Procedures, principles, and progress. Clinical Psychology Review 23:699–717.

Houghton S, Curran J, Saxon D (2008) An uncontrolled evaluation of group behavioural activation for depression. Behavioural and Cognitive Psychotherapy 36(2):235–239.

Jacobson NS, Dobson KS, Truax PA, Addis ME, Koerner K, Gollan JK et al. (1996) A component analysis of cognitive-behavioral therapy for depression. Journal of Consulting and Clinical Psychology 64(2):295–304.

Jacobson NS, Gortner ET (2000) Can depression be de-medicalized in the 21st century: Scientific revolutions, counter-revolutions and the magnetic field of normal science. Behaviour Research and Therapy 38:103–117.

Jacobson NS, Margolin G (1979) Marital therapy: Strategies based on social learning and behavior exchange principles. New York: Brunner/Mazel.

Jacobson, N. S., Martell, C.R & Dimidjian, S. (2001). Behavioral activation treatment for depression: Returning to contextual roots. Clinical Psychology: Science and Practice, 8(3), 255–270.

Jakupcak M, Roberts LJ, Martell C, Mulick P, Michael S, Reed R et al. (2006) A pilot study of behavioral activation for veterans with posttraumatic stress disorder. Journal of Traumatic Stress 19:387–391.

Jarrett RB, Vittengl JR, Clark LA (2008) Preventing recurrent depression. In: MA Whisman (Hrsg.) Adapting cognitive therapy for depression: Managing complexity and comorbidity (S. 132–156). New York: Guilford Press.

Jobes DA (2006) Managing suicidal risk: A collaborative approach. New York: Guilford Press.
Kabat-Zinn J (1994) Wherever you go, there you are: Mindfulness meditation in everyday life. New York: Hyperion.
Kanfer FH (1970) Self-regulation: Research issues and speculations. In: C Neuringer, JL Michael (Hrsg.) Behavior modification in clinical psychology (S. 178–220). New York: Appleton-Century-Crofts. Zit. n. Rehm LP (1977) A self-control model of depression. Behavior Therapy 8:787–804.
Lejuez CW, Hopko DR, LePage J, Hopko SD, McNeil DW (2001) A brief behavioral activation treatment for depression. Cognitive and Behavioral Practice 8:164–175.
Lewinsohn PM (1974) A behavioral approach to depression. In: RM Friedman, MM Katz (Hrsg.) The psychology of depression: Contemporary theory and research (S. 157–185). New York: Wiley.
Lewinsohn PM (2001) Lewinsohn's model of depression. In: WE Craighead, CB Nemeroff (Hrsg.) The Corsini encyclopedia of psychology and behavioral science (3. Aufl., S. 442–444). New York: Wiley.
Lewinsohn PM Biglan A, Zeiss AS (1976) Behavioral treatment of depression. In: PO Davidson (Hrsg.) The behavioral management of anxiety, depression and pain (S. 91–146). New York: Brunner/Mazel.
Lewinsohn PM, Graf M (1973) Pleasant activities and depression. Journal of Consulting and Clinical Psychology 41:261–268.
Lewinsohn PM, Hoberman HM, Teri L, Hautzinger M (1985) An integrative theory of unipolar depression. In: S Reiss, RR Bootzin (Hrsg.) Theoretical issues in behavioral therapy (S. 313–359). New York: Academic Press.
Lewinsohn PM, Libet J (1972) Pleasant events, activity schedules and depressions. Journal of Abnormal Psychology 79:291–295.
Linehan MM (1993) Cognitive-behavioral treatment of borderline personality disorder. New York: Guilford Press.
Linehan MM (2006) Foreword. In: AM Levinthal, CR Martell (Hrsg.) The myth of depression as disease: Limitations and alternatives to drugs (S. ix-xi). New York: Praeger.
Locke EA, Latham GP (1990) A theory of goal setting and task performance. Englewood Cliffs, NJ: Prentice-Hall.
Lucas RE, Clark AE, Georgellis Y, Diener E (2004) Unemployment alters the set-point for life satisfaction. Psychological Science 39:8–13.
Mace FC, Kratochwill TR (1985) Theories of reactivity in selfmonitoring. Behavior Modification 9:323–343.
MacPhillamy DJ, Lewinsohn PM (1982) The pleasant events schedule: Studies in reliability, validity, and scale intercorrelation. Journal of Consulting and Clinical Psychology 50:363–380.
Mallinckrodt B, Bennet J (1992) Social support and the impact of job loss in dislocated blue-collar workers. Journal of Counseling Psychology 39:482–489.
Marlatt GA, Gordon JR (1985) Relapse prevention: Maintenance strategies in the treatment of addictive behaviors. New York: Guilford Press.
Martell CR (1988) Assessment of relevant stimuli affecting generalization in social skills training for retarded adults. Dissertation Abstracts International 49(5-A):1098.
Martell CR, Addis ME, Jacobson NS (2001) Depression in context: Strategies for guided action. New York: Norton.
Marzuk PM, Hartwell N, Leon AC, Portera L (2005) Executive functioning in depressed patients with suicidal ideation. Acta Psychiatrica Scandinavica 112:294–301.
Mather AS, Rodriguez C, Guthrie MF, McHarg AM, Reid IC, McMurdo MT (2002) Effects of exercise on depressive symptoms in older adults with poor responsive depressive disorder: Randomized controlled trial. British Journal of Psychiatry 180:411–415.
Murphy FC, Rubinsztein JS, Michael A, Rogers RD, Robbins TW, Paykel ES et al. (2001) Decision-making cognition in mania and depression. Psychological Medicine 31:679–693.

Mynors-Wallis LM, Gath D, Davies I, Gray A, Barbour F (1997) A randomized controlled trial and cost analysis of problem-solving treatment given by community nurses for emotional disorders in primary care. British Journal of Psychiatry 170:113–119.

Nakatani E, Nakgawa A, Ohara Y, Goto S, Uozumi N, Iwakiri M et al. (2003) Effects of behavior therapy on regional cerebral blood flow in obsessive-compulsive disorder. Psychiatry Research: Neuroimaging 124:113–120.

Nezu AM (1987) A problem-solving formulation of depression: A literature review and proposal of a pluralistic model. Clinical Psychology Review 7:122–144.

Nezu AM (2004) Problem solving and behavior therapy revisited. Behavior Therapy 35:1–33.

Nezu AM, Ronan GF, Meadows EA, McClure KS (2000) Practitioner's guide to empirically based measures of depression. New York: Kluwer Academic/Plenum.

Nolen-Hoeksema S (2000) The role of rumination in depressive disorders and mixed anxiety/depressive symptoms. Journal of Abnormal Psychology 109:504–511.

Nolen-Hoeksema S, Morrow J, Fredrickson BL (1993) Response styles and the duration of episodes of depressed mood. Journal of Abnormal Psychology 102:20–28.

Nolen-Hoeksema S, Parker L, Larson J (1994) Ruminative coping with depressed mood following a loss. Journal of Personality and Social Psychology 67:92–104.

Pavlov I (1927) Conditioned reflexes (G. V. Anrep, Trans.). London: Oxford University Press.

Premack D (1959) Toward empirical behavior laws: 1. Positive reinforcement. Psychological Review 66:219–233.

Rehm LP (1977) A self-control model of depression. Behavior Therapy 8:787–804.

Santiago-Rivera A, Kanter J, Benson G, Derose T, Illes R, Reyes W (2008) Behavioral activation as an alternative treatment approach for Latinos with depression. Psychotherapy Research, Theory, Practice, Training 45(2):173–185.

Schwartz JM, Stoessel PW, Baxter LR Jr, Martin KM, Phelps ME (1996) Systematic changes in cerebral glucose metabolic rate after successful behavior modification treatment of obsessive-compulsive disorder. Archives of General Psychiatry 53:109–113.

Scogin F, Jamison C, Gochneaur K (1989) Comparative efficacy of cognitive and behavioral bibliotherapy for mildly and moderately depressed older adults. Journal of Consulting and Clinical Psychology 57:403–407.

Segal ZV, Williams JMG, Teasdale JD (2001) Mindfulnessbased cognitive therapy for depression: A new approach to preventing relapse. New York: Guilford Press.

Seminowicz DA, Mayberg BS, McIntosh AR, Goldapple K, Kennedy S, Segal Z et al. (2004) Limbic-frontal circuitry in major depression: A path modeling meta-analysis. NeuroImage 22:409–418.

Shen GHC, Alloy LB, Abramson LY, Sylvia LG (2008) Social rhythm regularity and the onset of affective episodes in bipolar spectrum individuals. Bipolar Disorders 10:520–529.

Skinner BF (1957) Verbal behavior. New York: Appleton-CenturyCrofts.

Skinner BF (1974). About behaviorism. New York: Knopf.

Stokes TF, Baer DM (1977) An implicit technology of generalization. Journal of Applied Behavior Analysis 10:349–367.

Sulzer-Azaroff B, Mayer GR (1991) Behavior analysis for Lasting change. New York: Holt, Rinehart and Winston.

Sutherland A (2008) What Shamu taught me about life, love, and marriage: Lessons for people from animals and their trainers. New York: Random House.

Treynor W, Gonzalez R, Nolen-Hoeksema S (2003) Rumination reconsidered: A psychometric analysis. Cognitive Therapy and Research 27(3):247–259.

Valenstein ES (1998) Blaming the brain. New York: Free Press.

Wagner AW, Zatzick DF, Ghesquicre A, Jurkovich GJ (2007) Behavioral activation as an early intervention for posttraumatic stress disorder and depression among physically injured trauma survivors. Cognitive and Behavioral Practice 14:341–349.

Warwar SH, Links PS, Greenberg L, Bergmans Y (2008). Emotion-focused principles for working with borderline personality disorder. Journal of Psychiatric Practice 14:94–104.

Watkins EH, Scott J, Wingrove J, Rimes KA, Bathurst N, Steiner H et al. (2008) Rumination-focused cognitive behaviour therapy for residual depression: A case series. Behaviour Research and Therapy 45:2144–2154.

Watson DL, Tharp RG (2002) Self-directed behavior: Self-modification for personal adjustment. Bclmont, C. A.: Wadsworth.
Watson J, Raynor R (1920) Conditioned emotional reactions. Journal of Experimental Psychology 3:1–14.
Williams JMG, Teasdale JD, Segal ZV, Kabat-Zinn J (2007) The mindful way through depression: Freeing yourself from chronic unhappiness. New York: Guilford Press.
Wilson PH (1992) Depression. In: PH Wilson (Hrsg.) Principles and practice of relapse preevention (S. 128–156). New York: Guilford Press.
Wolpe J (1958) Psychotherapy by reciprocal inhibition. Stanford, CA: Stanford University Press.
Yoman J (2008) A primer on functional analysis. Cognitive and Behavioral Practice 15:325–340.
Zeiss AM, Lewinsohn PM, Muñoz RF (1979) Nonspecific improvement effects in depression using interpersonal skills training, pleasant activity schedules, or cognitive training. Journal of Consulting and Clinical Psychology 47:427–439.
Zettle RD, Hayes SC (1987) A component and process analysis of cognitive therapy. Psychological Reports 61:939–953.
Zettle RD, Rains, JC (1989) Group cognitive and contextual therapies in treatment of depression. Journal of Clinical Psychology 45(3):436–445.

Stichwortverzeichnis

A

ABC-Schema 70
Ablenkung, BA
– Grübeln und 141
Abstufung
– Probleme mit der 154
– von Aufgaben 56, 104
Achtsamkeit
– Grübeln und 136
Achtsamkeitsübungen 57
ACTION 123–124, 187
ACTIVATE 176, 192
Aktivität
– ACTIVATE 123, 192
– Aktivierung 105
– antidepressive Effekte von 39
– Beobachten von 56, 88, 100, 148, 156, 181–185
– Einleiten von 45
– Evaluation von 44
– häufig gestellte Fragen 53
– planen 56
– sportliche 95
– Verstärkung von 42
– vs. Grübeln 46, 136
Aktivitätenplanung
– ACTION 123
– RCA 140
– strukturieren 97
Aktivitätsprotokoll 88, 100, 148, 181–185
Akzeptanz- und Commitment-Therapie (ACT) 29, 69
Alltagstransfer 164
Arbeit und Wohlbefinden 96
Auffrischungssitzungen
– Rückfallprophylaxe und 170
Aufgaben
– ACTIVATE und 175
– Grübeln und 140–141
Auswahl
– Aktivitäten 86

B

Bedeutung
– Wohlbefinden und 97
Behandlung
– Erweiterung der Aktivierung und 167
– Ziele der 90
Beharrlichkeit
– Optimismus und 149
Bewältigung
– Protokollieren von 79, 183
Bewältigungsstrategien
– Fallen und 186
– Veränderung und 38
Bewertung
– Achtsamkeit und 136
– Therapeut und 59, 63, 147, 159
Bibliotherapie 19
Bildgebung
– KVT und 95
Bipolare Störungen
– Routinen und 83

C

Chemisches Ungleichgewicht
– Depression und 52

D

Dauer
– Aktivitätenplanung und 98
Defizit-Modelle
– Depression und 18
Denkmuster
– Depression und 19
– KT und 18
Depression
– BA bei 17, 20, 35
– empirische Grundlagen für BA und 27
– Grübeln und 130
– häufige Fragen bzgl. 52

199

- Modell der 49, 180
- Selbststeuerungsmodell der 25
- Therapie der 20
Dialektisch-Behaviorale Therapie 28

E

Echtheit
- Therapeut und 59, 63
Einschätzung von Gefährdung 85
Emotionen
- begrenzte Informationen über 156
- Protokollieren von 78, 181
Erfahrung
- Hirnfunktion und 95
Ermutigen
- ACTIVATE und 175, 191

F

Fallkonzept 51
Feedback einholen 56
Ferster, Charles B., als Vorvater von BA 22
Fokus auf Aktivierung 57
Freizeitaktivitäten
- Wohlbefinden und 96
Funktion
- Verhalten und 21
Funktionale Analyse
- Verhalten und 71

G

Gefangen sein
- Depression und 50
- Grübeln und 129, 140
Gefühle
- Verhalten und 36, 51, 97
Genuss
- Protokollierung von 78
Gewohnheiten
- ACTION und 123
Grübeln
- als problematisches Verhalten 46, 126
- Angehen 140
- Arten von 128
- Definition von 128
- Einführung 127
- Verstärkung und 50
Gruppenkonzepte
- BA und 171

H

Haltung
- therapeutische 150
Handlungsorientierung, Therapeut 59
Häufige Fragen 52
Häufigkeit
- Aktivitätenplanung und 98
Hausaufgaben
- Therapie und 45, 56
Herausforderungen
- allgemeine Probleme mit Aktivierung 158
- Identifikation von Schwierigkeiten 151
- von BA 146
Hinweisreize
- Probleme mit 157, 159
Hochrisikosituationen
- Vorbereitung auf 170

I

Intensität
- Protokollieren 79
Intervention
- Aktivierungsbasierte 29
- bei Grübelprozessen 141
- maßgeschneiderte 68

K

Kognitive Therapie
- Depression und 18, 20, 28
- Verhaltenstechniken und 26
- vs. Medikation 94
- Wirksamkeit 19
Kognitive Therapie bei Depressionen (Beck) 25
Kognitive Verhaltenstherapie
- Aktivitätsprotokolle und 88
- BA und 17
- funktionelle Bildgebung und 95
Konditionierung
- Klassische 73
- Probleme mit 159
- vorausgehende Bedingungen 72
Konsequenzen
- Grübeln und 128, 133, 135, 141
- Verhalten und 70, 71, 75
- Verstärkung und 148
- Wohlbefinden und 96

Kontextabhängige Faktoren
- Problemlösen und 159
Kontingenzen
- Management von 106, 158
- Verhalten und 21
Kulturelle Überlegungen 171

L

Lewinsohn, Peter M., als Vorvater von BA 24

M

Medikamente
- häufige Fragen bezgl. 53
- Risikoerfassung und 85
 vs. BA 26, 94
Meditation 136
Motivation
- Aktivität und 39
Multikulturelle Überlegungen 171

N

Negative Gedanken 128

O

Optimismus
- Beharrlichkeit und 149

P

Planen
- von Aktivitäten 98
- wöchentlicher Therapieplan 189
- Zeit nach der Therapie 190
Posttherapieplan 165, 190
Pränatale Entwicklung
- Hirnfunktion und 95
Primäre Probleme 114
Prinzipien von BA 36
Problemlösen
- ACTIVATE und 173, 175
- Anleitung für 159
- BA und 44
- Einführung 145
- Grübeln und 136, 141
- Herausforderungen der Aktivierung 146
- Identifikation von Herausforderungen und 151
- Kategorien von Problemen und 115

- Stil und Haltung des Therapeuten beim 146
- therapeutische Hinweise für 125
- Therapie durch 28
- Vermeidung und 122

R

RCA 140
Rechtliche Überlegungen 158
Rehm, Lynn P., als Vorvater von BA 24
Routinen
- Aktivitätsprotokolle und 82
Rückfallprophylaxe
- antidepressives Verhalten und 165
- BA und 27
- Bedeutung von 163
- Einführung 162
- Erweitern der Aktivierung und 163
- Identifikation von Risikosituationen 170
- Transfer in den Alltag 167
Rückmeldung
- Therapie und 56

S

Seattle Study 26
Selbstbeobachtung
- ACTIVATE und 174
- diagnostische Instrumente und 55
- Probleme mit 156
- Selbstkonrollmodell der Depression und 24
- und Stimmung 56
Selbststeuerungsmodell der Depression 24
Selbstverletzung
- Risikoeinschätzung und 85
Self-Directed-Behavior (Watson & Tharp) 151
Skilldefizite
- Probleme durch 154
Spezifität
- ACTIVATE und 174, 192
Sport
- Hirnfunktion und 95
Stil
- des Therapeuten 150
Stimmung
- Aktivität und 40
- Selbstbeobachtung mit Aktivitäten 88, 182
Stressoren
- Aktivität und 52

201

Struktur
- Therapeut und 59
- von Aktivitäten 98, 107

T

Tagesordnung erstellen
- Therapie und 55
Therapeut(en)
- als Trainer 162
- Beziehung zu Patienten und 158
- Problemlösen und 150
- Stil des 65
Therapie
- BA Struktur und 54
- Einführung 49
- Struktur der Sitzung und 59
- Wochenplan für die 189
Trainer
- BA Therapeut als 43, 119

V

Validierung
- ACTIVATE und 174
- Therapeut und 61
- therapeutische Haltung und 147
Veränderung
- Aktivität/Gefühle und 97
- Aktivitätsprotokolle und 85
- BA und 49
- das beinahe Unmögliche 54
- Depression und 38
- kleine Schritte in Richtung 40, 104, 139, 154
- Vermeidung und 119
Verantwortlichkeit
- Selbststeuerungsmodell der Depression und 24
Verhaltensaktivierung
- allgemeine Probleme mit 159
- Depression und 19, 35
- Einleitung 17, 34, 92
- empirische Grundlagen der Verhaltensaktivierung 27
- Erweiterung der 167
- funktionelle Bildgebung und 95
- Geschichte der 17, 26
- häufige fragen 52

- Herausforderungen von 146
- Modell der 180
- Problemlösen und 44, 113, 116
- Struktur der 52
- vs. Medikation 27, 38, 94
- zentrale Prinzipien von BA 45
- Zukunft von 172
Verhaltensdiagnostik 75
Verhaltensmuster
- Erheben von 70
Verstärkung
- Aktivität und 42, 51
- Depression und 36, 50
- Selbstkontrollmodell der Depression und 24
- Therapeut und 66
- Verhalten und 73
- verhaltenskontingente 22
- verhaltenskontingente positive 22

W

Wahrnehmungsexperimente
- Grübeln und 139, 141
Wärme
- Therapeut und 65
Werte
- ACT und 69
Wertfreie Haltung
- Therapeut und 59, 159

Z

Zeitprotokolle
- Aktivitätenplanung und 98
- Aktivitätsprotokolle und 88
Ziele
- Aktivitätenplanung und 93
- Grübeln und 129
- identifizieren 68
- konkurrierende 158
- Leistung und 99
- nach Ende der Behandlung 167
Zusammenarbeit
- Hausaufgaben und 44
- Therapeut und 59, 62, 150
Zwangsstörungen
- Verhaltenstherapie und 95

Büchtemann/Kästner/Koch
Kopke/Radisch/Kawohl
Moock/Rössler

Mittelschwere und schwere unipolare Depression

2015. 64 Seiten mit 7 Abb.
und 26 Tab. Kart.
€ 29,99
ISBN 978-3-17-024846-5

Behandlungspfade
für die ambulante Integrierte
Versorgung von psychisch
erkrankten Menschen

Depressionen zählen zu den häufigsten psychischen Erkrankungen. Prinzipiell sind depressive Erkrankungen auf Basis aktueller evidenzbasierter Empfehlungen zur Diagnostik und Therapie gut zu behandeln. Die Realität der Versorgung ist allerdings häufig alles andere als optimal, was vor allem damit zusammenhängt, dass an den Schnittstellen der beteiligten Akteure Informationen verlorengehen. Der vorliegende Behandlungspfad fokussiert auf die Behandlung in der psychiatrischen Facharztpraxis und setzt sich für eine bessere Vernetzung von Versorgungskonzepten ein, die neben einer Kostenersparnis für den Gesundheitssektor eine bessere Versorgung der Patienten ermöglicht. Algorithmen können als Zusatzmaterial im Internet heruntergeladen werden.

Leseproben und weitere Informationen unter www.kohlhammer.de

W. Kohlhammer GmbH · 70549 Stuttgart
vertrieb@kohlhammer.de

Valerija Sipos/Ulrich Schweiger

Gruppentherapie
Ein Handbuch für die ambulante und stationäre verhaltenstherapeutische Praxis

2013. 220 Seiten. Kart.
€ 39,90
ISBN 978-3-17-021609-9

Gruppentherapie gewinnt in Kliniken und Praxen zunehmend an Bedeutung: Sie hat gegenüber der Einzeltherapie zusätzliche Wirkfaktoren und ist insbesondere als verhaltenstherapeutische Gruppentherapie sehr gut evidenzbasiert. Dieses Handbuch bietet praktische Hilfen für die Planung und Umsetzung gruppentherapeutisch basierter Methoden und Techniken. Es liefert eine Anleitung zur besseren Strukturierung von Sitzungen sowie klare Regeln zur Interaktion, die Teilnehmern und Therapeuten mehr Sicherheit geben und helfen, schwierige Gruppensituationen zu vermeiden.

Leseproben und weitere Informationen unter www.kohlhammer.de

W. Kohlhammer GmbH · 70549 Stuttgart
vertrieb@kohlhammer.de

Kohlhammer